EPISTEMOLOGY

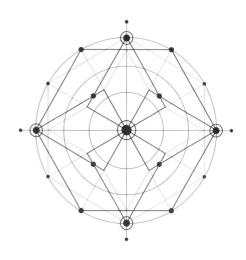

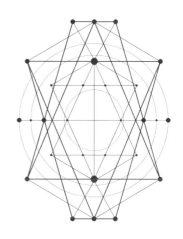

彭孟堯——

——著

論 知

 識

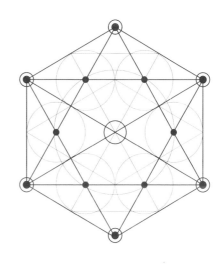

三民書局

自　序

　　在西方數千年的文化傳統中，理性與批判是非常核心的人生態度，發掘真象、認知世界、以及瞭解自我是很根本的文化活動。從西方哲學之父泰利斯開始，西方人就一直在探索世界的真象。西方人的思辨傳統是從蘇格拉底開始的知性傳統，並在柏拉圖和亞理斯多德的哲學中大致奠定了西方哲學的藍圖，以及以理性論辯的方式思考種種哲學問題的基調。

　　知識論的探究在西方哲學史上一直佔有重要的地位，從古希臘的柏拉圖開始，到近代史上的理性論與經驗論之爭，接續的康德哲學，一路下來，到了當代歐洲與英美，哲學家對於「知識」以及相關課題的研究未曾中斷過。究竟「知識」的議題為什麼如此吸引哲學家的注意呢？這答案不難明白。我們人類要活著就要擁有知識。如果我們知道面前的食物是有毒的，我們不會去吃。如果我們知道搭錯了捷運，會趕快下車。「知識」是很有用的。

　　當然「知識」不僅有這種生活的用途，不僅對於人類的存活具有價值，「知識」本身就是有價值的，值得我們去追求的。哲學家對於「知識」感到興趣，一個重要的因素是：我們人類是求知的動物。「求知」是人之所以為人的一項重要特徵。哲學家對於「知識」及相關議題的研究，除了幾千年的歷史之外，在當代引進認知科學、科學哲學的研究等，有更為豐富的成果。

　　寫這本書只有一個小小的心願：將西方哲學界在知識論這領域的研究成果引進中文學界。

　　因事務繁忙，這本書的寫作斷斷續續的拖了幾年，幸而三民書局的編輯很有耐心。非常謝謝！寫作期間，與朋友和學生在學術上的互動，讓我增長不少見識，要感謝的人太多，不一一列舉了。

彭　孟　堯

臺灣大學哲學系 2009 年 5 月 1 日

知　識　論

目　次

第一章　知識論的探究

　　人類終其一生都處在漫長的學習過程中。心理學家發現，早在出生之前的胎兒，就已經開始接觸外在環境的聲音刺激，並對於某些具有韻律的聲音有特別的反應。語言的發展可能在母體內的時候就已經開始了。「學習」或許自此就已開始！

　　學習提供我們知識。哲學家對於「知識」的研究稱為「知識論」。這個詞來自於希臘文的 "episteme"，意思是「知識、認識」，以及 "logos"，意思是「理論、科學」。就目前所知，古希臘哲學家柏拉圖的《提亞提特斯》這篇對話錄，以及亞理斯多德的《後分析學》是最早討論知識問題的。為什麼要研究知識呢？擁有知識有什麼價值呢？知識論是一門什麼樣的學問呢？本章將介紹知識論的性質，知識論的研究主題，以及研究知識論的進路。

第一節　知性的渴求

　　現代人已經完全仰賴專家所提供的專業技術與知識，以及憑藉這些知識與技術而發展出來的各式各樣產品。不論你喜不喜歡，已經沒有人能夠跳脫這種對於專家的依賴。我們住的房子、坐的交通工具、用的電話、手機和電腦、穿的衣服和鞋子、使用的工具，沒有一樣不是經由專家的專業知識與技術製造出來的。即使現代還有人做得到離群索居，也無法擺開專家的影響，跳脫專業知識與技術的「桎梏」。

　　我們一直以為只有到學校學物理、化學、歷史、地理、生物，才是學到了知識。錯了！其實我們無時無刻不在學習知識，獲取新知。科學家不斷建立新知識固然是不用說了。如果你曾經看過某些報導科學的電視頻道，你會發現科學家不斷地探索新世界，外太空的、深海裡的、亞瑪遜河流域原始雨林裡的、人體裡的、

細胞裡的，無所不含、無所不包。其實不必看這類專門的科學報導頻道，一般的電視新聞和報紙有時也會報導各種新發現。最近的一則新聞是考古學家在埃及八十餘年前就已發現的古墓附近，又發現了另外一個墓室。生物學家在北非洲沙漠的某處發現了鱷魚，目前初步揣測認為這些鱷魚是古埃及拜鱷魚教所豢養的鱷魚的後代。

　　即使你連這類電視都很少看，你還是不斷在學得新知識。你知道許多每天發生的事情，你知道外面正在下大雨，你知道某個名人因違法而入獄。每天睡覺醒來的時刻，都是獲得新知識的開始。當然大多數人認為這些知識蠻無聊的，跟科學家建立的知識相比，太淺薄了。誰會在意自己有沒有知道這些事情呢！話雖如此，你有沒有想過，如果大家自以為知道的事情事實上是不正確的，這會對我們的生活產生多大的影響？你以為現在沒有下雨，沒有帶傘的結果是自己淋了一身濕；你以為身上有帶錢，在餐廳吃完飯後，一臉困窘地看著帳單；你以為護照收進隨身背袋了，到了機場才想起護照還放在客廳。

　　不論我們是不是明確意識到，我們承認人是會出錯的。平常人是如此，一流的科學家也不例外。正由於我們意識到自己是會出錯的，所以我們更加注意自己會不會在認知這個世界的時候，出了任何錯誤。每個人都希望自己掌握的資訊是確實無誤的。為了正確認知這個世界，人會試圖去避免錯誤、匡正錯誤。人類一直不斷在進行「求真」以及「除錯」的知性活動。我們人類的存在就是這樣一種追求真理、避免錯誤的過程。

知識的價值

　　求真與除錯的知性活動以及理性思維的運作，帶給我們知識，讓我們獲得真象。擁有知識又如何？中國古代的讀書人常常說：「書中自有黃金屋、書中自有顏如玉。」古人懸椎刺股，其實還是將知識的獲得當作手段。等而下之者，藉以達到富有、娶嬌妻、做大官、衣錦還鄉、光宗耀祖等知性以外的目的。稍有志氣者，讀書以希冀經世濟民，卻仍不脫離追求知性以外目的的實現。這些都只不過是擁有知識所具有的工具價值或者外緣價值。相對於「工具價值」的，是所謂的內有價值。

　　所謂一件事物具有工具價值，是說該事物本身的價值來自於它有助於滿足其他的目的。例如我們開車或者搭機到某個地方，所使用的汽車和飛機就是具有工具價值的事物。所謂一件事物具有內有價值，是說該事物的價值不是來自於其他的事物，而是它自己本身就具有價值。儘管米勒的畫可以用來作藝術買賣以便賺大錢，也可以買來收藏，附庸風雅，那些畫除了具有這些工具價值之外，本身就具有藝術價值，那藝術價值就是那些畫的內有價值。

　　雖然古人讀的書多半是修身、治國之類的，與現代人所謂的「知識」關係不大，將讀書視為追求那些知性以外目的的手段，古今中外皆同。接受教育，學習知識，以便找到高薪的工作，進一步購屋置產，乃至於享有權勢，都是獲得知識所帶來的工具價值。

　　可是我們之追求知識，只是由於知識所具有的那些工具價值嗎？英國哲學家培根有更深刻的觀察。他說：「知識即力量。」他的意思並不是說，接受教育、獲取知識就可以擁有賺大錢、做大官的力量。他的意思是說，擁有知識使得我們可以掌握世界的真象，瞭解大自然的運作，擁有知識可以讓人類知道如何運用自然界的資源，進而擁有改善人類生活的力量。

　　培根對於知識的價值說得深刻多了。不過那終究還是知識的一種工具價值。知識是不是還有內有價值呢？

　　哲學家莫哲說，我們是關懷世界的探詢者❶。求知活動是人類天生好奇心的展現而已。我們想要瞭解所居處的這個世界，我們更想瞭解我們自己。知性的努力促使我們發展並建立了各種知識，人類學的、天文學的、物理化學的、生物學的、心理學的、醫藥的、考古學的、歷史知識的、地理知識的……。哲學家用認知主體來稱呼我們這些進行認知活動的人類。「認知主體」不侷限於人類，舉凡我們承認存在、並具有認知能力的個體，都是認知主體。被認知的事物則是認知的對象，傳統哲學界也稱之為客體。

　　人類一直都在努力擺脫生而無知的原始狀態，追求知識的活動是我們人類好奇心的具體展現。我們關心所居處的這個世界以及我們自己，我們亟欲從無知的狀態解放出來。我們想要知道這個世界究竟是什麼？究竟存在些什麼？究竟發生

❶　請參閱 Moser, Mulder & Trout (1998)。

了什麼事情？擁有知識就是解消我們人類無知的狀態。

　　追求知識以掌握世界以及自己的真象，是人類知性渴求的展現，這是人性不爭的事實。人是會出錯的動物，是人性另一個不爭的事實。發現錯誤、避免錯誤以及匡正錯誤，這種統稱為「除錯」的知性活動，則是人性的第三項事實。知識反映了我們對於世界和人類自己真象的瞭解。

　　哲學家認為知識的內有價值就在於解除人類的無知。如同剛剛所說，人類終其一生不斷進行求真與除錯的知性活動，知識的建立將人類從無知的狀態中解放出來。

　　無知跟錯誤是不同的。所謂「無知」是指沒有獲得任何真實的資訊。避免無知的最極端方式是相信一切資訊，不論真假，如此必定能夠擁有所有的真實資訊，因為所有真實資訊是所有資訊的子集合。當然如此一來，所有的錯誤資訊全都無法避免。這種極端方式，這種不辨別真假、照單全收的知性活動，當然對於我們瞭解世界沒有任何幫助。至於「錯誤」是指所擁有的資訊為假。避免錯誤最簡單的方法就是不作任何判斷、不掌握任何資訊。不過這等於是放棄對於世界的瞭解，使得我們處於完全無知的狀態。

　　只有同時進行求真與除錯的知性活動，才能同時避免無知以及錯誤。知識的內有價值就是人類好奇心的展現，其展現方式就是「求真」與「除錯」這兩大不可分割的獲取知識的知性活動。

第二節　知識的類型

　　在對於知識論的核心問題進行探討之前，本節先簡單說明一些基本觀念。「知道」是我們日常生活裡相當常用的字眼。例如，我知道我的朋友住在哪裡、我知道今年的電腦展在什麼地方舉辦、我知道銀行每天的營業時間、我知道高速公路今天發生了連環車禍、我知道太陽系有八大行星、我知道 2+2=4、我知道沒有任何平面能夠同時既紅又藍、我知道今天什麼事情還沒有做完、我知道盒子裡藏有什麼東西、我知道誰是籃球史上最偉大的運動員、我知道誰是諸葛亮、我知道為什麼水在高山上的沸點跟在平地上的沸點是不同的、我知道今年失業率升高的原

因、我知道如何打陀螺、我知道如何放風箏等等。

知識類型

表面來看，我們知道的事物種類似乎很多、很雜，沒有條理。這些知識的不同當然是由於認知的對象不同、認知的方式不同。哲學家重新整理我們所擁有的知識，將知識區分為熟稔知識、個物知識、命題知識以及能力知識；接著，再將命題知識進一步區分為經驗知識（傳統稱為後驗知識）以及先驗知識。

所謂能力知識是指知道如何做一件事，是一種能力。例如，知道如何打陀螺、知道如何放風箏，都是能力知識。這一類的知識可以用英文的 "know how" 來表述。所謂命題知識是指知道一件事情的內容。像上面所舉的知道這裡是哪裡 (know where)、知道現在是什麼時候 (know when)、知道是如此這般 (know that it is thus and so)、知道是什麼 (know what)、知道為什麼 (know why)、知道是誰 (know who) 等等，都是命題知識。雖然這些知識表面來看不太相同，它們全部都可以用英文的 "know that" 來表述，全部都屬於命題知識。

所謂熟稔知識是指對於平常所說的具體發生的現象和事件的知識。例如，某件親身遭遇的車禍、某次親眼目睹的日蝕現象、在某地參與千禧年之夜的活動、那一年的那場教改大遊行、臺北士林一帶的環境。

表面來看，熟稔知識不同於能力知識與命題知識，不過有些哲學家認為這類知識都可以化約到命題知識，亦即這類知識其實都等於一組命題知識而已。有些哲學家不贊同這種主張。或許熟稔知識同時包含某些相關的能力知識（如認出與再認的能力）以及某些相關的命題知識。這想法仍有商榷的餘地。試假想下列的情形：

假想老王面對著你坐著，在你的旁邊坐著一位畫家，但他隔著一層布幕，看不到老王。你現在開始盡量忠實描述老王的長相，以便讓畫家依據你的描述畫出老王的臉。你一面描述一面看著畫家所畫的圖樣，遇到不像的地方，你不時提出修改：「眼睛再大一點、鼻子小一點、人中短一點……。」如果你運氣好，你用字謹慎、畫家技術一流，畫出來的長相與老王有九成以上的相似性。如果你運氣不好，即使畫家技術高超，畫出來的仍然不能讓你滿意，最後你氣餒地說：「還是你

（畫家）親自過來看，會畫得更逼真！」

在這過程中，不論最後畫出來的有多逼真，我們的問題是：你確實知道老王的臉長得是那個樣子，這是你的熟稔知識。可是這知識似乎不能化約到命題知識或者能力知識。這項熟稔知識不是關於「那是老王的臉」這命題，也不是指你能辨識出老王的能力。這些都是你具有的與老王有關的命題知識和能力知識，可是這些知識不是你的那項熟稔知識：你知道那張臉長得那個樣子。

至於個物知識是特別針對某個個物的知識。例如我知道本校的校長、我知道那個今天中了大獎的人、我知道隔壁的王教授。個物知識表面來看也是不同於能力知識跟命題知識的。當然，也有哲學家主張個物知識能夠化約到命題知識。這似乎有些道理。當我知道隔壁王教授時，似乎表示我知道有關王教授的一些事情。例如，他是男的、在大學教書、住在我家隔壁等等。似乎個物知識不過就是一組命題知識而已。

能力知識的性質相當複雜，在哲學史上並沒有引起太多的研究。還好，近幾十年認知科學的興起，對於人的能力開始有了一些瞭解。圍於本書的篇幅以及主題，本書將不解說能力知識。哲學家對於命題知識的研究已經有數千年的歷史，直到今天，對於命題知識的探討仍然是知識論的首要研究對象。本書以介紹命題知識的研究為主。

命題知識及其分類

要瞭解什麼是命題知識，自然得先瞭解「命題」這概念。究竟「命題」是什麼呢？由於「命題」是哲學裡相當專技的一個觀念，需要相當複雜的哲學理論來說明，沒有辦法在本書處理，此處只得介紹比較簡單的說法（但這說法並不是哲學家一致同意的）。

自然語言，例如中文、英文、德文、法文、希臘文……，都使用各種不同形狀的符號以及一些語法規則，藉以造出字詞和句子。例如：

　　· 老虎是動物。（中文句子）
　　· Tigers are animals.（英文句子）

這兩個句子雖然一句是中文、一句是英文，用到了不同的符號和文法規則，都具有相同的意義。它們共同表達的意義就稱為「命題」。「命題」就是語句所表達的意義或內容。任何一個命題不是為真就是為假，「真」與「假」稱為命題的真假值。命題知識就是具有命題內容的知識。

由於有些時候哲學討論同時涉及句子與命題，為了避免混淆，本書約定：在必須強調討論的主題是命題（或者概念、性質），而不是句子時，特別使用角號來表示，例如〈老虎是動物〉是上述三個句子表達的命題，〈圓的〉是概念或者性質。如果行文脈絡清楚，不致引起混淆，則本書盡量使用引號表示。

命題知識的範圍包括哪些呢？一般來講，命題知識至少可以分類為形式科學的知識、自然科學的知識、社會科學的知識以及知覺知識。我們大致上都同意有邏輯知識和數學知識，這兩類合稱為形式科學的知識。物理知識、化學知識、天文學知識、生物學知識、地質學知識、考古學知識、醫學知識、心理學知識等等，是我們說的自然科學的知識。歷史知識、社會學知識、經濟學知識等等，是我們稱為社會科學的知識。除了各種科學知識之外，我們認為感官知覺的運作也提供我們知識。例如，我知道（因為看見）書桌前擺了一本藍色封面的小說，我知道（因為聞到）餐桌上的菜已經餿掉了，我知道（因為聽到）隔壁的狗在叫等等。

上述命題知識的分類方式是平時經常聽到的，大抵上這分類沒有引起太大的哲學問題。另外還有一些知識需要說明。

時間與知識

我們有關於過去的知識，例如我們知道古埃及人造了金字塔、我們知道宇宙約在一百五十億年前誕生。我們也有關於未來的知識，例如我們知道 2008 年奧運在北京舉辦；我們知道如果沒有其他因素干擾，爐子上的一壺水將在二十分鐘後煮沸。這是從時間的角度來分類的。亞理斯多德曾經提出所謂的海戰論證，反對我們具有關於未來的知識，這是由於他不認為關於未來的敘述有表達具真假值的命題。「明天會有海戰」既非真亦非假。當代哲學界與邏輯學界認為海戰論證反對了二值原則（亦即任何命題只有真與假二值），乃多值邏輯的濫觴。如果接受海戰論證，則我們似乎不得不說：我們沒有關於未來的知識，因為只有真的命題才能

為我們所知。

　　另一方面，**羅素**曾經提出一個假想，藉以論證我們既沒有關於過去的知識，也沒有關於未來的知識。他的說法在文獻中通稱為**羅素世界論證**。羅素假想我們所居處的這個世界其實只有存在一秒鐘而已，當然每個人也只不過存在了一秒鐘而已，存在的時間非常短暫。不過在這世界的一切種種都讓我們誤以為這個世界已經存在了很久，每個人已經活了相當久的一段時間。如果接受羅素的說法，我們當然沒有關於過去與未來的知識，因為我們根本沒有過去也沒有未來。羅素的說法是否能讓人信服，本書第十三章會做比較詳細的探討。

觀察與知識

　　另外一種命題知識涉及到**觀察**這概念。我們有關於可觀察世界的知識，經由感官知覺的運作，我們知道前面有座三層樓的房子、我們知道路邊那個攤子賣的是臭豆腐。當然，觀察知識未必都需要靠自己親自做觀察。透過別人的報導，我們一樣可以獲得經由觀察而來的知識。另外，有一些現象雖然不太可能單單靠著感官知覺的運作就可以瞭解，透過器具的發明還是可以觀察得到的。例如望遠鏡（尤其是天文望遠鏡）使得我們可以觀察到極遠方的事物與現象。

　　我們還有科學家所謂的有關不可觀察物的知識，例如關於電磁波的知識、基本粒子的知識……。即使科學家發明再精密的儀器也不可能觀察到這一類事物。科學哲學界對於這類事物是否真實存在，也有爭議。囿於本書性質，只得略過。

　　人的心理世界也是不可觀察的。我知道我現在心中在想著中午要吃碗牛肉麵。我心中這個想法是一項不可觀察、但真實存在的事物。雖然絕大多數哲學家跟絕大多數平常人一樣，都認為所謂的心理世界（那些思想、信念、情緒等等）都是真實存在的。但是在當代心與認知哲學界有所謂「取消論」的學說，否認人的心理世界是真實的。基於目前我們研究知識論的主旨，這個複雜的問題不在本書解說範圍內。

　　我們還有關於抽象事物的知識。數學知識就屬於這一種。我們知道三角形內角和為 180 度，我們知道 19 是質數，我們知道空集合是任何集合的子集合。另外一種抽象知識則是有關形上學家所說的共性。「共性」就是可以為事物共同擁有的

性質。例如〈圓〉是共性，很多東西都有這個性質❷。這些抽象事物也是不可觀察的。不過，提醒兩點。首先，一般來說，哲學家在區別「可觀察」與「不可觀察」時，考慮的是上一段提到的科學家所說的微觀事物和現象，並不將此處所說的抽象事物包括在內。其次，這些抽象事物是否是真實存在的，一直是重大的形上學課題。我們是不是承認自然數是真實存在的事物？空集合是不是真實存在的事物？共性是不是真實存在的事物？如果自然數不是真實存在的，我的「19 是質數」的知識會是關於什麼東西的知識呢？要思考這個問題就得進入形上學的討論，本書同樣不得不略過。

先驗知識與經驗知識

最後要說明的是另一種將命題知識分類的方式，與人類的認知方式有關。哲學家將所有人類實際擁有或者可能擁有的命題知識區分為「先驗知識」以及「經驗知識」。「經驗知識」由於是相對於「先驗知識」來說的，所以哲學傳統上稱它為「後驗知識」。所謂經驗知識是指有關經驗事實的知識，這種知識是經由知覺活動或者經驗實徵的研究而建立的，其成立與否需要經驗證據的支持。前面提到的各門自然科學知識、社會科學知識，以及知覺知識等，都是關於經驗事實的知識，屬於經驗知識的範圍。任何不是經驗知識的都是先驗知識。形式科學的知識，包括邏輯知識與數學知識等，都是先驗知識。此外，還有一些知識雖然不屬於邏輯和數學，卻也是屬於先驗知識的範圍。例如，我知道沒有任何平面有可能同時既紅又藍、我知道沒有任何平面圖形既是圓形又是方形。關於先驗知識將在本書第十二章做詳盡的解說。

規範知識

除了上面提到的各種知識之外，似乎還有所謂的「規範知識」，廣義來講，包括宗教知識、倫理道德知識、禮儀與社會規範知識、慎行知識，以及法律規範知識等。不過這些類的知識經過分析之後，還是可以歸類為先驗知識跟經驗知識的

---

❷　如何說明「共性」一向是形上學的重大課題，傳統的實在論和唯名論，以及二十世紀新近發展的殊性論，對於「共性」各有不同的見解。本書不捲入這個爭議。

範圍。讓我們來看看。

對於什麼是宗教知識有兩種不同的理解。㈠所謂的宗教知識指的是關於宗教教義、宗教禮儀、宗教人物或者宗教歷史等的知識。這一類宗教知識仍然屬於經驗的命題知識，因為這些都仍然只是對於經驗事實的描述而已。例如，我們知道佛教教義禁止自殺、天主教反對墮胎、麥加是回教聖地、達摩在五代後梁的時候來到中國傳教。㈡如果宗教知識指的是經由所謂的「天啟」、「開示」、「自覺」、「體認」等方式而獲得的知識，那麼這類知識不是經驗知識。如果真的存在有這種意義下的宗教知識，那麼這種知識會是一種先驗的命題知識。關於這類方式究竟能不能提供知識，屬於宗教哲學的專屬領域，本書不予討論。

倫理道德知識是指有關道德規範的知識，也有兩種不同的理解。㈠如果是指關於一個文化或社會所接受的道德規範的知識，或者是關於有哪些人提倡了什麼樣道德觀的知識，那麼倫理道德知識其實還是一種經驗的命題知識，因為這些都還是對於經驗事實的描述，而不是一種規範性的要求，不是用來約束人的行為的。例如我們知道早期日本人認為將年邁的父母遺棄深山中是一種孝順的行為、我們知道美國人認為將父母當作朋友反而是更親密的表示、我們知道中國人主張不能傳宗接代乃是大逆不道的事，像這些都是經驗知識。㈡另一種意義下的倫理道德知識則是規範性的，用來約束人的行為的。例如我們知道殺人在道德上是錯誤的、誠實在道德上是正確的。如果確實存在這種意義下的知識，這類知識會是先驗的命題知識。至於要不要將這種意義下的倫理道德規範當作知識，有賴於這類道德規範是不是具有真假值。由於這已經涉及到後設倫理學的研究領域，本書不予解說❸。

關於禮儀以及社會和法律規範的知識是指類似下面的知識：知道參加盛宴的時候，應該要穿哪種衣著，以避免失態；知道喝醉酒應該不要開車，以確保安全；知道受人恩惠的時候，應該要適時表達謝意；知道在醫院等公共場所不應該大聲喧嘩；知道吸毒是有害身體而且違反法律的行為……。這類知識的內容涉及「應該」或「要求」；這類知識多半跟習俗有關、跟社會法律規範有關、或者跟個人修養有關，但是又還不屬於倫理道德的領域。這類規範命題跟上述倫理道德命題一

---

❸　例如倫理學裡的表達情緒論就不認為規範命題具有真假值。

樣具有兩種意義：如果是關於一個社會是不是存在有這些規範，則是一種經驗知識；但是如果指的是用來約束人行為的規範，則是不是構成為知識，有賴於這些規範語句是不是具有真假值。

最後，慎行知識則是關於滿足個人欲望的知識、或者是關於如何避免痛苦以及如何獲得舒適、快樂等的知識。這一類知識既涉及認知者的行為，也涉及認知者對於手段─目的的掌握。就前者來看，慎行知識是一種能力知識；就後者來看，它是一種經驗知識。

經由以上的分析，本書僅解說前述的經驗知識跟先驗知識，不再另闢專章處理規範知識的問題。

第三節　知識論的研究主題

擁有知識不就夠了嗎？科學不是已經提供我們很多知識了嗎？心理學不是正在研究人類如何進行認知的嗎？哲學家為什麼還需要研究「知識」？

擁有知識的價值就在於避免錯誤（包括匡正錯誤）、避免獨斷、避免非理性與反理性、並解消無知，從而確實掌握有關我們自己以及我們所居處世界的真象。知識既然已經擁有這些價值，為什麼還要從哲學的立場來探討知識呢？為什麼不直接去研究各門各類的知識，如物理學、生物學、心理學等，這樣豈不是更有貢獻嗎？

話雖如此，哲學家認為這種想法未免過於急躁。常常我們需要對於每天獲得的資訊加以辨別。或許我們直接去瞭解各種科學是如何獲得知識的，將這些方式找出來，就可以作為我們辨別真假資訊的最好方法。畢竟我們大都同意科學家研究世界的方法就是求真與除錯方法的最佳典範。但是，那些科學方法究竟具有什麼特徵，使得採用那些方法的科學家能夠獲得關於世界與我們自己的真象？是什麼將真實判斷進一步轉換成為知識的呢?這些問題似乎不是科學自身能夠回答的。

另一方面，正如前面指出的：人類不僅是會犯錯的，而且在人類尋求真象的知性活動中，往往摻雜了許多非理性乃至於反理性的成分。犯錯以及盲從、獨斷等反理性的現象構成了我們尋求知識的障礙。在我們尋求真象的過程中，難保不

會被假象蒙蔽，以至於做出了錯誤的判斷，相信了虛假的事情。我們如何能保障我們信以為真的事情確實是真的呢？會不會我們自以為擁有知識，但其實我們擁有的只是一些虛假的資訊呢？

現在大眾傳播媒介非常發達，尤其網際網路的發展幾乎已經到了無遠弗屆的地步，在網路上可以獲得世界各地的消息，更可以擷取各門各類的資訊。但是，哪些資訊是真實的呢？哪些是虛假的呢？要如何區別個人意見與真實判斷呢？要如何區辨謠言與真象呢？除非我們有一些規準和方法來區別正確的資訊跟錯誤的資訊，否則我們面臨各種資訊時，仍將無所適從。

再者，我們也非常希望對於世界真象的瞭解不是碰運氣、瞎猜矇到的，而是有步驟的，以可靠、恰當的方式進行的。但是究竟哪些方式才是恰當的？直接去研究各門各類的知識，如物理學、生物學、心理學等，似乎無法回答這個問題。這是由於煉金術、占星術等不是科學的論調，同樣也可以宣稱它們的方式才是恰當的。然而，為什麼我們認為天文學給我們的是真知識，占星術給我們的並不是真知識？為什麼化學提供我們真知識，煉金術卻不是？簡單說，究竟哪些方式才是恰當的，能產生對於世界真象的瞭解，似乎不能僅僅訴諸物理、化學、生物學、心理學等科學來決定。

或許我們可以透過自我反省來進行除錯的活動。但這似乎也行不通。對於那些我們已經信以為真的事情，即使經由自我反省的方式一一加以檢查，由於我們已經信以為真，所以也是徒勞無功的。

以上的考慮，使得哲學關於知識的研究更為重要了。

知識的本質、來源與可能性

哲學對於「知識」的研究有很大的作用。對於「知識」，哲學家關心的問題很多，但是哲學家對於知識的研究，不是為了要建立科學知識，而是要思考反省幾個有關「知識」的問題。其實我們剛剛已經遇到了兩個知識論的問題：在什麼條件下才是獲得了真知，而不是假的資訊？哪些方式才是獲得真知的恰當方式？知識論的核心議題當然是：知識是什麼？究竟人類的知性活動應該具備哪些特徵才夠得上是「知道」，而不僅僅是瞭解、相信、斷定，也不會是揣測、瞎猜、懷疑，

或者獨斷。這是一個有關知識本質的問題，探討知識成立的要件，並藉以區別真知識跟假冒知識的論說。

其次，「相信、接受或判斷一件事為真」跟「知道一件事為真」兩者究竟有什麼根本的差異？在什麼情況下，我們擁有的理由或證據才是充足到能夠讓我們產生知識呢？我們憑什麼要相信或接受一件事呢？這是有關識知證立的問題。「識知證立」初步來說，就是指相信、接受，或判斷一件事情為真的時候，具備的知性上的理由或證據。這些提供證立的理由或證據稱為「證立項」，也就是指用以進行證立的事物（本書稍後會介紹其他不是理由和證據的證立項）。本書第七章到第九章會介紹有關「識知證立」的幾個難題，以及重要的哲學主張。

知識論研究的另一個議題與知識來源有關。我們是如何獲得知識的？一般來講，知覺、記憶、專家權威、推論、證詞等，都是能夠提供我們知識的管道；做夢、玄思、冥想、天啟、揣測、水晶球的顯示等，則不是提供知識的管道。這兩類管道有什麼根本的差異呢？本書第五章會說明幾種重要的知識來源。

另外一個是有關知識可能性的問題。西方兩千多年來一直不斷有哲學家懷疑我們人類是不是擁有知識，他們甚至主張我們人類根本不可能擁有任何知識。這種哲學立場稱為知識懷疑論。哲學家也懷疑我們人類是不是有可能避免獨斷，甚至主張在進行知性活動時，我們不可能擁有任何充足的理由或證據。這種哲學立場稱為證立懷疑論。知識懷疑論跟證立懷疑論是相互獨立的不同主張。所以，在接受知識懷疑論的同時，不接受證立懷疑論，不會有立場上的衝突。如果知識懷疑論的主張有很強的理由支持，使得我們不得不承認人類不可能擁有知識，這將會是對於人類知性努力最大的挫折。「我們人類真地擁有知識嗎？」「我們人類有可能擁有知識嗎？」這兩個問題因而構成哲學家必須考量的一項重大議題。

如果我們人類不可能擁有知識，探討知識有哪些來源，乃至於知識的成立有哪些要件，表面來看，似乎是多餘的。儘管如此，由於探討懷疑論的主張是否恰當的同時，也有助於我們瞭解知識是什麼，即使人類真地沒有知識，甚至真地不可能擁有知識，懷疑論仍然是值得深究的。

尤其，「我們人類是否擁有知識？」「我們人類是否不可能擁有知識？」這兩個問題似乎都不是科學研究能夠回答的。如果接受了知識懷疑論的主張，科學家

無論如何努力，科學研究無論如何深刻，科學理論無論如何深奧，都不會提供知識。不但如此，我們再也不能接受「因為我看見……，所以我知道……」這樣的主張。或許我們可以如此反駁：由於科學能夠提供知識，所以懷疑論是錯誤的；由於憑藉著知覺的運作就可以獲得知識，所以懷疑論是錯誤的。懷疑論哲學家當然可以如此回應：懷疑論質疑的就是科學研究以及人類的知覺運作究竟能不能提供知識，因此先承認科學研究和知覺的運作能提供知識，是丐辭的說法。

難道雙方在各說各話嗎？難道這只不過是對於「知識」這個概念做無意義的文字遊戲嗎？對於懷疑論的討論是本書第十三章的主題，屆時會有詳盡的解說。

知性理性

人類求真與除錯的知性活動皆預設理性的思維方式與態度，既不是純粹碰運氣的，也不是輕信盲從的，既不能教條獨斷，更不能假借權威、訴諸權勢。理性，就它的積極面來看，是指去除盲從、避免輕信、避免獨斷，以及拒絕教條。就消極面來看，理性就是指我們人類運用一切可靠的、有效的方式來追求真理。知識論研究的一項重大的課題就是想要瞭解「理性」的特質，探討人類進行理性思考的條件與過程。哲學家研究知識論的一個重要動機，就是對於盲從與獨斷進行批駁與拒斥，排除其對於人類知性活動的干擾。一般人常常誤以為理性跟情感是對立的，認為理性是冰冷的、沒有情感的。這是對於理性的不當誤解。理性跟情感是相容的，理性並沒有跟情感相對立。跟理性相對立的是盲從、獨斷、教條、迷信、蠻橫、意氣用事、威權，以及語言與肢體的暴力。簡單的說，「反理性」是指在該講道理的時候，刻意不講道理。

所謂盲從與輕信就是人云亦云，輕易地、不假思索地就接受了未經查證的資訊。只要是大多數人說的，只要是有名、有錢、有勢的人說的，只要是新聞報導的，只要是立場與自己相同的，輕易就相信了。另一方面，一個獨斷（抱持獨斷論）的人，則是一個對於自己所做的判斷、所相信的事，都自以為是正確的，毫不考慮自己對於那些信念與判斷是不是擁有理由跟證據。這種人要求任何人都必須接受他的想法，不容許任何質疑與挑戰。甚至當他面對強有力的相反理由和證據時，依然堅持己見，毫不考慮這些相反的理由和證據是不是駁斥了他自己的立場。

　　最後，在求真與除錯的過程中，我們要如何做才能夠避免獨斷並袪除非理性的成分呢？「理性」是什麼？我們人類有多理性呢？究竟什麼樣的知性活動才是理性的呢？這一類問題涉及到知識論有關識知理性的研究。傳統上，對於「理性」的理解通常涉及到人類進行推想論思的表現與能力。研究非形式邏輯的哲學家關於人類推想的謬誤做了很多研究，找到很多我們進行推想時所犯錯誤的類型。近三十年來，認知科學對於人類演繹推想與歸納推想的心理機制做了許多實徵研究，其中有一批學者的研究結果指出，人類的推想表現是非常不理想的，他們甚至因此而做出結論說，人類本質上是不理性的。是這樣嗎？人類本質上就是不理性的嗎？本書第十四章會說明有關「理性」的哲學學說，認知科學家有關「理性」的研究，以及哲學家對於這些研究成果的討論。

　　茲將哲學家關心的這些知識論的重大課題列舉如下：

　　　　(一)知識的本質
　　　　(二)知識的來源
　　　　(三)知識的可能性
　　　　(四)識知證立
　　　　(五)識知理性

第四節　知識論的研究進路

　　哲學家對於知識論的問題是如何進行研究的呢？這裡介紹當代知識論重要學者雷勒觀察到的三種研究進路：形上知識論進路、懷疑知識論進路，以及批判知識論進路❹。

　　形上知識論進路源自柏拉圖和亞理斯多德。這一研究進路是先從形上學出發，提出究竟什麼是虛幻的、不存在的，什麼才是真象，是這些哲學家所願承認的實在界（亦即真實存在的世界）。依據這套形上學，然後再提出說明，我們人類是以什麼樣的方式來認知這個實在界。這一研究進路主張，必須先弄清楚究竟什麼是

---

❹　請參閱 Lehrer (2000)。

實在的，才能構成我們知識的內容，畢竟只有真實的事物才會是被知道的對象。

以柏拉圖的哲學來說。他的形上學主張感官所知覺的外在物理世界，亦即我們平常說的大自然以及我們的肉體等等，其實都是虛幻、不存在的。只有數學世界以及柏拉圖所謂的理型世界，這種純粹抽象的世界才是真實的，才構成所謂的實在界。既是如此，由於只有實在的事物才會是被知道的對象，感官知覺提供給我們的，關於大自然以及我們身體的資訊，並不會構成知識，因為這些在柏拉圖哲學裡都是虛幻不實的。相反地，我們只有對於柏拉圖那種抽象世界（亦即數學世界和理型世界），經由理性直覺的運作，才能擁有知識。

當然，採取形上知識論這種研究進路的人不一定要接受柏拉圖的形上學。我們可以有另外一套形上學的主張，例如否認柏拉圖的理型世界，承認我們平常所說的物理世界是真實的，然後再進一步提出人類是如何認知這個真實世界的。無論如何，這一研究進路的基本思考模式是：先從形上學區隔實在界與虛幻的非實在界，再提出人認知這實在界的方式。

第二個研究進路是懷疑知識論進路。這個研究進路起自笛卡爾。關於笛卡爾的知識論會在第七章第二節說明。簡單來說，笛卡爾以所謂方法論的懷疑來探討我們人類究竟有可能擁有什麼知識。這一研究進路並不是先去從形上學肯定什麼是虛幻的、什麼才是實在的，而是先決定知識成立的要件，然後再來思考哪些領域是我們人類有可能知道的。笛卡爾的研究結果認為識知確定性是知識成立的條件。

顯然這一研究進路跟形上知識論的研究進路之間存在一項根本的差異：形上知識論進路毫不考慮地就假定了人類是有可能認知到實在界的；懷疑知識論進路則是從質疑這一根本假定出發。

儘管笛卡爾採取的是懷疑知識論的研究進路，同時笛卡爾也公認是引發、促成知識懷疑論的首要人物，懷疑知識論進路只是一種研究進路，告訴我們如何研究知識，這進路並不一定會導致知識懷疑論，並不一定走向那種否定知識可能性的立場。

最後，批判知識論的研究進路跟前兩者都不相同。批判知識論進路是從接受一般人（未受過哲學訓練的人）的立場出發。一般人都認定我們居處的這個世界是真實的，一般人都同意感官知覺是可以提供我們關於外在世界的真實資訊的，

一般人也都認為我們人類擁有非常非常多的知識。尤其科學的發展更使得我們超越感官知覺，對於感官知覺所不及的事物和現象，例如宇宙的起源、宇宙的基本粒子、物種的起源與演化等等，獲得了更多的知識。

　　哲學家葛德門將一般人的這些關於知識的想法統稱為民俗知識論。批判知識論的研究進路就是從一般人的這種知識論立場出發，來探討知識的性質，並且藉著對於知識性質的瞭解來進一步批判地修正或放棄一般人原先的某些想法。當代英美知識論的研究大都是採取這個進路。

 重點回顧

- 柏拉圖 Plato (427–347 BC)
- 亞理斯多德 Aristotle (384–322 BC)
- 《後分析學》 *Posterior Analytics*
- 工具價值 instrumental value
- 外緣價值 extrinsic value
- 內有價值 intrinsic value
- 培根 Bacon, Francis (1561–1626)
- 認知主體 cognitive subject
- 對象；客體；個物 object
- 資訊 information
- 熟稔知識 acquaintance knowledge
- 命題知識 propositional knowledge
- 能力知識 competence knowledge
- 經驗知識 empirical knowledge
- 後驗 *a posteriori*
- 先驗 *a priori*
- 化約 reduce
- 再認 recognize

- 海戰論證 the sea battle argument
- 二值原則 principle of bivalence
- 羅素 Russel, Bertrand (1872–1970)
- 共性 universal
- 識知證立 epistemic justification
- 證詞 testimony
- 懷疑論 skepticism
- 雷勒 Lehrer, Keith (1936–)
- 理型 Idea; Form
- 笛卡爾 Descartes, René (1596–1650)
- 方法論的懷疑 methodological doubt
- 葛德門 Goldman, Alvin Ira (1938–)
- 民俗知識論 epistemic folkways; folk epistemology

第二章　知識的傳統分析

　　對於知識是什麼（知識的本質），二十世紀的哲學家曾經提出了許多不同的主張。（這裡所提到的知識理論主要都是針對經驗知識，至於先驗知識則必須留待第十二章再來探討。）就大方向來看，這些知識理論可以分為兩類：第一大類的理論遵循傳統知識論的基調，主張知識具備真、信念、識知證立三大要件。但是由於蓋提爾難題對於識知證立提出了嚴重的挑戰，識知證立的無限後推難題亦帶給哲學家極大的困擾。這些將在本章解說。

　　這一類的哲學家著重在對於識知證立的本質提供更精緻、更說得通的理論。這類學說主要包括證立基礎論、證立融貫論、證立可靠論、證立脈絡論、證立解釋論，以及近年興起的知德可靠論。本書第七章到第九章會對於這些學說做比較精細的解說。關於識知證立的一些性質則會在第六章說明。

　　相對地，第二大類的理論並不遵循傳統知識論的基調。這一類哲學家只接受「知識」的前面兩項要件（亦即真理要件以及信念要件），但不主張識知證立是構成知識的一個要件，而是另外提出如何使得真信念成為知識的條件。當然他們依舊認為「識知證立的本質是什麼？」還是一個知識論的重要問題，只不過他們認為知識本質的問題與識知證立的問題是獨立的，可以分別加以處理。這一大類的理論通常歸類為知識外在論的研究進路，因為他們主張除了信念要件之外，知識的其他要件涉及到外在的因素。在這一大類之下的學說主要包括葛德門早期的知識因致理論 (1967)、知識區辨理論 (1976) 以及製程可靠論 (1986)，諾其克的索真論 (1980)，以及卓斯基的資訊知識理論 (1980)，將在本書第十章解說。

第一節　個物之知

第一章曾經提到「個物之知」，一種關於個物的知識。當老王說「我知道隔壁班那個地理老師」的時候，老王具有的究竟是什麼樣的一種知識呢？這知識屬於能力知識還是命題知識呢？或許我們可以將老王這項知識分析為：老王知道跟那位老師有關的一些事，比方說他個子高大、臉上有道小疤痕、喜歡吃水餃、最近剛剛買了一支某某牌子的手機……。這時候老王的知識當然是屬於命題知識。或許我們可以將老王這項知識分析為：老王認得那位地理老師，能從一群人當中辨別這個人。若是如此，這知識算是能力知識。當警察要證人指認犯人的時候，他依賴的就是證人的這種知識。

親知與述知

英國哲學家羅素曾經區別了「個物之知」與「命題之知」❶。「命題之知」就是這裡說的命題知識。「個物之知」是指對於某個物的知識。這種知識有兩類：親知以及述知。請勿望文生義，將「親知」當作是「親自知道」的意思，「親知」也跟前面說的「熟稔知識」不同，不可混淆。「親知」是很特殊的一種知識。根據羅素，「親知」的對象只有兩種：共性以及感覺與料。我們的血液是紅色的、有些人喜歡搽紅色的口紅、春聯都是寫在紅紙上，這些個別的顏色雖然彼此略有差異，基本上都是相同的，都是紅色。有些哲學家將〈紅〉這個性質當作一個共性，也就是這些個別事物共同擁有的性質。

「感覺與料」則是羅素那個年代非常特別的一個概念，當時有兩派哲學家為了如何解釋「感覺與料」，起了很大的爭議。基本上，感覺與料就是人的感官與外在事物接觸後所產生的東西。例如心理學所說的「後像」（揉一揉眼睛後產生的視覺影像）就是一種感覺與料。

顯然羅素所謂的「親知」不是以某人或某物體為對象的。「親知」不是指親自知道面前這張桌子、親自認識今年的諾貝爾獎物理學得主、親自知道美國國會圖書館大廳的擺設。「親知」這種知識確實是涉及個體的知識，但這裡所說的「個

---

❶　請參閱 Russell (1912)。

體」或者是指事物個例化了的性質，或者是人感官知覺活動涉及的感覺與料。

至於「述知」概念，用到了羅素獨有的確定描述詞理論。「確定描述詞」是一個單數名詞片語，英文通常是以 "the" 加上單數名詞片語來表示，例如 "the present president of USA"、"the author of *The Phantom of the Opera*"。中文沒有這種文法，不過就羅素所說確定描述詞的特徵來看，中文也有表示確定描述詞的方式，例如「德國 2007 年的總理」、「中國最後一位皇帝」、「《西遊記》的作者」、「太陽系體積最大的行星」。確定描述詞的使用預設兩點：所描述的個體存在，而且只有那位個體滿足那個描述。例如，「《西遊記》的作者」意指有個人是《西遊記》這本書的作者，而且只有這個人是這本書的作者，其他人都不是。「述知」就是指透過確定描述詞，而知道了其所描述的個體。例如老王是透過「《西遊記》的作者」這個描述詞，以述知的方式知道吳承恩這個人的。

羅素的確定描述詞理論在邏輯以及語言哲學影響很大，但他關於「親知」與「述知」的學說，在知識論學界並沒有太多的影響。讓我們來看影響重大的傳統知識分析。

第二節　知識的三要件分析

在知識論的傳統裡有所謂的知識三要件分析，認為命題知識的成立必須具備三大要件：真、信念、證立。西方知識論史上幾千年來並沒有哲學家以定義的方式明確列出這三項知識的要件。一般公認柏拉圖在他《提亞提特斯》這篇對話錄中提出的說法是最早觸及這三項要件的。在當代，英國的艾爾大概是最早明確列出這三個要件的哲學家，儘管他的用詞不太一樣❷。

以 S 表示任何認知主體、p 表示任何命題，傳統對於知識的三要件分析如下：

知識的三要件分析

S 在 t 時知道 p（S 在 t 時擁有關於 p 的知識）

定義：⑴ p 為真（真理要件）；

---

❷　請參閱 Ayer (1956)。

⑵ S 在 t 時相信 p，或者判斷、接受 p 為真（信念要件）；

⑶ S 關於 p 的信念是具有證立的（證立要件）。

簡單說，知識就是有證立的真信念。為什麼知識的成立必須具備這三項要件呢？這三項知識成立的要件應該是相當明顯的。在逐一說明其道理之前，先說明在這分析裡提到的「t 時」。在對於知識的定義中加入「t 時」這種字眼，純粹是由於知識的獲得是有時間性的：認知主體本來對於某命題一無所知，但後來知道了該命題。這是由於：㈠認知主體本來對於該命題一無所悉，後來對該命題產生了判斷或信念，或者㈡認知主體的信念本來沒有太多理由或證據加以支持，後來他得到了更充足的理由或證據。（請讀者留意：雖然「知道」有時間性，並不表示所知的真理都是有時間性的。）

真理要件

如果有人真地知道一件事 p，那麼 p 這件事一定為真；不會有一件事為假，我們卻還能說我們知道那件事。如果你真地知道陽明山在臺北市內，當然陽明山在臺北市內。相反地，如果陽明山並不在臺北市內，沒有人有可能知道陽明山在臺北市內。當然，很多時候我們會說：「我知道 p 那件事是假的、不成立的。」似乎我們有時候會承認知道一些假的事情。這想法並不精確。如果有人說：「我知道 p 那件事是假的、不成立的。」他是以〈p 那件事是假的、不成立的〉作為他此時所知道的內容，而不是以 p 作為此時所知道的內容。如果 p 為假，〈p 為假〉為真。舉例來說，我們知道水的沸點是攝氏 200 度為假。此時我們的知識內容是〈水的沸點是攝氏 200 度為假〉，而不是〈水的沸點是攝氏 200 度〉。由於〈水的沸點是攝氏 200 度〉這命題為假，〈水的沸點是攝氏 200 度為假〉這命題為真，故而我們知道的還是一件為真的命題。知識成立的第一要件就是被知道的 p 命題為真。

然而，有時候我們會發現我們原本知道一些事，後來發現那些事其實是錯誤的、是假的。例如，古人原本以為知道太陽以圓形軌道繞行地球，現在發現這是錯誤的。似乎我們同意有一些以前承認是知識的，在後來被推翻，不再被承認是

知識。若是如此，〈p 為真〉就沒有構成知識的要件。這說法有混淆的地方。我們必須區別知識以及知識宣稱。所謂「宣稱」是指對某件事提出一個主張或立場。例如交通部宣稱春節高速公路壅塞的現象已經解決。所謂「知識宣稱」就是指某人自稱他知道一件事。例如，某報社記者自稱他知道某某影星已經秘密結婚。不論提出這類宣稱的背後用意或動機是什麼，我們都明白並不是所有的宣稱都符合事實。有些宣稱經由查證確實為真，有些宣稱在查證之後發現不是事實。所以宣稱擁有某項知識並不表示真地擁有那項知識。知識與知識宣稱是不同的。

　　知識的第一項要件是所知的命題為真；簡單說，知識蘊涵真理。

信念要件

　　知識的第二項要件是主張認知主體必須相信所知道的命題，或者說他對於被知道的命題擁有「信念」。相信一命題 p 並不表示知道 p，但是當我們知道 p 的時候，我們一定是已經相信 p、接受 p，或者判斷 p 為真的，不會有人知道 p 卻不相信 p。

　　所謂認知主體 S 不相信 p，或者所謂「S 相信 p」這個要件沒有滿足，有兩種理解方式：㈠ S 沒有關於 p 的信念，這是一種比較弱的理解。㈡ S 相信非 p，這是一種比較強的理解。

　　依據第一種比較弱的對於「S 不相信 p」的理解方式，所謂「S 不相信 p」，或者所謂「S 相信 p」這個要件沒有滿足，意思是說，S 沒有產生關於 p 的信念、S 沒有對於 p 做出判斷、S 對於 p 是否為真不置可否、S 對於 p 沒有具體的主張，乃至於 p 根本就沒有出現在 S 的認知中。在這意義下，不可能有人知道 p，卻不相信 p。

　　依據比較強的對於「S 不相信 p」的理解方式，「S 相信 p」這條件沒有滿足的意思是，S 相信 p 為假，亦即〈p 為假〉這命題是 S 信念的內容。有沒有可能有人知道一件事，可是卻同時相信那件事為假呢？這也是不可能的。當你相信〈猩猩是爬蟲類為假〉的時候，你怎麼可能又主張你知道猩猩是爬蟲類？

　　從以上兩種關於「S 相信 p」這個要件沒有滿足的理解，我們應該承認「S 知道 p」的一項要件是他相信 p。

對於信念要件應該補充一點。雖然在知識論的文獻裡大都使用「相信」、「信念」作為知識的要件，有些哲學家並不採取這樣的說法，反而是提出接受、論斷、判斷等來取代「信念」❸。嚴格來說，知識論學界對於「相信」、「接受」、「判斷」的說法不同，因而在知識三要件分析中究竟是要求「相信」、「接受」、還是「判斷」，也不一致。這其中的道理在於兩點：

㈠信念不是自主的。人有很多方式來產生信念。然而，信念的產生與消失是不自主的，沒有人單單憑著個人的意願就可以決定要相信一件事，或者不再相信一件事。這在知識論上稱為非自願論。假設你有意願要將左手舉高，你能將左手舉高（只要沒有障礙，像是手麻痺了、被綁住了），你的左手能否舉高是一件自主的事情。但是信念沒有這種性質。當你看到前面有隻狗汪汪叫時，你不得不相信你看到前面有隻狗汪汪叫，你沒有辦法自行決定不相信這件事，你甚至不得不相信前面有隻狗汪汪叫。如果你沒有看到屋頂上有隻喵喵叫的貓，你不得不相信你沒有看到屋頂上有隻喵喵叫的貓，你沒有辦法自行決定要相信你有看到屋頂上有隻喵喵叫的貓，你也沒有辦法自行決定要相信屋頂上有隻喵喵叫的貓。不但如此，當你原本已相信 p 時，你不可能憑著個人意願決定說不再相信 p，就真地不再相信 p 了。信念的產生與改變不是任憑認知主體的自由意志可以決定或改變的。相信一件事或者不相信一件事，都不是自主的。信念的產生涉及產生信念的機制，包括知覺與推想等；信念的改變涉及到理由與證據的改變。認知主體的自由意志既無法輕易改變認知機制的運作結果，亦無法輕易改變已經接受的理由或證據。

㈡認知活動具有主動性。我們並不是被動的等待外在世界提供刺激給我們的知覺器官，接受其中的資訊，然後就產生知識。在求知的過程中，很多時候我們會主動思考斟酌這些資訊，進行判斷，然後才決定是否接受、論斷其為真。「追求知識」是一種主動的認知活動，並促使認知主體慎思與明辨。「判斷」與「接受」比起「信念」更能呈現「求知」的主動性。

基於以上兩項理由，有些哲學家並不採用「信念」作為知識要件，而改採「判斷」、「接受」、「論斷」等概念來取代「信念」。由於本書用意在於解說知識論的基礎，故對於這個細膩的差異不予區分，仍將因襲大多數知識論學者，使用「信念」

❸　請參閱 Lehrer (2000)。

一詞。

識知證立要件

　　知識成立的最後一項條件是識知證立。任何人對於 p 的信念必須是充分證立的，才足以構成對於 p 的知識。用以證立信念的事物稱為證立項。初步來說，「識知證立」是指認知主體憑藉以相信或判斷 p 為真的理由、證據或其他足以使得該信念構成知識的條件。

　　為什麼知識成立的要件還必須包括識知證立呢？究竟「p 為真」而且「認知主體相信 p 為真」這兩個條件還有什麼不足的地方？哲學家羅素曾經舉了一個例子可以用來說明（本例已經過修改）：

掛鐘案例

　　老王邀請老張到家裡吃中飯。老張在近正午的時候到達老王家。老王跟老張一陣寒暄，無意中看到牆上的掛鐘指著十二點正的位置。老王說：「現在正好是十二點正。」

　　現在確實是十二點正。然而，湊巧的是，老王家的掛鐘因為機械故障其實在昨天半夜十二點正的時候，就已經停擺了。只是老王一大早出門才剛回家，至今都還沒有發現。而且老王家的掛鐘是新買的，老王不曾想過它居然會故障。

試問：當時的老王知道當時是中午十二點正嗎？

　　在這個案例裡，〈現在是中午十二點正〉這命題為真，而且老王相信現在是中午十二點正，所以老王此時符合「知識」的前兩項要件。不過似乎幾乎沒有人願意承認老王知道現在是中午十二點正，認為老王此時擁有〈現在是十二點正〉的知識。畢竟造成老王這信念的原因是老王家掛鐘故障的時候湊巧指著十二點正，而且老王產生該信念的時間（抬頭看掛鐘的時間）湊巧也是十二點正。我們似乎並不願意將這一類「湊巧」的因素當作是獲得知識的恰當理由或證據。如果獲得知識的過程居然有這種碰運氣的成分，我們通常不太願意承認認知主體擁有那項知識。

某件事 p 雖然為真，可是有些人對於 p 的信念是未經深思熟慮、沒有根據、毫無道理的。這種狀況顯示的就是盲從跟輕信。對於恰當理由或證據的要求一直是我們期盼的。這在科學研究以及法庭辯護的情形裡尤其明顯。我們要求信念要有證立，就是因為我們要求在相信一件事時，我們的信念不是未經深思熟慮的、沒有根據的、盲從的、輕信的、毫無道理的、瞎矇的、碰運氣的、獨斷的、訴諸威權的，甚至訴諸神秘力量的。正如上一章所說，「知性的努力」（求真與除錯的過程）是獲得世界真象的重要因素。因此，將識知證立作為知識成立的第三要件應該相當合理。

第三節　蓋提爾難題

傳統對於「知識」的分析，主張知識的成立須滿足三個要件。因此，若某人不知道某件事情，表示他至少有一項知識要件沒有滿足，這種情形共有七種。這些情形顯示「真理」、「信念」與「證立」三項構成知識的必要條件。然而它們是否共同構成知識的充分條件呢？哲學家蓋提爾在 1963 年為文指出，即使認知主體滿足這三項條件，他仍然沒有知識。由於他所提的困難太過重大，當代哲學界因而將他提出的難題稱為蓋提爾難題。

在 1963 年的時候，蓋提爾對於傳統的知識三要件分析提出了嚴重的挑戰。在一篇兩頁多的論文裡他指出：即使這三大要件都滿足了，未必就表示知識成立了，未必就表示認知主體擁有知識。簡單說，這三項條件合起來仍然不足以構成知識的充分條件。以下是他所舉的非常有名的兩個反例（本書已略加修改）：

汽車案例

老王事實上並未擁有某家廠牌的車子，但老張卻誤以為老王有一輛那家廠牌的汽車。老張的朋友老陳曾經跟他說，他看過老王開過好幾次那家廠牌的車子。老王曾經好幾次親口告訴老張說，他這一陣子就準備要買一輛那家廠牌的車子。老張甚至親眼看過幾次老王開著那廠牌的車子上下班。難怪老張會相信老王有一輛那家廠牌的車子。

不知為什麼老張從他相信的這件事做了一個推論（也許老張正在學邏輯吧）：老王有一輛那家廠牌的車子或者老陳現在人在巴黎。老張其實根本不曉得老陳實際上人在哪裡，他只是無聊隨意作了一個邏輯推論而已。有趣的是，很湊巧的，老陳現在真的人在巴黎。

請問：老張知道〈老王有一輛那家廠牌的車子或者老陳現在人在巴黎〉這命題嗎？

在這個故事裡，知識的三項要件似乎都滿足了。㈠由於老陳現在人在巴黎是真的，根據邏輯，〈老王有一輛那家廠牌的車子或者老陳現在人在巴黎〉這命題是真的。㈡其次，老張確實相信〈老王有一輛那家廠牌的車子或者老陳現在人在巴黎〉。㈢最後，老張有相當理由相信〈老王有一輛那家廠牌的車子〉，而〈老王有一輛那家廠牌的車子或者老陳現在人在巴黎〉是依據邏輯推論出來的，所以老張有相當理由相信這命題。然而雖然知識的三項要件都滿足了，我們似乎並不認為老張知道〈老王有一輛那家廠牌的車子或者老陳現在人在巴黎〉，畢竟對於老陳人在巴黎這件事，老張一無所知。

再看蓋提爾的下一個故事：

求職案例

某公司正招募人員。老王和老張都在大廳等候面試。由於老王認為老張的工作經驗豐富，對公司貢獻很多，又是老闆的姪子，他相信老張會拿到這份工作。老王無意中看到老張將悠遊卡放進上衣的口袋裡。老王想著：「老張上衣的口袋裡有張悠遊卡。」他想著：「拿到這份工作的人上衣口袋裡有張悠遊卡。」

令老王意外的是，他自己拿到了這份工作！不但如此，老王上衣的口袋裡也有張悠遊卡。

請問：老王知道〈拿到這份工作的人上衣口袋裡有張悠遊卡〉這命題嗎？

在第二個故事裡，〈拿到這份工作的人上衣口袋裡有張悠遊卡〉這命題是真的，因

為老王就是拿到這份工作的人，而且他的上衣口袋裡確實有張悠遊卡。其次，老王確實相信拿到這份工作的人上衣口袋裡有張悠遊卡。最後，老王確實有相當理由支持他所相信的這件事。所以知識的三項要件都滿足了。然而我們還是不認為老王知道拿到這份工作的人上衣口袋裡有張悠遊卡。畢竟老王心中想的是老張，並不是他自己。

哲學界公認蓋提爾的挑戰確實對於傳統的知識三要件分析構成威脅。這個挑戰因此被稱為「蓋提爾難題」。

不論我們對於這兩個故事是否滿意，蓋提爾難題看來是知識三要件分析不可避免的理論結果，因為在傳統的分析裡，「真理」和「證立」是獨立分開的兩項要件。換個方式來說，依據知識三要件分析，當認知主體不知道某命題 p 的時候，至少有以下兩種狀況：㈠真理要件以及信念要件滿足，但是證立要件沒有滿足；㈡信念要件與證立要件滿足，但是真理要件沒有滿足。既然理論上有這兩種狀況，即使證立要件滿足，亦不能保障認知主體所相信的命題為真，也就是說，該命題之為真，有可能與認知主體所擁有的理由或證據是不相干的。蓋提爾的貢獻不在於他講了兩個故事，而在於他點出了知識三要件分析不可避免的理論後果。

該如何解決蓋提爾難題呢？要解決這個難題有兩個方向：㈠有些哲學家認為僅僅要求知識的那三項要件是不夠的。他們仍然承認真理要件以及證立要件兩者理論上是可以獨立分開的；但是他們轉而要求增加第四項要件，並且做到當第四要件滿足時，保障第一要件跟第三要件同時也會滿足，以使得認知主體確實擁有知識。故而蓋提爾難題又稱為第四條件難題。㈡有些哲學家則企圖修改對於「證立」的說法，設法提出關於識知證立的理論，並且在這理論裡，「證立」要件的成立足以使得認知主體所相信的確實就是真理。這些思考促使了哲學家在一九七〇年代和一九八〇年代，在知識論的研究中，將重點全力放在探討「證立」的問題，發展有關「證立」的理論。證立基礎論、證立融貫論、證立可靠論等等理論的出現，受到蓋提爾難題的影響很大。

第四節　無限後推難題

　　對於知識的探討還面臨另外一個困難：識知證立之無限後推難題。簡單說，用以支持信念的理由或證據本身似乎也需要理由或證據，否則憑什麼接受這些理由和證據呢？依此類推，似乎對於「證立」會有無限後推的要求，而造成了理論困難。由於傳統將「識知證立」作為知識的要件，如果不能解決這個困難，傳統對於知識的說明仍有重大缺陷。

　　在知識的傳統三要件分析中，知識成立的要件之一是認知主體關於 p 的信念是有充足證立的。姑且不論一個信念要證立到什麼程度才算是到達充足的地步，如果連認知主體自己都不相信他自己所持的理由或證據是充的，他憑什麼擁有關於 p 的知識呢？如果認知主體是盲目地或者獨斷地相信他所持的理由或證據是充足的，我們很難同意他擁有關於 p 的知識。照這個方式不斷追問下去，就會出現無限後推的困難。讓我們用比較精確的方式來呈現這個問題。

　　假設認知主體 S 相信某件事 p，而且 S 之相信 p 是由於他所相信的兩個理由（或證據）q 以及 r。試考慮兩個問題：⑴在理論上是否要求 S 相信 $q \land r$ 共同支持他的信念？⑵在理論上是否要求 S 所相信的理由，q 以及 r，各自也是有理由（或證據）支持的？

　　如果不做這兩種要求，似乎很難承認 S 的信念 p 是有證立的。S 能肯定 $q \land r$ 確實共同支持了他的信念 p 嗎？或許他的理由事實上並不足以支持他所相信的事，他只是誤以為這種支持關係成立而已。若是如此，實在很難說 S 獲得了關於 p 的知識。那麼，S 憑什麼認為他所相信的理由真地支持了他所相信的 p 呢？S 是不是還要再提出理由來說那個「支持」的關係真地成立呢？「$q \land r$ 共同支持了 S 的信念 p」這信念似乎也是需要理由的。照這個方式不斷追問下去，理論上似乎陷入無限後推的窘境。

　　不但如此，理論上是否要求 S 的理由本身也是有理由支持的？例如 S 的理由 q 其實只是別人憑空玄想、在無意中誤導 S 的。在這種情形下，要承認 S 的信念 p 是由 q 以及 r 所證立的，似乎說不通。顯然我們應該要求 S 所相信的理由本身也是有理由支持的。但是，如果我們做這要求，理論上將陷入另一種無限後推的

窘境。因為如果要求 S 的兩個理由本身也要有理由支持，是不是也要求用以支持 S 的兩個理由的理由本身也要有理由支持呢？按照這樣不斷地要求，理論上似乎再次陷入無限後推的窘境。

用 $B_{1.1}$ 來表示 S 關於 p 的信念，而且該信念是由 S 關於 q 的信念 ($B_{2.1}$) 以及 S 關於 r 的信念 ($B_{2.2}$) 所共同證立的 ❹。理論上會陷入無限後推的窘境。因為，如果要求 $B_{2.1}$ 和 $B_{2.2}$ 本身必須也是被證立的，例如 $B_{2.1}$ 是被 $B_{3.1}$ 和 $B_{3.2}$ 所證立的，$B_{2.2}$ 是被 $B_{3.3}$ 和 $B_{3.4}$ 所證立的，那麼理論上似乎同樣必須要求 $B_{3.1}$、$B_{3.2}$、$B_{3.3}$ 和 $B_{3.4}$ 等信念也必須是已經有證立的；依此類推，就產生了無限後推的困難。以向上的箭頭 "↑" 表示箭頭下的信念證立了箭頭上的信念，這個無限後推的困難可以用下圖的樹枝來表示：

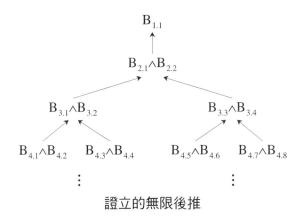

證立的無限後推

根據上面的說法，我們可以發現，任何一個信念要真正被證立的時候，都會牽動到無限多個其他信念的證立。這是知識論裡非常有名的「識知證立之無限後推難題」。

無限後推之難題遠比上圖所顯示的還要複雜。因為我們可以進一步詢問：對於〈$B_{2.1}$ 和 $B_{2.2}$ 證立了 $B_{1.1}$〉這命題的信念是不是也要求必須被證立？對於〈$B_{3.1}$ 和 $B_{3.2}$ 證立了 $B_{2.1}$〉這命題的信念是不是也要求必須被證立？關於〈$B_{3.3}$ 和 $B_{3.4}$ 證立了 $B_{2.2}$〉這命題的信念是不是也要求必須被證立？依此類推，將會產生無限多個無限長的考慮。假設信念 $A_{1.1}$ 和 $A_{1.2}$ 是要求必須用來證立〈$B_{2.1}$ 和 $B_{2.2}$ 證立了

❹　由於會談到很多層的信念，這裡使用 "$B_{i.j}$" 表示第 i 層的第 j 個信念。

$B_{1.1}$〉這件事的，信念 $A_{1.3}$ 和 $A_{1.4}$ 是要求必須用來證立〈$B_{3.1}$ 和 $B_{3.2}$ 證立了 $B_{2.1}$〉這件事的。$A_{1.1}$、$A_{1.2}$、$A_{1.3}$ 和 $A_{1.4}$ 等信念是不是分別都要被其他信念所證立呢？這個更複雜的無限後推可以下圖表示：

信念〈$(B_{2.1} \wedge B_{2.2})$ 證立了 $B_{1.1}$〉　　　信念〈$(B_{3.1} \wedge B_{3.2})$ 證立了 $B_{2.1}$〉

$$\uparrow \qquad\qquad\qquad\qquad \uparrow$$

$$A_{1.1} \wedge A_{1.2} \qquad\qquad\qquad\qquad A_{1.3} \wedge A_{1.4}$$

$$\vdots \qquad\qquad\qquad\qquad\qquad \vdots$$

證立的無限後推（續）

類似的問題可以不斷地追問下去。我們勢必會面臨無限多個無限後推的窘境。理論上，我們不僅會被要求具有不可計數無限多個信念，而且我們會被要求面臨不可計數無限多個證立關係❺。如果我們在考慮任何一個信念是不是有證立的時候，都必須面臨無限多個無限後推的窘境，沒有任何一個信念將會是被證立的。

　　要求具備無限多的信念以及無限多的證立關係，並不是無限後推難題的重點。關鍵不在於我們人類是不是有可能擁有無限多的信念，也不在於我們人類有沒有能力處理無限多的證立關係，更不是我們有沒有足夠時間來處理的問題。一方面，人類是不是有這種能力是一個經驗科學的問題，我們不必遽下定論，我們也沒有必要畫地自限，斷定人類沒有這種能力。另一方面，即使人類沒有處理這類無限現象的能力，也不表示無限後推會造成知識論的困難。事實上無限後推難題的癥結在於：任何一個信念的證立都將只是「有條件地被證立」而已，沒有一個信念有可能是無條件證立的，是真正證立的。只有當 $B_{2.1}$ 和 $B_{2.2}$ 都證立的時候，$B_{1.1}$ 才是真正被 $B_{2.1}$ 和 $B_{2.2}$ 所證立的；但是只有當 $B_{3.1}$ 和 $B_{3.2}$ 被證立的時候，$B_{2.1}$ 才是真正被 $B_{3.1}$ 和 $B_{3.2}$ 所證立的；依此類推，沒有一個信念有可能是無條件地被證立的、是真正被證立的。

　　從這個角度來看，即使我們只處理有限多的信念，我們仍然會面臨相同的困

---

❺　「不可計數無限多」是數理邏輯的概念，實數的集合就是這樣的一個集合。自然數的集合則是可計數無限多的集合。

難，就是每一個信念仍然至多只是有條件地被證立而已；沒有一個信念是真地被證立的。假設只考慮 A、B 和 C 三個信念，而且 A 是支持 B 的理由，C 是支持 A 的理由。那麼，C 究竟有沒有被證立呢？有五種可能性：

⑴ C 缺乏證立，沒有任何理由支持 C。

⑵ A 是支持 C 的理由。

⑶ B 是支持 C 的理由。

⑷ 單獨 A 無法支持 C，單獨 B 無法支持 C，但是 A∧B 共同即可支持 C。

⑸ C 不需要來自其他事物的證立，C 是自我證立的。

第一個情形是無法接受的，就不予考慮。第二個情形迫使我們面臨一個循環的證立關係。根據假設，C 是支持 A 的理由，可是在第二個情形裡，A 是支持 C 的理由。同樣的循環也出現在第三個情形。至於第四個情形，雖然 A 和 B 單獨都不能證立 C，A∧B 共同證立了 C。但是這說法並沒有解除我們的質疑，因為接下來我們繼續面對一個困擾：有什麼理由支持 A∧B 這個複雜信念？

如果將例子限定在有限大的信念集合裡，早晚會遇到以上的困難；如果是就無限大的信念集合來思考，每個信念的證立都導致無限後推的窘境。總結來說，不論我們是就有限多的信念還是無限多的信念來考慮，只要我們要求㈠任何信念的證立都依賴於其他的信念，㈡這些用以證立的信念本身必須是被證立的，以及㈢只有信念才能證立信念，不是信念的事物（非概念、非命題的事物）不能提供證立，則將導致兩種結論：或者陷入無限後推的窘境，或者被迫承認有些信念是沒有證立的。這兩種結論都無法令人接受。

看來似乎除了接受第五種可能性，別無其他選擇：有些信念不需要其他事物來提供證立，這些信念是「自我證立」的。當哲學家承認有些很特別的信念是自我證立時，他們會對這些信念做進一步的要求。不是所有信念都是自我證立的，這些信念必須要滿足一些條件。哲學家將這些信念稱為基礎信念，其他的信念則是「非基礎」的信念、「上層」的信念。所謂的「證立基礎論」就是這種立場。「金字塔」就是用來比喻證立基礎論所主張的知識結構。

基礎論不是唯一試圖回應無限後推難題的學說，其他還有融貫論、可靠論、

脈絡論等，都是非常重要的學說。當然這些學說的提出並不是以解決這個難題為
目的，它們本身就是研究知識及其相關問題的哲學學說，本書第七章到第九章會
逐一解說這些理論。

―――――――――――――――――――――――――● 重點回顧 ●―――――

· 蓋提爾難題 Gettier's problem

· 證立基礎論 justification foundationalism

· 證立融貫論 justification coherentism

· 證立可靠論 justification reliabilism

· 證立脈絡論 justification contextualism

· 知識外在論 knowledge externalism

· 知識因致理論 causal theory of knowing

· 知識區辨理論 discrimination theory of knowing

· 製程可靠論 process reliabilism

· 諾其克 Nozick, Robert (1938−2002)

· 索真論 truth tracking account

· 卓斯基 Dretske, Fred (1932−2013)

· 資訊知識理論 information theory of knowledge

· 親知 knowledge by acquaintance

· 述知 knowledge by description

· 感覺與料 sense data; sensa

· 個例化 instantiation

· 確定描述詞 definite description

· 知識三要件分析 the tripartite analysis of knowledge

· 艾爾 Ayer, Alfred Jules (1910−1989)

· 接受 acceptance

· 論斷 assertion

- 判斷 judgment
- 自主的 voluntary
- 非自願論 involuntarism
- 證立項 justifier
- 蓋提爾 Gettier, Edmund (1927–)
- 不可計數無限多 uncountably infinite
- 自我證立的 self-justified
- 知識可靠論 knowledge reliabilism

第三章 什麼是「真」

　　知識論一再強調求真與除錯乃是人類知性活動的內有價值。獲得真象就是擁有知識，「真」與「知識」有密不可分的關聯。將「真」作為知識的要件幾乎是沒有人反對的。下一步就是對於「真」這個概念有更清楚的理解。

　　「真」概念在日常生活使用非常頻繁，而且一般人不太認為它會有何問題。然而事實上「真」概念引起許多哲學困惑，在二十世紀初，由於塔斯基提出真套式並引進「滿足」概念以定義「真」概念的學說，將「真」概念的哲學研究帶到一個新的階段。

　　當代有關「真」的哲學研究相當複雜，不是本書所能涵蓋的。本章介紹三項議題：㈠真理承載者，亦即什麼類型的事物才可以說是具有〈真〉這性質？㈡對於「真」的語意學分類以及形上學分類。這兩種分類在知識論所作的分類有其影響。㈢有關命題如何為真的理論，包括真理符應說、真理融貫說、真理實效說、識知真理說。

第一節 真理承載者

　　「真」的否定為「非真」。由於我們通常接受的只有「真」與「假」兩種值，在這類接受二值原則的系統中，非真的命題就是為假的命題。不過有些哲學家不接受二值原則，例如有些系統主張有三種值：「真」、「假」、「未定」。在三值系統中，對於「真」的否定仍然是「非真」，但「非真」或許是「假」，也或許是「未定」。本書依循大多數哲學家，採用二值原則。

　　亞理斯多德在《形上學》曾經如此說：「將不是說成是，或者將是說成不是，為假；將是說成是，或者將不是說成不是，為真。❶」他的說法清楚說明了一般

人對於「真」與「假」的看法。當然在這說明背後還有亞理斯多德重要的形上學主張。姑且擱置這點，他的說明指出：㈠所謂「真」就是所說的事情確實如此，所謂「假」就是所說的事情不是如此。㈡「所說的」才是具有「真」或「假」的事物，不過所謂「所說的」是什麼事物則不清楚。這是哲學所謂的真理承載者的問題。

對於「真」概念的研究，第一件事就是要決定以什麼事物作為「真」的承載者，也就是說，什麼事物才可說具有〈真〉這個性質，什麼事物才可說是具有真值。在哲學文獻裡提到的主要有三種：直敘句、命題、思想。

在第一章已經說過，所謂「句子」是使用我們的語言寫（說）出來的，如中文、英文、德文等自然語言。書寫的語言使用不同形狀的符號，口說的語言則使用不同的聲音❷。不同的（書寫）語言使用各種不同形狀的符號藉以造出字詞，再依據其語法規則進而造出句子。句子包括直敘句、疑問句、祈使句、驚嘆句等。與真理承載者問題有關的是直敘句這種句子。例如：

⑴蘇格拉底是希臘人。

⑵ Socrates is a Greek.

第一個句子用了八個中文字，第二個句子用了四個英文字。儘管這些直敘句分屬於不同的語言，它們都為真。反觀下列句子：

⑶蘇格拉底是女的。

⑷ Socrates is a female.

這些分屬不同語言的直敘句都不為真，亦即都為假。

有些哲學家主張，雖然直敘句有真假，但那是由於直敘句表達了思想的緣故。上述⑴和⑵兩個直敘句表達了〈蘇格拉底是希臘人〉這件思想；上述⑶和⑷兩個直敘句表達了〈蘇格拉底是女的〉這件思想。所謂的「思想」在這裡不是指一套

---

❶　英譯為：To say what is is not or what is not is is false; and to say what is is or what is not is not is true.

❷　手語是另外一種方式，既不使用書寫符號，也不使用聲音。

學說，而是指人的想法、信念、判斷等認知結果。例如你相信今天冷氣團來襲，你這信念稱為一件思想；你判斷張三會準時出席，你這判斷是另一件思想。

不過還有一些哲學家認為儘管思想內容本身有真假，嚴格來說，其真假來自於認知對象的真假，亦即命題才是最基本的具有真假值的事物。命題是一種獨立於人的心智活動而存在的、抽象的事物，它是直敘句表達的事物，也是思想的對象。由於英文文法比較清楚，讓我們使用英文作例子：

⑸ Socrates is smart.

⑹ Plato believes that Socrates is smart.

第五個句子是〈蘇格拉底聰明〉這命題的專名；它是真還是假，是由其所指涉的命題真假所決定的❸。第六個句子是說，柏拉圖相信蘇格拉底聰明。在第六句中的 "that Socrates is smart" 這個子句，是〈蘇格拉底聰明〉這命題的專名，作為柏拉圖這信念的對象。柏拉圖的信念是真還是假，要看〈蘇格拉底聰明〉這命題是真還是假來決定。

有些哲學家進一步主張，承認命題的存在還有一個作用：命題可以作為不同語言的直敘句共同表達的意義，並因而可用以解釋人際的語言溝通。上述⑴和⑵兩個直敘句雖然一句是中文，一句是英文，兩個句子表達相同的意義。同樣地，上述⑶和⑷也表達相同的意義。命題不僅作為真理承載者，同時也是語言所表達的意義。

為什麼「真理承載者」是個重要的哲學問題呢？以⑹為例。主張直敘句是真理承載者的學說面臨這項困難：柏拉圖相信的並不是一個句子，而是一件事情。主張命題是真理承載者的學說面臨這項困難：命題是抽象的事物，但是柏拉圖這個人如何能夠與抽象的事物出現「相信」、「判斷」等心智運作的關係？換個方式來說，人類的心智活動如何能以抽象事物作為對象？如何能「接觸」到抽象事物？

有些哲學家認為語句才是最基本的真理承載者，其他的真理承載者都是衍生的。有些哲學家認為命題才是最基本的真理承載者，語句本身的真假值來自於其

---

❸　「專名」是指個物的名字，例如「孔明」是孔明這個人的專名。主張有命題這種事物存在的哲學家認為直敘句是命題的專名。

所表達的命題。還有些哲學家主張思想才是基本的真理承載者，語句表達人的思想，因此語句的真假值來自於其所表達的思想的真假值。究竟哪項事物才是基本的真理承載者？這是一個牽連很廣的問題，本書不予討論。除非另有考量，本書在陳述各種哲學問題與立場時，主要以命題作為真理承載者。

接下來讓我們看看「真」的分類方式。

第二節　分析與綜合

在哲學裡「真」有三種分類方式，第一種是從語意學來區別分析真與綜合真。第二種是從形上學來區別必真與偶真。從知識論來說，則可以區別先驗真與經驗真。「先驗真」是指可經由先驗方式認知的真，其結果為先驗知識；「經驗真」是指透過感官知覺的運作而認知的真，其結果為經驗知識。

- ·知識論的區別：　先驗真　經驗真
- ·語意學的區別：　分析真　綜合真
- ·形上學的區別：　必　真　偶　真

本節說明「真」的語意學的區別，下一節說明其形上學的區別。由於先驗與經驗的區別是知識論的重要課題，牽涉到後面幾章要解說的知識理論，所以留待本書後面再作詳細的解說。

一般來說，「分析真」與「綜合真」是從意義來區別的。不是分析真的命題就是綜合真❹。底下的命題⑺是分析真，命題⑻是綜合真：

⑺單身漢都是男的。

⑻木星是太陽系最大的行星。

簡單說，如果一命題是否為真只要從其組成的概念就可以決定，則該命題是分析真的。純粹從其組成概念不足以決定其真假的，就是綜合真。命題⑺之所以是分

---

❹　邦究爾曾經將列舉了八項哲學界對於 「分析真」 的解釋， 並歸類成三種， 請參閱 BonJour (1985b: 199–207)。

析真，是由於其之為真僅僅從〈單身漢〉以及〈男性〉兩個概念就足以決定，無須作任何經驗研究。命題(8)之所以是綜合真，是由於僅僅從其組成概念〈木星〉、〈太陽系〉、〈最大〉、〈行星〉等，不足以決定木星是否為太陽系最大的行星。命題(8)說的是天文現象，其真假與否端視其所說的是不是天文學的事實。

康　德

在哲學史上，康德是首先詳細探討這些概念的哲學家。在他 1783 年的《未來形上學導論》以及 1787 年的《純粹理性批判》中都有許多討論。康德在《純粹理性批判》中指出，「先驗／經驗」係針對命題（或信念）證立方式的區分，「分析／綜合」則是針對命題的內容作的區分，康德提出概念包含的說法，主張分析命題就是主詞概念包含述詞概念的命題。上述命題(7)之所以是分析真，是由於其主詞概念，亦即〈單身漢〉，包含了其述詞概念，亦即〈男性〉。這自然是由於〈單身漢〉與〈未婚成年男性〉乃是同義概念的緣故。至於命題(8)，由於沒有這種概念包含的情形，並不是分析命題，而是綜合命題。

自亞理斯多德以來，傳統邏輯與哲學對於命題採取所謂的主詞－述詞分析，主詞和述詞都代表範疇，故而這種語句都是範疇語句。康德也受到這個影響，以至於他對於「分析真」的主張侷限在只由具有主詞－述詞型態的語句所表達的命題。這種情形一直要到十九世紀後期佛列格改為採用引元－函數分析，放寬了邏輯所能處理的語句範圍之後，才連帶放寬甚至改變了對於「分析真」的說法。

佛列格

佛列格在 1884 年《算術基礎》一書中主張，「先驗／經驗」的區分以及「分析／綜合」都是針對證立方式的，不是針對內容的❺。佛列格將「分析真」的定義如下：一命題 p 是分析真的，若且唯若，對於 p 的證明僅僅使用到定義以及邏輯定律。相對地，一命題 p 是綜合真的，若且唯若，對於 p 的證明使用到源自特殊科學的通則。

在哲學文獻裡，「特殊科學」一詞有兩個用法。佛列格所說的特殊科學是與所

---

❺　請參閱 Frege (1884)。

謂的「普遍科學」相對的，「普遍科學」指的是邏輯學（包括可被「邏輯化」的數學）。對他來說，幾何學是一門特殊科學。另外一個用法是當代科學哲學的，將「特殊科學」與「基礎科學」相對照，後者指的是物理學，前者指的是心理學、經濟學、人類學、地質學、考古學等。但這裡列舉的基礎科學和特殊科學都是佛列格所說的「特殊科學」。

請留意：在佛列格的學說裡，命題是不是分析真的，並不是由其內容來決定的，而是由其如何被證明來決定的。依據他的理論，我們可以說，分析真的命題有兩類：㈠邏輯真，以及㈡可經由同義概念的替換（因為使用定義）而轉成為邏輯真的命題。另外，由於邏輯真都是必真，因此，在佛列格的學說裡，分析真的命題都是必真的。

所謂一個命題是邏輯真的，基本上是指該命題在所有釋義下都為真。（「釋義」就是賦予真假值的意思。）例如在命題邏輯中，下列命題是邏輯真❻：

⑼ $A \supset (B \supset A)$

在對於 "$\supset$" 按照真值表來釋義的情形下，不論將 "A" 和 "B" 釋義為真還是為假，命題⑼都為真，所以它是邏輯真，屬於佛列格所說第一類的分析真。

上述命題⑺則屬於佛列格所說第二類的分析真。由於〈單身漢〉與〈未婚成年男性〉同義，〈任何人是單身漢，若且唯若，他是未婚成年男性〉為真。在初階邏輯可以表達如下（以 B 表示單身漢、M 表示已婚、A 表示成年、D 表示男性）：

⑽ $(x)(\mathrm{B}x \equiv (\neg \mathrm{M}x \wedge \mathrm{A}x \wedge \mathrm{D}x))$

命題⑺在初階邏輯可以表達如下：

(7*) $(x)(\mathrm{B}x \supset \mathrm{D}x)$

根據⑽，邏輯上可以將這命題轉換為：

---

❻　「邏輯真」是邏輯哲學裡相當複雜的概念。第一種說法主張：一命題是邏輯真的，若且唯若，該命題在任何釋義下皆為真；第二種說法主張：一命題是邏輯真的，若且唯若，對某釋義而言，該命題在其所有釋模中皆為真。

⑾ $(x)((\neg Mx \wedge Ax \wedge Dx) \supset Dx)$

命題⑾是一個邏輯真。由於命題⑺經由同義概念的替換而轉成命題⑾，所以命題⑺屬於佛列格所說第二類的分析真。

佛列格的說法與康德明顯不同。他已經不再受限於只由具有主詞－述詞型態的語句所表達的命題。底下是另一個例子：

⑿如果珍妮是檳榔西施，則珍妮是女的。

這個命題並不是由具有主詞－述詞型態的語句表達的，它反而是一個由條件句表達的命題。因此從康德的觀點，命題⑿既不能歸類為分析命題，也不能歸類為綜合命題。但是從佛列格的觀點，命題⑿是一個分析命題，因為〈檳榔西施〉與〈賣檳榔的年輕女性〉（幾乎）已經成為同義概念，經由邏輯程序，命題⑿同樣可以轉換為邏輯真。

康德曾經另外以「矛盾原則」來說明分析真：分析真的命題就是將其否定之後，會產生矛盾的命題❼。佛列格所說的兩類分析真都符合這項說法，因為否定邏輯真之後所產生的都是矛盾的命題。

蒯　因

「分析／綜合」的區別看起來相當有道理，不過哲學家蒯因在 1951 年的一篇經典論文中提出強烈的質疑，認為這區分乃是經驗論的一個獨斷教條。他認為將「分析真」理解為可經由同義詞的替換轉成邏輯真的說法，並沒有令人信服的理由來支持，他甚至認為不存在（甚至不可能存在）任何對於「分析／綜合」區別的證立。蒯因的論證建立在兩點：㈠「同義」以及相關的語意概念，例如卡那普的語意設定概念，都是有問題的；㈡在面臨難以處理的經驗現象時，任何命題都可加以修改，甚至放棄。

對於這階段的蒯因來說，雖然確實是有分析真與綜合真的區別，然而沒有任

---

❼　Swinburne (1984) 也採相同的看法，不過他的說法並不侷限於具有主詞－述詞形式的語句。

何充足的理由可用以說明這個區別。既是如此,經驗論之接受這個區別是獨斷的。哲學界對於蒯因的論證也有不同的意見❽。有趣的是,蒯因後續的說法有了重大的改變。在他後來 1974 年的著作中,他主張所謂的「分析真」是依據社會齊一性而決定的,並且明白表示「分析/綜合」的區分不是截然的,甚至有些命題比起其他命題是「幾近於分析的」❾。「分析」成了一個有程度之分的概念。至此,蒯因的主張與自康德以降的傳統徹底決裂。

究竟要如何看待「分析真」莫衷一是,本書不再解說,留給有興趣的讀者繼續鑽研。

第三節　必真與偶真

另外一種區分「真」的方式是從形上學的角度,依據命題的模態性來區分的:有些命題是必真的,有些命題是偶真的。這兩概念都以可能真來定義❿。在進一步解釋這些觀念之前,讓我們先瞭解另外一個基礎觀念:可能世界。這個觀念不僅有助於我們瞭解形上學角度對於「真」的區別,對於本書後面的討論也很有幫助。

可能世界

為了方便說明,讓我們假想一個小宇宙,對於這個小宇宙有而且只有兩個命題 p 和 q 來加以描述。由於 p 不是為真就是為假,q 也一樣不是為真就是為假,所以對於這個小宇宙一共只有四種描述:㈠ p 真且 q 真,㈡ p 真但 q 假,㈢ p 假

---

❽　例如 Swinburne (1975), Putnam (1962; 1979)。

❾　請參閱 Quine (1974)。

❿　「可能」一詞在中文裡有時候是「大概」、「不確定」的意思,例如,「可能今天就可以將熱水器修好」這句話的意思是「大概今天就可以將熱水器修好」。說這話的人並不確定是否今天就可以將熱水器修好。在中文的用法裡,「可能」也有「機率」的意思。例如,「看天上烏雲密佈,可能很快就會下雨」這句話表達待會有很高的機率會下雨。這兩種意思都可用英文的 "probable" 表示。不過本文此處的「可能」是英文的 "possible",其意思跟 "probable" 不一樣。

但 q 真，以及㈣ p 假且 q 假。每一項描述就是這個小宇宙的一個可能狀態，稱為一個「可能世界」；而且其中有一個描述是對於這個小宇宙的真實情狀的描述，稱為「實際世界」。

將這個想法擴大來看。假設有 n 個命題可以用來描述世界，由於每個命題不是為真就是為假，所以一共有 2^n 個描述，亦即有 2^n 個可能世界，而且其中有一個是真實描述了這個世界。如果用無限多個命題來描述，就會有無限多的可能世界。

為了避免太多哲學的專技概念，我們換一個簡單的說法。所謂「可能世界」就是對於我們所居處的實際世界做一些不同的設想。例如，雖然實際上木星是太陽系最大的行星，我們可以設想金星是太陽系最大的行星。這個設想就是一個可能世界。例如，雖然實際上沒有飛龍，但我們可以設想有飛龍存在，並且生活在地球某處。這個設想又是另一個可能世界。

最廣義的「可能世界」是指不違反邏輯定律的設想，稱為「邏輯可能世界」；其次是「形上可能世界」，就是不違反形上學原則的設想；再其次是「物理可能世界」，或者稱「科學律則可能世界」，就是不違反科學律則的設想。例如，假想臺北的 101 大樓整棟漆成彩色，此外所有一切都不變。這個設想就構成了一個邏輯可能世界；而且由於這個設想不違反科學定律，所以也是一個物理可能世界。又例如，設想地球有兩個月亮，而且太陽系只有三顆行星，但是宇宙的其他一切則跟實際情形一樣。這個設想就又構成了另一個邏輯可能世界。再例如，我們可以設想有比光速還快的東西存在。由於這個設想違反了科學律則，所以不是一個物理可能世界；但是這個設想沒有違反邏輯定律與形上學原則，所以既是邏輯可能世界，也是形上可能世界。

按照這裡的說法，我們可以區分邏輯必然性、形上必然性、物理必然性、乃至於所謂的概念必然性。現在我們借用「可能世界」的觀念來理解「必真」、「偶真」以及「可能真」。所謂一個命題 p 是必真的（邏輯意義的），是說 p 在任何可能世界裡都為真❶。以下是一些例子：

---

❶　嚴格來說，我們還必須定義釋模以及世界與世界之間的達取關係等。由於這些屬於模態邏輯的領域，有興趣的讀者請自行參閱相關文獻。

· 2+2=4
· 老王是男的或者老王不是男的。
· 孔明 = 孔明。
· 三角形內角和=180 度。
· 單身漢都是男的。

跟必真命題相反的是所謂的「必假命題」，就是平常所說的矛盾命題，亦即在任何可能世界裡都為假的命題。以下是一些例子：

· 1+1=3
· 老王是小偷但他從來不曾偷過東西。
· 兩條相交的直線是平行的。

所謂一個命題 p 是可能真的，是說 p 在至少一個可能世界裡為真。例如「太陽系有三顆行星」就是這種命題。所謂一個命題 p 是偶真的，是說 p 在實際世界裡為真，而且 p 在至少一個可能世界裡為假。以下是一些例子：

· 蘇東坡是個大鬍子。
· 木星是太陽系最大的行星。
· 太陽系有八大行星。
· $E=mc^2$

請注意：雖然〈$E=mc^2$〉是科學定律，具有科學（或者物理）的必然性，它並不是邏輯意義的必真命題。

從以上的說明我們可以明顯看出這三種命題之間的邏輯關係：偶真命題既不是必真的，也不是必假的；所有偶真命題都是可能真的命題；僅僅是可能真的命題不是偶真命題。最後，所有必真命題都是可能真的命題，反之則不成立。

第四節　真理理論

現在讓我們來看看一個命題如何為真。首先，我們無須對於所有命題如何為真提出說明，因為我們可以主張一個複合命題的真假是由其組成元素的真假來決定的。這是使用了真值函數的緣故。構成複合命題的組成素最簡單的是原子命題，亦即未使用任何真值函數的命題。所以，我們只要針對如何決定原子命題的真假即可。本節簡介四種學說：真理符應說、真理融貫說、真理實效說、識知真理說。

真理符應說

在什麼條件下一命題 p 為真？簡單來講，當 p 所說的事情確實成立的時候，p 為真；否則 p 為假。例如，〈陽明山在臺北市內〉、〈水的沸點為攝氏 100 度〉、〈2+2=4〉，這些命題都為真，因為它們所說的事情確實成立。再例如，〈太陽系共有五個行星〉這個命題為假，根據天文學最新的說法，太陽系共有八個行星；〈宇宙有五百億年的歷史〉也是假的命題，根據天文科學家的估算，宇宙的歷史大約有一百五十億年；〈2 的平方大於 5〉同樣也是一個假的命題。

在哲學裡，有種主張稱為「真理符應說」：一個命題為真，若且唯若，該命題與實在相符應（相符合）。這是相當符合常識的說法。「實在」（或「實在界」）是形上學的概念，是一個哲學學說承認為真實存在的世界。舉例來說，在第一章已經提到，柏拉圖在《理想國》一書中主張，只有數學界以及他所謂的理型界才是真實存在的，我們感官觀察的這個物理世界則是虛幻、不實在的，就像我們說夢境是虛幻不實的一樣。當然我們大多數人很難接受柏拉圖的主張。我們通常都承認可被感官知覺到的世界（包括物理學家說的微觀世界）都是真實的。

瞭解真理符應說的關鍵顯然在於如何解說「符應」這個概念。哲學傳統對於「符應」概念有兩種說法：關聯以及相合。「符應即關聯」的主張以英國的奧斯丁為代表，「符應即相合」的主張以羅素的判斷之多重關係理論為代表❶❷。不過，必須提醒讀者，奧斯丁以直敘句而不是命題作為真理承載者；在這時期的羅素由於反對「命題」這種抽象事物的存在，並不以命題作為真理承載者，而是以判斷或

❶❷　請參閱 Austin (1950) 以及 Russell (1912)。

者信念（人的心智活動結果）作為真理承載者。

兩種符應學說都主張：每個命題都對應到一件可能的事情。當某命題所對應到的那件可能事情實際出現，亦即成為事實時，該命題為真；否則該命題為假。例如〈司馬遷撰寫《史記》〉這命題不但對應到「司馬遷撰寫《史記》」這件可能的事情，而且這件事情實際上確實出現。〈司馬遷撰寫《資治通鑑》〉這命題對應到「司馬遷撰寫《資治通鑑》」這件可能的事情，不過由於這件事情實際上沒有出現，所以這命題為假。

「符應即關聯」以及「符應即相合」兩種說法的基本差異在於：前者使用俗成概念來說明所謂的「符應」，後者使用共構概念來說明所謂的「符應」。

奧斯丁主張符應乃是介於直敘句與事實之間俗成的關聯。「符應」僅僅是語言的使用，並不是反映事實，事實本身的結構並不影響直敘句的真假。

羅素的判斷之多重關係理論，主張真理與事實之間具有共構的關係，亦即真命題的結構反映了實在界的結構。「共構」是一個數理邏輯的概念。大致來說，任何兩結構具有共構的關係，若且唯若，其組成素具有一一對應的關係。

讓我們以「孟子判斷孔子讚賞顏回」為例。根據羅素的判斷之多重關係理論，這判斷涉及到五樣事物：孟子這個人、「判斷」這項心智活動、孔子這個人、顏回這個人，以及「讚賞」這個關係。不但如此，孟子這個人與孔子、顏回、讚賞這三者之間具有判斷的關係，而且這三樣事物是以某種次序連結的：〈孔子—讚賞—顏回〉。孟子的判斷為真，若且唯若，其判斷反映出這種次序。

為何要提出這些事物的連結次序呢？這是由於同樣這些事物可以有其他的連結次序，例如〈顏回—讚賞—孔子〉是一種連結次序，〈孟子—讚賞—孔子〉是一種連結次序，〈孟子—讚賞—顏回〉是一種連結次序，〈顏回—讚賞—孟子〉又是一種連結次序。同樣一群事物由於連結的次序不同，呈現出不同的結構。既然這裡的例子是孟子所作的關於「孔子讚賞顏回」的判斷，如果這判斷為真，表示這判斷反映出〈孔子—讚賞—顏回〉這個次序（亦即結構）。

不容否認，「符應即關聯」以及「符應即相合」兩種說法似乎只是將「符應」這個難懂的概念轉嫁到更難懂的「關聯」概念以及「相合」概念而已。這兩種說法也有其理論困難。例如，羅素的理論似乎無法說明全稱判斷之為真。（全稱判斷

是指用到「所有」的判斷，例如〈所有老虎都是哺乳類〉。）奧斯丁的理論似乎難以說明「俗成」如何決定此直敘句是與此事實相關聯，不是與別的事實相關聯。例如，「司馬遷撰寫《史記》」這直敘句為何是關聯到〈司馬遷撰寫《史記》〉，卻不是關聯到〈司馬遷撰寫《資治通鑑》〉？

真理符應說另外還面臨一些困難。假設張三判斷塑膠是不導電的。他的判斷顯然是真的，但是他的判斷符應了什麼事實呢？是〈塑膠是不導電的〉嗎？若如此，抱持真理符應說的哲學家顯然必須在存有論上承認，有所謂的「否定事實」。但很多哲學家反對這種主張。再假設張三判斷福爾摩斯不是法國人。他的判斷同樣為真，但是似乎很難承認他的判斷符應了〈福爾摩斯不是法國人〉這種「事實」。若承認有這種「事實」，抱持真理符應說的哲學家不僅必須在存有論上承認有所謂的「否定事實」，還必須承認這種事實是有關於一個不存在的個體的。（存有論是研究什麼是真實存在的一門哲學領域。）這些存有論的問題不是本書要探討的，但卻明白顯示知識論的研究與存有論的立場有密切的關聯。

真理融貫說

十九世紀後期到二十世紀初期大概是真理融貫說的全盛時代，當時已經有布拉德萊、包申葵與布朗修等人大力主張以「融貫」來說明「真」❸。真理融貫說對於「真理」概念的理解與符應說截然不同。這學說並不是孤立來看待命題的真假，而是從命題所在的整個系統來決定其真假。基本上，一命題為真，若且唯若，該命題與其所在之命題系統相融貫。顯然，這學說跟真理符應說不同的地方在於，它只看某命題與其他命題之間的關係，不考量該命題與實在之間的關係。

在這段時期之所以會出現真理融貫說，是由於當時哲學界瀰漫著反實在論的存有論論調，其基本立場主張所謂的「實在」其實是由觀念構成的一套系統而已❹，而且在這種存有論的立場下，其實「思想」才是真理的載具，也無怪乎這些哲學家會以「是否與思想系統相融貫」作為決定真理的依據。

---

❸　請參閱 Bradley (1914), Bosanquet (1920), Blanshard (1941)。

❹　這與當時的黑格爾學派觀念論（例如英國哲學家布拉德萊等人）以及柏克萊的唯心論主張皆有密切的關聯。

　　瞭解真理融貫說的關鍵自然是在於如何理解「融貫」概念。這個概念在本書第八章解說證立融貫論時還會再出現。根據他們的說法,「融貫」是一個信念(思想)系統具有的性質,其定義如下:

　　信念系統 S 是融貫的

　　定義:⑴信念系統 S 具備邏輯一致性;而且

　　　　　⑵在 S 中的任一信念都為其他所有信念所(邏輯)蘊涵。

因此,信念 p 為真,若且唯若,該信念與信念系統 S 相融貫。也就是說,若 S 是有限集合,p 與 S 中的任一信念邏輯相一致;若 S 是無限大的集合,則對於 S 的任一有限子集 S*,p 與 S* 邏輯相一致。此外,p 為 S 中的所有信念所(邏輯)蘊涵。

　　第二項條件是否太過嚴苛?為什麼不要求 p 僅僅是由一些(而不是所有)其他信念所蘊涵就夠了呢?理由很簡單:在邏輯上如果某組信念邏輯蘊涵 p,則該組信念再增加任何命題(即使是增加 ¬p)都依然邏輯蘊涵 p。所以,要求 p 僅僅是由一些(而不是所有)其他信念所蘊涵,與要求 p 是由所有其他信念所蘊涵,並無理論上的差異。

　　稍稍學過邏輯的人很快會察覺到真理融貫論一個困難:循環定義。一般來說,「邏輯一致」以及「邏輯蘊涵」兩個概念是用「真」概念定義的。首先,一個系統是邏輯一致的,若且唯若,該系統不蘊涵邏輯必假命題。再者,命題 p 蘊涵命題 q,若且唯若,$\langle p \supset q \rangle$ 是邏輯必真的命題。很明顯的,若是使用這兩概念來定義「融貫」概念,再用融貫概念來定義「真」概念,真理融貫說將是循環定義的!既是如此,真理融貫論如何能是一個說明「真」概念的理論?

　　真理融貫論能避免循環定義的困難嗎?當代邏輯對於「邏輯一致」以及「邏輯蘊涵」兩個概念有其他的理解方式,也就是從語法(或者證明理論)的角度來說明這兩概念。

　　系統 S 是邏輯一致的

　　定義:從該系統的證明規則(推論規則)不會推導出任何具有 $p \wedge \neg p$ 這

種形式的命題。

命題 p 邏輯蘊涵命題 q

定義：依據一組證明規則（推論規則），可從命題 p 推導出命題 q。

既然是從語法角度來定義「邏輯一致」與「邏輯蘊涵」，這兩定義就不涉及「真」概念。如此一來，似乎可使得真理融貫說免除循環定義的困擾。

有些哲學家認為這回應是失敗的。他們指出，採用證明理論的角度來說明這兩概念時，必須採取一套證明規則（推論規則）。但是萬一其中有下列證明規則呢？

從任一命題 p 可以推導出 $\neg p$。

如果採取這條證明規則，當然會違反「融貫」的第一項條件（亦即「邏輯一致性」）。然而，除此之外還有什麼道理拒絕這條證明規則？

不過，本書並不認為這質疑是恰當的。這是由於這個說法相當於在質疑真理融貫論的第一項要件，在質疑為何要求融貫的系統必須是邏輯一致的。這樣的質疑似乎看不出有什麼特別的道理。畢竟一般人確實認為邏輯一致性是最基本的要求。

問題的癥結在於：即使可以純粹從語法的角度來定義「邏輯一致」以及「邏輯蘊涵」這兩個概念，我們很難相信與這種系統相融貫的信念為什麼就會為真。這個癥結從以下真理融貫論面臨的另一個困難更可以看出來。

對於真理融貫論的另一項質疑是：有可能存在兩個以上的不同系統，S_1 和 S_2，兩個系統各自是融貫的，但卻相互矛盾。例如，將 S_1 裡的每個信念加以否定以產生 S_2，就會出現兩個各自是融貫的，但彼此相矛盾的情形。布拉德萊與布朗修因而主張，真正的融貫系統不僅必須滿足以上關於「融貫」的定義，而且必須是對於世界的完整描述。可惜，這樣的主張仍然面臨這個問題：仍然有可能出現兩個以上各自是融貫的、但彼此是矛盾的，對於世界做了完整描述的系統。真理融貫說似乎無法辯護真正完整的系統只能有一個。更何況，我們要如何確定一系統已經是對於世界的完整描述？

　　對大多數人來說，真理融貫說的困難在於它對於「真」的說法，只考量命題與命題之間的關係，卻沒有考慮到命題與實在界之間的關係。有些人會指出：也許有些系統本身是融貫的，但是其中有些（甚至所有）命題都為假。一本完全虛構的小說就是如此，甚至一本歷史書也時有記載錯誤的地方。其次，我們可以想像這樣一本書，它的每個命題彼此之間毫無邏輯關聯。一本將前一本書的每句話都加以否定之後的書也是如此。這兩本書哪一本才是真實的呢？或許這樣的書由於其中的命題彼此之間毫無邏輯關聯，因而違背真理融貫論的第二項要件。但是試想你做了這樣一本紀錄，你純粹以條列的方式記載十年來你每天有吃早餐的日子。儘管這本紀錄滿足「融貫」的第一項要件，由於這些條列記載的語句之間沒有邏輯關係，它並不滿足第二項要件。這本書所記錄的為假嗎？

　　大多數人傾向於認為命題的真假應該要由其是否符合事實來決定，這是為什麼大多數人無法接受真理融貫論的緣故。不過在哲學上，真理融貫論仍然還有爭辯的空間。由於要深入瞭解這問題就得進入形上學裡有關實在論與反實在論的爭辯，這項工作太龐大了，也已經偏離知識論的主題太遠，本書暫且採取常識較接受的真理符應說，但不做過多的預設。

真理實效說

　　美國哲學家皮爾斯、詹姆斯和杜威提倡實效論的哲學立場。不過，皮爾斯的實效論與後兩者的實效論有很大的差異。皮爾斯原先提倡的學說使用的是 pragmatism 一詞，後來這名詞雖為詹姆斯和杜威採用，但由於皮爾斯對於後兩位哲學家的立說有很大的不同意見，他因而改稱他的學說為 pragmaticism，刻意與詹姆斯和杜威的學說相區別。就「真理」這個議題來說，依其理論內容，皮爾斯的 pragmaticism 譯為「共識實效論」，詹姆斯和杜威的 pragmatism 譯為「工具實效論」。共識實效論以及工具實效論共同的地方在於：兩者皆不認為另外存在有所謂的實在界，可藉以決定命題的真假。這當然與他們如何理解「實在界」有關。他們都認為所謂的實在界並不是獨立於心智而存在的，實在界是人類心智運作所構成的。

　　皮爾斯主張，所謂一命題為真，意指所有人最終無異議接受該命題，亦即所

有人最終出現的共識。這裡說的所有人，是指所有有足夠經驗對該命題作出判斷的人。皮爾斯之所以會有這種主張，是由於他認為理性上對於相同問題的研究會產生相同的答案，亦即理想上所有人會對於相同問題的解答產生共識❶。真的命題就是這種最終產生的相同答案。這是皮爾斯有關「真」的共識實效論。

　　皮爾斯此處的理論是針對平常承認有真假值的命題來說的。至於那些原本就不承認具有真假值的說詞或想法，即使人類能達成共識，也不表示那些說詞或想法為真。例如，即使所有人類都無異議同意民主制度是最好的政治制度，由於「民主制度是最好的政治制度」未必具有真假值，皮爾斯此處的理論並不適用，不能據以反駁其理論。

　　共識如何產生呢？這裡所謂的「共識」並不是一般所說的經由協商、討論以使得參與者接受相同的意見。皮爾斯認為只有科學方法才能夠產生最終所有人皆無異議的共識。更精確來說，他認為唯一的方法是最佳解釋推論❶。任何一命題為真，若且唯若，經由最佳解釋的運作終究使得所有人皆同意該命題。請注意，共識是「終究」產生的，是長遠的，不是當下的、一時的。

　　詹姆斯和杜威的工具實效論主張：所謂一命題為真，意指基於相信該命題而做出的行為，就長遠來看，終究會產生有利於行為者（認知主體）的結果。簡單說，該信念是一個有實效的信念。請注意兩點：第一，他們與皮爾斯相同，皆強調「終究」或「長遠」的實效性，不是一時的結果。第二，他們所說的「行為」不是指肢體的活動，而是具有認知意義的，包括提出預測、作出解釋、相互溝通等。換句話說，有實效的信念包括：

　　㈠能使得認知主體操作事物的信念；

　　㈡能使得認知主體彼此溝通的信念；

　　㈢能使得認知主體對於發生的現象提供恰當解釋的信念；

　　㈣能使得認知主體做出精確預測的信念。

　　工具實效論有關「真」的主張似乎與大多數人的想法不合。首先，一般皆認為有些真信念不具備上述的實效。工具實效論如何確保真信念都是有實效的信念

---

❶　關於「理性」的問題在第十四章還會再詳細解說。

❶　有關「最佳解釋推論」請參考第五章的說明。

呢？再者，有實效的信念之所以是有實效的，之所以能提出精確的預測與解釋，之所以使得認知主體能彼此溝通，是由於這些信念為真的緣故；換句話說，這些信念之為真是它們具備實效的原因。若是如此，在觀念上「真」與「實效」是不同的，「真信念」與「實效信念」是不同的。

識知真理說

本節最後對於「識知真理說」做一點扼要的介紹。這個研究進路主張從知識論的角度來理解「真」。剛剛提到布朗修主張真理融貫說，其實他還進一步主張以「證立」或者「保障」概念來說明「真」概念。不過，對當代哲學影響更為重大的則是達美和帕南❶❼。

達美首先將語句分為「可決定的」與「不可決定的」兩種。可決定的語句是指那些我們具有證據或充足的證立以決定其真假的語句，不可決定的語句是指那些我們沒有充足證立以決定其真假的語句。這主張自然涉及到是否接受二值原則的問題。接受二值原則的哲學家會否認有所謂的「不可決定的」語句；反之，主張有些語句確實是不可決定的哲學家接受三值原則。根據達美，命題 p 為真，若且唯若，某認知主體 S 有充分證立來相信或接受 p。相應地，命題 p 為假，若且唯若，S 有充分證立來相信或接受 $\neg p$。達美進一步指出，我們能以語言表達出來的知識是我們所擁有的明顯知識。不過並不是所有知識都能以語言表達出來的，這類知識稱為暗隱知識（例如我們的能力知識就是一種暗隱知識）。達美認為原則上我們不得不承認人類是擁有暗隱知識的，因為如果主張所有知識都是明顯知識，將會導致無限後推的理論結果。

帕南認為達美的說法有瑕疵，恐有落入真理相對論之嫌，因為有可能老王有充足證立相信某命題，但是老張卻沒有充足證立來相信同樣那個命題。帕南因而主張應該超越個別的認知主體。依據他的說法，命題 p 為真，若且唯若，如若認知主體處在理想的認知情境中，則他之相信或接受 p 必當是有充足證立的。帕南此處定義中的「認知主體」是超越個別的個體的，也就是說，任何人只要處於理想的認知情境中，都會有充足證立來相信 p。此外，帕南的定義是以所謂的如若

---

❶❼　請參閱 Dummett (1976) 以及 Putnam (1981)。

條件句來呈現的。關於「如若條件句」在第十章談到諾其克時，會有比較多的說明。此處簡單來說，如若條件句就是使用英文「反事實假設語態」的文法表達的句子。由於中文沒有表達如若條件句的語法，本書以「如若……，則必當……」的表達方式來專門表示這種假想語態條件句，日常的「如果……，則……」則仍然維持中文對於一般條件句的表達❸。

　　達美和帕南為何會從知識論的角度理解「真」概念，是相當複雜的事情，牽涉到關於「形上實在論」的爭辯。這爭辯的基本重點在於：實在界是否是獨立於人類心智而存在的？哲學傳統大抵上以形上實在論為主流，畢竟那是相當符合常識的主張。達美和帕南反對這種觀點，他們的立場一般稱為「反實在論」。（不過，帕南將自己的學說稱為「內在實在論」。）上述真理符應說是接受形上實在論的立場，真理融貫說與真理實效說則是另外不同型態的反實在論立場。

　　關於識知真理說有兩項可能的誤解必須先行排除。首先，表面來看，帕南的理論似乎會導致知識懷疑論。所謂的「知識懷疑論」不能顧名思義，錯以為是一種懷疑我們人類有沒有知識、不確定我們人類究竟有沒有知識的主張。相反地，知識懷疑論非常確定地主張：我們人類沒有知識，甚至我們人類不可能擁有知識。為什麼帕南的真理理論表面上似乎會導致知識懷疑論呢？帕南既然主張要從認知主體所處的理想情境來決定命題 p 的真假，由於我們人類實際上並沒有處於理想的認知情境中，沒有人實際上會對於任何命題有充分的證立，因此沒有人實際上擁有關於 p 的知識。

　　這個思考有錯謬的地方。雖然帕南自己沒有明確提供一套知識學說，我們可以這樣加以理解。暫時假設帕南接受第二章所介紹的知識的傳統分析（省略蓋提爾難題）：S 知道 p，若且唯若，p 為真，S 相信 p，而且 S 關於 p 的信念是有證立的。將帕南的識知真理說納入傳統分析中，則可以推出以下定義（姑且稱之為「帕南式的知識理論」）：

　　S 知道 p
　　$=df.$ (1)如若 S 處於理想的認知情境中，則他關於 p 之信念必當有充足之

---

❸　關於如若條件句的邏輯與哲學討論，請參閱 Edington (1995)。

　　　　證立。

　　⑵ S 相信 p。

　　⑶ S 之相信 p 是有證立的。

簡單說，S 知道 p，若且唯若，S 有證立地相信，如若他自己處於理想的認知情境中，則他關於 p 的信念必當是有充足證立的。這理解不會使得帕南的學說推導出知識懷疑論，因為帕南未必要求認知主體 S 必須在理想的認知情境中，才能滿足第三項要件❶❾。

　　儘管這項誤解可以消除，達美和帕南的識知真理說還有一項誤解必須排除。我們一般都承認，這世界其實還有許多事情是我們人類還沒有接觸到、認知到的，但是對於那些事實的描述依然為真。達美和帕南不會反對這樣的說法，因為他們的理論可以回應。

　　假設某件事實是任何人都還沒有機會接觸到的，例如，假想太平洋最深的海溝最深處的地方存在某種礦物，但是我們人類目前為止，還缺乏適當的方法探究該礦物，對其一無所知。若是如此，識知真理說是錯誤的。如果這種命題之為真並不需要求認知主體對該命題有所認知，則任何命題之為真，其實都不需要求認知主體對該命題有所認知。

　　雖然表面看起來這反駁很有說服力，卻有所忽略。在達美的理論中，這類命題是「未決定的」，而不是「決定的」，因此不會為真，也不會為假。在帕南的理論中，他所提的條件是以如若條件句來闡述的。儘管實際上還沒有人有機會接觸到那件事實，如若我們處於理想的認知情境，則我們不但會相信那件事實，而且我們關於那件事的信念必當有充足的證立。因此，這類命題同樣不會威脅到帕南的識知真理理論。

　　但是，有沒有可能存在一些事實不僅是我們人類實際上還沒有「接觸」到的，甚至是我們人類根本不可能接觸到的呢？這些事實為真，但沒有人有可能認知到它們。我們一般人似乎傾向於承認有這種情形。若是如此，識知真理說是錯誤的。或許識知真理說能夠如此簡明地回應：這反駁之所以看似強而有力，乃是由於它預

---

❶❾　本書此處的解說感謝陽明大學王文方教授的指正。

設了形上實在論的緣故。簡單說，在理想的認知情境中，人類沒有可能認知到的，是不存在的。因此，藉由形上實在論的預設來批駁識知真理說，犯了丐辭謬誤。

即使如此，識知真理說的回應似乎是不夠的，因為即使沒有做哲學思考的一般人也會抱持類似的觀點，認為應該可以承認有些事實是我們人類無法掌握到的，畢竟我們不是如神一般的全知者，我們不可能知道全天下的事。人的認知能力是有極限的，雖然還不清楚極限到哪裡。

抱持識知真理說（或者反實在論）的達美和帕南會如何回應呢？反實在論者可以這樣思考：一般大眾（包括不是研究哲學的知識分子以及科學家）之所以會有剛剛提到的常識，是由於形上實在論一直是主流思想，深深影響了一般人的思維模式、概念架構，以及所使用的語言；形上實在論的基本思想早就已經深植在其中，成為大多數人的「直覺」（或者成見）。現在的反實在論哲學家無可奈何，必須要在大眾接受的語言和概念架構下提出自己的立場，難免無法說服大多數人放棄他們根深蒂固的「直覺」。現在反實在論哲學家能夠做的，只能是逐步解除這種既有概念架構與語言的桎梏。

不過，本書另有想法。再一次假想太平洋最深的海溝最深處的地方存在有某種礦物。進一步假想，根據物理學，任何潛艦、任何載具、任何探測器，要到達最深海的那個位置必定無法承受水壓，終至碎裂。簡單說，我們製造不出承受那種巨大水壓的載具，不是技術還不成熟，而是根本就是物理上不可能的，其製造原理必定會違反物理學定律。如此一來，人類物理上不可能接觸到那件事實。既然如此，該命題為真，但我們人類實際上沒有，也不可能擁有關於那件命題的充足證立。帕南之訴諸「理想的認知情境」似乎也不能解決這個問題。除非他所謂的「理想的認知情境」不過就是指一定能讓使得認知主體具備充足證立的情境。但這種回應是空洞的，不具有解釋力。就如同所謂「仙丹」就是指必定能救活人命的藥，如果除此之外，我們對於「仙丹」一無所知，「仙丹」概念是沒有解釋力的。

對於「真」概念的研究一直是很棘手的，即使本章只作最基本的介紹，仍有許多不足。例如，本章對於塔斯基的「真套式」並沒有任何說明，可是他的主張是這研究領域的學者必定要知道的。囿於本書的性質，只有請讀者另行研討有關「真」的哲學與邏輯研究。

── ● 重點回顧 ● ────

· 塔斯基 Tarski, Alfred (1901−1983)

· 真套式 Truth-schema

· 符應 correspondence

· 命題 proposition

· 語法 syntax

· 專名 proper name

· 分析真 analytic truth

· 綜合真 synthetic truth

· 必真 necessary truth

· 偶真 contingent truth

· 康德 Kant, Immanuel (1724−1804)

· 主詞－述詞分析 subject-predicate analysis

· 範疇 category

· 佛列格 Frege, Gottlob (1848−1925)

· 引元－函數分析 argument-function analysis

· 釋義 interpretation

· 蒯因 Quine, Willard Van Orman (1908−2000)

· 卡那普 Carnap, Rudolf (1891−1970)

· 語意設定 semantic postulate

· 模態性 modality

· 可能世界 possible world

· 真值函數 truth-function

· 關聯 correlation

· 相合 congruence

· 判斷之多重關係理論 multiple relations theory of judgment

- 俗成 conventional
- 共構 isomorphism
- 布拉德萊 Bradley, Francis Herbert (1846–1924)
- 包申葵 Bosanquet, Bernard (1848–1923)
- 布朗修 Blanshard, Percy Brand (1892–1987)
- 皮爾斯 Peirce, Charles Sanders (1839–1914)
- 詹姆斯 James, William (1842–1910)
- 杜威 Dewey, John (1859–1952)
- 共識 consensus
- 共識實效論 pragmaticism
- 工具實效論 pragmatism
- 最佳解釋推論 inference to the best explanation; abduction
- 帕南 Putnam, Hilary (1926–2016)
- 如若條件句 subjunctive conditional; counterfactual

第四章　信念與概念

　　傳統知識論認為命題知識的一項要件是信念。如何理解「信念」因而是一項必須探索的課題。當認知主體處於「相信」的心理狀態時，他所處的究竟是什麼樣的一種狀態？這種信念狀態有什麼重要特徵呢？

　　命題知識的對象是命題，一般來說，命題是由概念構成的，對於概念的理解當然是有必要的。如何理解「概念」？「概念」有哪些特徵？這是本章的另一重點。

　　西方哲學界對於人類心與認知進行的哲學探討已經有幾千年的歷史，其中又以十七世紀法國哲學家笛卡爾的學說最有名。時至今日，當代心與認知哲學的研究已遠超過笛卡爾的時代，其與科學研究之間的互動密切，建立了所謂的「認知科學」，成為當代的顯學。本章及稍後幾章皆會援引其目前的研究，來說明相關的概念。

第一節　命題態度

　　當代的心與認知哲學分別從心理機制（或者心理製程）以及心理狀態來研究人的心與認知現象。心理機制包括知覺、記憶、推想、決策、問題解決、語言理解等等。心理狀態則分為具有內容的、意向性的心理狀態，以及具有主體性的心理狀態（又稱為感質）。感質包括感官知覺經驗（例如聽到刮玻璃聲音的聽覺經驗）、身體感覺（例如喝醉酒的身體感覺）、情感（例如覺得欣喜、變得憂鬱）、情緒等等。

　　羅素將具有內容的心理狀態稱為「命題態度」，包括相信、判斷、懷疑、渴求、希望、期待等等，因為它們都是具有命題內容的。如果老王處於相信的心理狀態，他一定是相信某一件事情；不可能當沒有任何事情被他相信的時候，他居

然還能處於相信的心理狀態。如果老王處於懷疑的心理狀態，表示有一件事情是他在懷疑的。被相信、被懷疑、被判斷的事情就是它們的內容，都是命題式的。其他同屬這一類的心理狀態都具有這種特性。

從知識論的角度來看，對於具有意向性的心理狀態（亦即命題態度）還可以再區分為意願的以及知性的。意願的命題態度是指像期待、偏愛、樂見等與個人意願或喜好相關的心理狀態。知性的命題態度是指與知性活動或知性評價相關的心理狀態，例如相信、判斷、確定、接受、懷疑、察覺等等。這一類知性的命題態度都跟它們內容的真假值有密切的關聯。有些哲學家進一步在知性狀態中，挑出一些稱為識知狀態，亦即和「知識」有關的知性狀態，例如相信、懷疑、懸置（亦即不做判斷），是知識論學界特別注重的知性的命題態度。

以下是分類圖示：

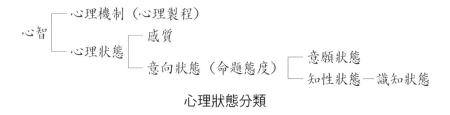

心理狀態分類

當代哲學家採取所謂的心理表徵理論來瞭解命題態度。「心理表徵」這個觀念在當代對於心與認知的哲學研究以及科學研究佔有非常核心的地位。在理論上設定「心理表徵」有三層用意：㈠以心理表徵作為認知機制的操作對象；㈡以表徵關係的建立來說明如何決定命題態度的內容；㈢說明不同的命題態度可以具有相同的內容。有關心理表徵在第四節再繼續說明。

假設老王相信太陽系有八大行星。老王就是處於一種「相信」的心理狀態（而不是樂見、懷疑、期待等等）。老王這個心理狀態是以一個內容是〈太陽系有八大行星〉的心理表徵作為它的對象，這個心理表徵的內容就構成了老王這個心理狀態的內容。引進心理表徵的觀念還有一個好處，它可用以解釋不同的心理狀態可以具有相同的內容。如果老張懷疑太陽系有八大行星，他所處的心理狀態（懷疑）跟老王所處的心理狀態（相信）雖然不同，兩個心理狀態的內容卻是一樣的，都

是有關〈太陽系有八大行星〉這件事。

從以上的說明我們不難發現，同一個人可能會對相同的命題在同一時間處於意願的以及知性的心理狀態。例如，雖然相信 p 為真，但是不樂見 p 為真；或者一方面懷疑 p 是不是為真，一方面又非常希望 p 為真。對於知識論的研究比較重要的是：任何兩個人對於相同的命題可以處於不同的知性心理狀態，例如老王相信 p，但老張懷疑 p。甚至同一個人在不同的時候也可以對相同的命題處於不同的知性心理狀態。例如，原本對某件事 p 抱持懷疑的態度，後來轉為相信 p 的態度。

我們的信念有很多功用，因為信念和信念之間、信念和其他心理狀態之間、信念和行為之間，都存在有因果關聯。當我們擁有某個或某些信念時，會連帶影響我們是否會放棄其他信念，產生其他心理狀態，乃至於做出某些行為。當我相信老王此時人在學校上課時，這信念使得我相信他並沒有在家裡睡覺；這信念使得我不會想要打手機給他，以免影響他上課；這信念使得我暫時留在咖啡店繼續跟朋友閒聊。如果有人問我：「老王人現在在哪裡？」這信念使得我會說出（除非我有意隱瞞）：「他人在學校上課。」

第二節　「信念」的兩種區別

哲學家並不侷限於從認知的角度來瞭解「信念」，因為「信念」還有一些特殊的地方必須交代。本節介紹有關「信念」的兩種區別。第一種是區分當下信念、隱潛信念、傾性信念；第二種是區分個物式信念以及命題式信念。

當下信念、隱潛信念、傾性信念

有些信念是當下的，有些信念是隱潛的，另外一些則是傾性的（一般譯為「傾向的」）。當下的信念是指 S 在當時當刻對某件事 p 產生了「相信」的心理狀態，產生了關於 p 的信念，而且 S 當下意識到他有那個信念。例如，當你看到新聞主播報導北約組織空襲南斯拉夫的時候，你當時便相信了北約組織空襲南斯拉夫。你此時所產生的這個信念便是當下的。

當下信念可以被記住、被遺忘、事後被回憶、回憶時發生錯誤，乃至於後來

被放棄。當下信念也可以跟其他的信念互動，形成較複雜的信念，或者迫使認知主體放棄某些他原來擁有的信念。當下信念跟主體所擁有的其他信念和意願性態度等也會一起作用，進而影響主體產生決策或行為。

至於隱潛信念以及傾性信念是什麼，則比較複雜，是一個棘手的哲學問題。在說明之前，讓我們先祛除一個不必要的誤會。在日常生活中有時候我們會說：「關於這件事我傾向於相信甲方的說法。」這個說法其實是表達一種偏好的態度，表達個人對於甲方主張的支持或同意。至於為什麼個人會支持或同意甲方的主張，各種可能性很多，有非理性的、有反理性的、有理性思考的，但都不出我們在前面所提到的幾種證立類型，如識知證立、實用證立、道德證立等等（不論這些證立是很好的，還是很糟糕的）。不過，這種意義的「傾向」跟哲學裡所說的傾性並不相同。一般來說，哲學以如若條件句來分析「傾性」。舉例來說，糖具有水溶性，哲學裡將這理解為糖具有可溶於水的傾性，意思是說，如若將一塊糖放進水裡，則那塊糖必當溶解——即使實際上，不論是過去還是未來，從來沒有將那塊糖放進水中。

「傾性」是長期的、有規律的。在物理世界中，一物體的傾性主要是由其微觀結構來解釋。一物體所擁有的某傾性是在某特定環境刺激出現時，該物體必定出現的反應❶。這種必然的規律性由於是來自於物體的微觀結構，所以只有改變物體的微觀結構才可能改變其傾性。在人類來說，此處所謂的「傾性信念」是心理的，不是物理的。人類這種內在心理傾性或許是先天的、與生俱來的，或許是在環境影響下透過學習機制而建立的。

讓我們舉例說明隱潛信念以及傾性信念。

廣播電臺案例

你一面開車一面聽收音機。不久，你注意到前面突然有狀況，你相信前面發生了車禍。你踩煞車減速，並做各種相關的必要動作。這時候你的收音機正在播放〈歌劇魅影〉的曲目，但由於你全神貫注在前面的

---

❶　當代哲學主要將這種關聯理解為決定論式的，但也有從機率來理解「傾性」的，請參閱 Crane, T. (ed.) (1996)。

路況，並沒有注意到收音機正在播放這個曲目，甚至根本就沒有注意到當時是不是有播放過任何曲目。

過後沒多久，有人請你回憶當時的情形，例如問你當時是不是在聽收音機？你在聽哪一個電臺？你都給了肯定的答案。你相信當時正在聽收音機，你也相信當時正在收聽某個電臺的節目。可是問你當時的電臺正在播放什麼曲目，你回答不出來。你既沒有相信當時正在播放〈歌劇魅影〉的曲目，你也沒有不相信當時並沒有播放〈歌劇魅影〉的曲目。儘管如此，當時如若你注意到電臺正在播放〈歌劇魅影〉的曲目，你必當相信當時電臺正在播放〈歌劇魅影〉的曲目。

在這個例子裡，你的關於前面發生了車禍的信念就是一個當下的信念。你事後回憶而產生的關於你當時正在聽收音機的信念，以及關於當時正在收聽某個電臺節目的信念，這兩者在當時是你的隱潛信念，在回憶時成為你的當下信念。至於你關於當時電臺正在播放〈歌劇魅影〉的曲目的信念，則是你的傾性信念。

不過，不論我們承認或不承認有所謂的「傾性信念」，都會有哲學上的困難。假設沒有所謂的「傾性信念」。你開車遇到紅燈停了下來，等了一會兒，綠燈亮了，你繼續向前行駛。你自然是注意到了紅燈和綠燈的轉換，否則你不會繼續向前行駛。然而，有時候你未必在當下出現相信「現在是紅燈了，該停車」，或者相信「現在是綠燈了，可以向前開」等等心理狀態。可是這些信念雖然都不是當下的，你卻應該在當時就已經擁有它們了，否則我們很難解釋你為什麼在注意到紅燈轉換成綠燈之後，就出現繼續向前行駛的行為。這些信念顯然是傾性的。像這類的例子非常多，我們很難不承認傾性信念的存在。

但是另一方面，承認傾性信念的存在卻會面臨其他的問題。例如，你學過幾何學，擁有許多關於幾何學的基礎概念與計算規則。你相信正千邊形的每個角等於 179.64 度嗎？在你做任何計算之後，你算出這個說法是正確的，你因而相信正千邊形的每個角等於 179.64 度。在你做完計算之後，你所產生的這個信念是當下的。但是，假設你在這之前從來沒有聽任何人提過正千邊形、你自己也從來沒有想過正千邊形。（絕大多數人大概是現在讀到這個例子的時候，才第一次遇到有關

正千邊形的問題。）在你做任何計算之前，你當然既沒有關於正千邊形的每個角等於 179.64 度的當下信念，也沒有隱潛的信念。那麼，你有關於正千邊形的每個角等於 179.64 度的傾性信念嗎？

如果承認你有這個傾性信念，那麼我們類推你應該也有關於正一千零一邊形的每個角的傾性信念、關於正一千零二邊形的每個角的傾性信念、關於正一千零三邊形的每個角的傾性信念等等。這似乎是荒謬的。僅僅就這個例子來說，你就會擁有無限多的傾性信念。不過，一個人可以擁有無限多的信念，並不至於構成哲學上的困難，畢竟我們沒有理由認為人只能夠擁有有限多的信念。真正構成哲學困難的地方在於：承認傾性信念的存在會迫使我們接受這項主張：如果我們已經相信邏輯系統的所有公設，我們會傾性地相信該系統的所有定理；對於任何一個我們已經擁有的信念，我們都會傾性地相信它的所有邏輯結論。我們會成為「邏輯全知」的認知主體。

請思考這個例子。假設你已經學過一些邏輯規則，會做一些演繹邏輯的推論。再假設你已經相信某命題 A。由於 $(A \vee \neg B)$ 是 A 的邏輯結論，所以你應該傾性地相信 $(A \vee \neg B)$。由於 $(B \supset A)$ 是 $(A \vee \neg B)$ 的邏輯結論，所以 $(B \supset A)$ 是 A 的邏輯結論。既是如此，你應該也會傾性地相信 $(B \supset A)$。按照這個思路，你既然已經相信了 A，你應該會傾性地相信下列命題，因為這命題是 A 的邏輯結論：

$$((((\neg Y \equiv \neg A) \vee (A \equiv M)) \equiv ((A \vee F) \vee D)) \supset ((\neg A \wedge \neg G) \supset (\neg(\neg D \supset E) \supset (G \equiv A))))$$

可是你真會傾性地相信這個命題嗎？一般人通常不會如此認為吧！原則上，只要你已經相信了任何一個命題，將會有無限多個比上面的命題還要複雜千萬倍的命題都會是被你傾性地相信的。這實在令人難以置信！

關於當下信念、隱潛信念以及傾性信念的區分就解說到這裡。在知識論分析「知識」時，是以當下信念作為知識的成立要件，這也是為什麼在分析「知識」時，會加上「t 時」這樣的字眼。

個物式信念與命題式信念

當代哲學家認為對於「信念」有兩種詮釋方式：個物式的以及命題式的 ❷。

這項區別有助於瞭解有關指涉隱蔽的討論，值得注意❸。

　　假設老王相信教室裡有個學生正在唱歌。依據個物式詮釋，對於老王這項信念的分析是：有這麼一個學生存在，而且老王相信那個學生正在教室裡唱歌。以 A 表示「……是學生」、B 表示「……在教室裡」、C 表示「……正在唱歌」，老王這項信念邏輯上大致可以如下記述：

　　⑴ $(\exists x)((Ax \wedge Bx) \wedge (y)((Ay \wedge By) \supset y=x) \wedge$ 老王相信 $Cx)$

相對地，依據命題式詮釋，老王這項信念不作這樣的理解。對於他這項信念的理解是：老王這個人處於「相信」這個心理狀態，其對象則是一項心理表徵，以〈教室裡有個學生正在唱歌〉這個命題作為內容。邏輯上大致可以記述如下：

　　⑵老王相信〈$(\exists x)((Ax \wedge Bx) \wedge (y)((Ay \wedge By) \supset y=x) \wedge Cx)$〉

依據個物式詮釋，「相信」是介於老王以及教室裡那個學生之間的認知關係。「教室裡有個學生正在唱歌」預設教室裡有個學生存在。然而依據命題式詮釋，這個信念乃是介於老王這個人以及該心理表徵之間的關係，「教室裡有個學生正在唱歌」沒有預設教室裡有個學生存在。

　　個物式詮釋與命題式詮釋的區別對於瞭解「指涉隱蔽性」有很大的幫助。請思考這個問題：你相不相信中山樵到過臺灣？你不會的，跟絕大多數人一樣，你根本不曉得中山樵是誰。

　　比較下列兩個推論：

推論一
前提一：孫文到過臺灣。
前提二：中山樵與孫文是同一個人。
結　論：中山樵到過臺灣。

---

❷　這兩種方式還適用到對於模態概念的理解，因與本書無關，就此略過。

❸　關於「個物式信念」與「命題式信念」之間的理論關係，說法不一。Burge (1977) 認為前者才是基礎的，後者可化約到前者。本書不討論此問題。

這個推論邏輯上是有效的。然而下列推論呢？

推論二

前提一：老王相信孫文到過臺灣。

前提二：中山樵與孫文是同一個人。

結　論：老王相信中山樵到過臺灣。

主張這種推論不成立，是由於這種推論反映出共指涉詞替換原則不適用於「相信」這種命題態度的脈絡（還包括欲望、判斷、懷疑等命題態度）。這主張是從命題式詮釋來理解信念的。即使推論二的前提都為真，也不能保障其結論為真，畢竟相信孫文到過臺灣的人未必相信中山樵到過臺灣。這是所謂的「指涉隱蔽」。

信念呈現指涉隱蔽的現象是無庸置疑的。回想我們曾經背過許多人的名、字、號、諡等，以便在考試的時候能正確回答問題。孔丘是顏回的老師，孔仲尼是顏淵的老師。兩者其實說的是相同的事情，但你可能只知其一不知其二。採取命題式詮釋以掌握指涉隱蔽現象似乎比較符合一般人的想法。

然而如果改以個物式詮釋來理解信念，推論二就會是有效的。個物式詮釋似乎也有其道理，在某些時候也是符合一般人的想法。老王在某書店看到一位陌生的外國人（約翰）正在讀《西遊記》。老王因而相信在那書店的那位外國人是懂中文的。我們可以這樣描述：針對那書店的那位外國人來說，老王相信他是懂中文的。但我們也可以這樣描述：針對約翰來說，老王相信他是懂中文的。這兩種描述似乎並無不妥之處，畢竟約翰就是在那書店的那位外國人。老王相信的是同一個人的同一件事。

究竟要對於信念採取個物式詮釋還是命題式詮釋呢？本書不做進一步的評論，留待有興趣的讀者做更多的研究。

第三節　「概念」的一些問題

「概念」是我們常用到的語詞，有趣的是，我們似乎都知道「概念」是什麼，卻又對於「概念」是什麼說不出個所以然來。當代心與認知哲學界以及認知科學

對於「概念」有許多的討論和理論發展。囿於篇幅，本節解說與「概念」有關的一些問題，並在下一節簡單說明五個比較知名的學說。

概念的類型

首先「概念」有幾種不同的類型，以下是一些說明。

第一種是與事物的性質有關的概念。毫無疑問的，我們擁有許多關於事物性質的概念。例如顏色方面的有紅、藍……；形狀方面的有方、圓……；尺寸方面的有長、短、寬、窄、厚、薄……；觸感方面的有平滑、粗糙、細嫩、堅硬、柔軟……。其他還有尖、鈍、快、慢、輕、重……。大致上我們語言中的形容詞都是在描述事物的性質。

第二種是與類有關的概念。一般來說，「類」分為「自然類」與「人工類」。不過這分法略嫌粗糙。本書將「類」分為自然類、自然功能類、人為功能類（含社會類）❹。自然類是依據事物的內在結構或者內在性質（本質）來分類的。功能類是依據其功能來將事物分類的，不考慮構成該事物的物理性質。舉例來說，榴槤、蘋果、水仙、玉蘭花……，都是自然類。老虎、狗、鹿、鯨、鱷魚……，也都是自然類，其之屬於不同類是依其基因結構來決定的。水、硫酸、氫、鎂……，也是自然類，是依據其化學結構來區分的。另一方面，心臟是自然功能類，幫浦是人為功能類。若從功能考量，由於兩者的功能相同，屬於同一類；但兩者和書桌則屬於不同功能類。

書桌、電腦、太空梭等，之所以是人為功能類，不僅是由於它們是人為製造的，因此它們的存在必定涉及人類心智的運作，而且更是由於它們具有一項重要特徵：將它們構造出來的物理材質及相關的物理性質不是分類它們的考量因素。書桌有木製的、不銹鋼製的，有圓的或方的，有防水和不防水的。雖然材質不同，都是桌子。早期的電腦使用真空管，現在的電腦使用矽晶片，其運作使用的物理學原理大不相同，但它們仍然都是電腦類。

另外一種比較特殊的是社會關係類，我們也有相對於這些社會關係的概念。例如夫、妻、嬪嬙、總統候選人、董事、立法委員、老師……，都是社會關係。

❹　請參閱 Wilkerson (1995)。

由於社會關係不可能獨立於人心智的運作而存在，所以它們不屬於自然類，也不是自然功能類。基於這些社會關係是依其功能角色來決定的，所以屬於人為功能類。當然，這種類與其他的人為功能類很不相同，因此，本書特別將之提出來，另稱為「社會類」。

究竟自然的「類」（包括自然類和自然功能類）是否存在，屬於形上學的議題。有些哲學家認為自然類都是存在的，其存在獨立於人的心智運作，有些哲學家則認為「類」都不是自然的，亦即都不是獨立於人的心智運作而存在的。這形上學的爭議不在本書的討論範圍內，予以略過。可以確定的是，不論是否形上學承認可獨立於人心智運作而存在的「類」，我們當然有許多與「類」有關的概念：〈老虎〉、〈水〉、〈榴槤〉、〈蘋果〉等等。

第三種是科學理論概念，例如〈質量〉、〈力〉、〈化學鍵〉、〈演化〉、〈制約〉等等。這些概念來自於科學家對於其研究領域的理論說明。通常科學概念的對象大都是不可觀察的。

第四種是數學和邏輯方面的概念，例如〈質數〉、〈冪集合〉、〈蘊涵〉、〈真〉、〈量限〉、〈無窮〉等等。這些概念都是關於抽象事物的。

第五種是與價值或規範有關的概念，例如〈美〉、〈醜〉、〈賢〉、〈劣〉、〈善〉、〈誠實〉、〈仁慈〉、〈寬宏大量〉等等。這些概念是用來評價事物、行為、人的特性等等。這一類型的概念不在本書討論範圍內。

以上當然並未窮盡所有人類擁有的概念，其分類方式也未必盡如人意。本書此處的用意僅在於作一些整理，以方便本書後續之用。

複合概念

有些概念是複雜的，由一些比較簡單的概念複合而成。要學習這些複合概念必須先學習其組成的概念。例如〈叔叔〉概念是由〈父親〉概念與〈弟弟〉概念複合出來的，要學習〈叔叔〉概念必須要先學得〈父親〉概念與〈弟弟〉概念。弟弟是男性，所以要擁有〈弟弟〉概念，勢必要擁有〈男性〉概念。同樣地，要學到〈單身漢〉概念勢必要先擁有〈婚姻〉、〈成年〉、〈男性〉三個概念。（當然還包括「否定」的使用，因為單身漢是還未結婚的成年男性。）

這樣說明是不夠的，還必須進一步說明複合概念具備的結構。在文獻上主要提出內含釋模以及推論釋模兩種說法。

> **內含釋模**
>
> 所謂概念 C 是由 $X_1, X_2, ..., X_n$ 等概念構成的，意思是說，C 內含 $X_1, X_2, ..., X_n$ 為其成素，亦即任何擁有概念 C 者必定擁有 $X_1, X_2, ..., X_n$ 等概念。

根據內含釋模，擁有〈叔叔〉概念蘊涵擁有〈父親〉概念，也蘊涵〈弟弟〉概念；由於〈弟弟〉概念內含〈男性〉概念，〈叔叔〉概念因而也蘊涵〈男性〉概念。因此，「叔叔是男的」是一個分析真的語句。

推論釋模是完全不同的主張。

> **推論釋模**
>
> 所謂概念 C 是由 $X_1, X_2, ..., X_n$ 等概念構成的，意思是說，擁有 C 就是擁有一種推論傾性，能將 X_1 或 X_2 或……或 X_n 等概念應用在任何 C 能應用到的事物上。

假設你擁有〈叔叔〉概念並將之應用在老王身上，亦即你認為老王是某人的叔叔，則你具有一種推論傾性能將〈弟弟〉概念應用在有關老王的描述或信念，亦即你認為老王是某人的弟弟。你也具有一種推論傾性能將〈父親〉概念應用在有關老王的描述或信念，亦即你認為老王是某人的父親的弟弟。

如何說明概念複合的心理機制是當代心與認知哲學的一大問題。雖然〈叔叔〉概念是由〈父親〉概念與〈弟弟〉概念複合出來的，後兩概念卻可以複合出不同的複雜概念：弟弟的父親以及父親的弟弟。簡單說，複合的次序會影響複合的結果。

有沒有純粹的簡單概念，不是由其他概念複合的呢？前面所說關於事物性質的概念似乎就是簡單概念。我們有關事物可觀察性質的概念可能都是簡單概念，例如〈方〉、〈紅〉、〈平滑〉等。然而，僅僅舉例是不足的。我們是否有原則來決定一個概念究竟是純粹簡單的呢？還是複合的呢？

　　另外還有一點必須釐清：概念複合和語意組構是不同的。「概念複合」指的是某種心理機制的運作，其結果就是從簡單概念產生複雜概念。「語意組構」則是語意學的性質，意指複雜概念的意義係由其成素的意義共同決定的，乃至於命題的意義是由其成素的意義及語法來共同決定的。(其實我們可以將命題當作是複合概念。) 所謂語意學的性質是指直接使用到「指涉」、「意義」、「真」、「內容」、「外延」、「內涵」等概念來說明的性質，或者間接使用到這些概念的，例如表徵、訊號、訊息等。「語意組構」並不從心理機制的運作來理解。例如〈蘋果放在桌上〉這命題的意義是由〈蘋果〉、〈桌子〉、〈……空間位置在……之上〉等概念的意義來決定的。

　　這一組對照也適用於我們的信念。一方面，由於我們的信念具有內容（意義），信念具有語意組構的特性；另一方面，由於我們會有複雜的信念，因此複雜信念是如何產生的，需要從心理機制的角度來說明。

第四節　「概念」是什麼

　　儘管我們能用語詞來表示概念，語詞和概念是不同的。一方面可能有些概念尚無語詞來表示，另一方面沒有語言的人似乎仍然可以擁有概念，再一方面有些概念在某個語言裡（例如中文）有對應的語詞來表示，在其他語言（例如英文）則沒有相應的語詞可用以表示。舉例來說，〈表叔〉概念有中文的語詞表示，在英文則無。究竟概念有什麼重要特性，顯然是必須進一步釐清的。

　　「概念」是什麼？這個問題問的是存有論的問題。大致上有三種立場：有主張概念是能力的，有主張概念是心理表徵，也有主張概念是抽象的事物（亦即不是物理的，也不是心理的）❺。對於「概念」的本質以及概念是如何習得的，哲學界和認知科學界有相當多的理論，本書簡單介紹其中的能力論、定義論、古典論、原型論、理論說；除了能力論之外，其餘四種理論都抱持概念是心理表徵的立場。

---

❺　此處不是說概念是有關抽象事物的，而是說概念本身就是抽象的事物。柏拉圖抱持這個立場。

能力論

這個理論將概念視為人所擁有的能力，習得一個概念就等於習得該能力。這裡所說的能力是指區辨能力以及再認能力。所謂老王擁有〈蘋果〉概念，就是指當蘋果與其他各種水果混雜在一起時，老王能辨別出哪個是蘋果，哪個不是（區辨能力）；而且即使沒有其他水果在現場，僅僅只有蘋果出現時，老王能認出那是個蘋果（再認能力）。

能力論顯然不能說明關於不可觀察事物的概念（亦即前面所說的科學理論概念），因為我們當然不可能對於不可觀察事物進行區辨與再認。能力論也不能說明無關感官知覺的、非經驗的概念，例如邏輯和數學概念。我們既然無法知覺到空集合、自然數等抽象事物，我們當然就不可能對它們進行區辨與再認。

能力論也無法說明社會概念，因為我們無法經驗知覺到舅舅或者校長。這想必是非常令人驚訝。怎麼可能你不認得你的舅舅和你學校的校長？這其中的道理在於雖然他們都是人，有其外貌和體型，因而可以讓我們透過感官知覺系統而看到、聽到、觸摸到，但是他們的社會身分、他們與你的社會關係，都是抽象的，不是感官知覺可以觀察到的。

能力論的第二項困難在於，似乎有可能我們對於某些事物能夠區辨與再認，但是卻沒有相對應的概念。例如在深山中發現一些人類從未見過的東西，我們有能力辨別它們，也有能力再認它們。但是我們連那種東西究竟是植物類還是動物類都無法判斷。我們沒有關於它們的概念。

從反方向來看，能力論面臨另外一個困難：似乎有可能我們擁有一些概念，但卻缺乏相應的區辨與再認能力。一般人大都擁有〈芭蕉〉概念和〈香蕉〉概念，但說實在的，一般人大都分不出芭蕉和香蕉。一般人大都擁有〈騾〉概念和〈驢〉概念，但說實在的，一般人大都分不出騾和驢。若是如此，〈芭蕉〉概念與區辨並再認芭蕉的能力是不同的；其他概念也是一樣。

可能有人認為此處尚有緩衝的地方。如果缺乏區辨並再認芭蕉的能力，表示並不是真擁有〈芭蕉〉概念。簡單說，具備區辨並再認芭蕉的能力是具備〈芭蕉〉概念的必要條件。話雖如此，這樣的辯駁將會使得一般人失去太多概念，畢竟一

般人擁有太多概念，但卻缺乏相應的區辨能力與再認能力。

　　能力論的第四項困難在於無法說明概念複合以及語意組構性。正如前面說的，我們擁有複合概念。雖然我們有複雜的能力，但是就區辨能力以及再認能力來說，能力論無法說明兩種不同的區辨能力是如何複合的？兩種不同的再認能力又是如何複合的？至於語意組構性更是能力論不可能回答的，因為能力本身並不具有任何語意的性質。

　　基於以上幾項重大的困難，哲學界和認知科學界比較少接受這種將概念僅僅視為能力的學說。

定義論

　　最常見的，也是一般人都不自覺接受的，是所謂的「定義論」。定義論主張每個概念都有定義，亦即都有一組充分且必要條件。例如〈單身漢〉這概念的定義是：未婚的成年男子。〈未婚〉、〈成年〉、〈男性〉個別來看，都是成為單身漢的必要條件，全部一起則構成單身漢的充分條件。此外，根據定義論，學到一個概念就是學到它的定義。

　　定義論似乎是很直覺的，大多數人都喜歡追問定義，尤其當爭辯的時候，要求先將所使用的概念定義清楚，似乎是大多數人都會做的❻。然而定義論有一些無法克服的困難，哲學界和認知科學界都已不再採用。

　　首先，定義論面臨無限後推的結果。如果每個概念都有定義，被使用到的概念本身必定會有定義，它們的定義所用到的概念又必定有定義……。依此類推，定義論不得不造成無限後推的現象。然而如此一來，定義論不可能完整地說明任何概念。

　　其次，定義論無法說明我們是如何學到概念的。如果學習一個概念就是學到其定義，要學到其定義就要先學到在定義中使用到的概念，但是要學到在定義中使用到的概念，必須先學到這些概念的定義，但是我們又必須先學到這些定義本身所使用的概念……。依此類推，我們不可能真正學習到任何概念。這顯然是非

---

❻　雖然有時候在討論當中我們必須對於所使用的概念做一些清楚的交代，不斷逼迫對手給定義所造成的結果，往往只是流於字面之辯、口舌之爭，無助於討論。

常荒謬的，畢竟我們確實已經學到許多的概念。

　　第三，不但如此，我們之學到許多概念往往不是經由學到它們的定義而來的。試反省你所擁有的許多概念，有多少是你經由學會其定義而學來的呢？

　　第四，除了某些概念是本身就以定義的方式引進之外，恐怕絕大多數概念是沒有辦法提供其充分且必要條件來加以定義的。〈蘋果〉概念的定義是什麼？〈野草〉概念的定義又是什麼？

　　在邏輯和數學使用的概念，基於理論嚴謹的要求，確實大多數都有定義。例如〈空集合〉、〈圓〉、〈有效推論〉、〈邏輯蘊涵〉等概念，都有明確的定義。然而即使如此，這兩領域仍然不得不允許未定義的概念。例如在集合論中，〈屬於〉概念是不定義的。

　　第五，除了那些本身就是以定義方式引進的概念之外，大多數人提供的定義，包括辭典在內，經常面臨反例。

　　第六，有很多定義本身是可改變的。前幾年有關如何定義〈行星〉的爭論，改變了我們有關行星的概念，就是非常好的例子。在 2006 年天文學界起了一項很大的風波。一方面天文學家在爭議究竟冥王星是否應歸類為行星，另一方面天文學家在 2003 年發現了一顆星球，命名為 "2003 UB313"（現已正式命名為「鬩神星」(Eris)，取自古希臘神話中的女神之名）。在那一年的 8 月 17 日，國際天文學聯會的十二名成員在捷克的普拉格開了一次會議，重新提出「行星」的定義：圓形繞太陽周轉，而且不繞行其他星球的星體。根據這定義，行星一共有十二顆，而不是原先大家一直認定的九顆。然而美國天文學協會的行星科學組反對該項定義。接著一連串的贊成與反對，最後在同年 8 月 24 日正式決議了新的定義，依據這新定義，太陽系的行星總共有八顆，冥王星和鬩神星都因不符合定義而被剔除。

古典論

　　古典論的首要人物是哲學界與認知科學界的大師佛德。他認為我們的信念（以及其他的命題態度）都是以命題式的心理表徵作為對象。命題式的心理表徵則是由類似於字詞的表徵（亦即概念）構成的。概念是一種表徵，具有以下一些重要的特徵：

㈠概念不是區辨能力，也不是再認能力。概念是有語意性質的元項，是一種個物。所謂「元項」是東西的意思，有別於能力、動作、現象、事件、製程、事態、狀態等。所謂「個物」是存在於某一時空區段的東西，例如這張桌子、那顆蘋果，有別於共性。這些都是形上學的概念。

㈡概念內容（或意義）是依語意外在論而決定的。例如〈蘋果〉概念的內容是指蘋果類（所有蘋果的集合），〈蘋果〉概念與蘋果類之間具有律則式的因果關係❼。因此，概念不是用定義來理解的。

㈢概念具有語意可攜性，也就是說，概念在不同的脈絡下仍然具有相同的內容。例如，老王相信蘋果很便宜，但老張認為蘋果很貴，兩個人的〈蘋果〉概念是相同的。

㈣命題表徵具有語意組構性。這項性質之前已經說明過，複雜表徵的意義是由簡單表徵的意義以及語法共同決定的。複雜概念的意義是由組成的簡單概念的意義決定的。

㈤佛德認為所有概念都是先天的，是人一生來就擁有的。個體與環境的交互作用，亦即個體知覺的運作，只是引發人本有的概念而已。這是非常極端的概念先天論的主張。不過，古典論未必要接受這麼極端的主張。

古典論雖然在認知科學的奠基與發展有重要的地位，不過當代認知科學有關「概念」的想法，以原型論為主流。

原型論

原型論同樣主張概念是一種心理表徵。與古典論不同的是，原型論主張概念是一組類疇的原型所具有的特徵的集合。每個類疇所具有的「原型特徵」是指一組該類疇的個體所具備的在統計上是可靠的特徵。舉例來說，〈鳥〉概念的原型特徵包括：有羽毛的、有翅膀的、會築巢、會孵蛋……。這些特徵在統計上來說，是大多數鳥都有的性質。不過，並不是每一隻鳥都擁有所有上述列出的特徵。這

❼　「心理內容（或者表徵內容）如何決定」是當代心與認知哲學的重要議題，在一九八○年代至一九九○年代引起極大的討論，出現了許多學說。請參閱 Stich & Warfield (eds.) (1994)。

是為什麼使用「原型」一詞的緣故。企鵝和雞是鳥，但不會飛。有些鳥會將自己的蛋生在別的種類的鳥的鳥巢內，讓別種的鳥幫牠孵蛋。有句成語說「鳩佔鵲巢」，大概就是源自於古人觀察到鳩是不築巢的。

顯然，原型特徵既不是鳥的充分條件，也不是鳥的必要條件。這使得原型論與定義論不同。原型論也跟古典論不同，因為概念的意義並不是由概念與外在事物之間的律則關聯決定的。

原型論的困難，正如佛德批評的，在於既無法說明概念表徵具有語意組構性，也無法承認概念表徵具有語意可攜性，更難說明複合概念是如何由簡單概念組合出來的。這是原型論與古典論不同的另一個地方。原型論之所以無法說明概念的語意組構性與概念複合，是由於原型特徵既無法組構亦未必能複合的緣故。例如，蜂鳥的原型特徵顯然不是由蜂的原型特徵與鳥的原型特徵複合而來的。當然，〈蜂鳥〉概念未必是由〈蜂〉概念與〈鳥〉概念複合出的，它只是碰巧使用了中文的「蜂」和「鳥」兩字來表示而已，英文就不是這麼寫的。若是如此，這個例子不足以點出原型論的困難。不過，例子比比皆是。〈與蜜蜂體型相近的鳥〉確實是一個複合概念，其原型特徵依然不是從蜜蜂的原型特徵以及鳥的原型特徵複合出來的，其意義也不是從這些原型特徵組構出來的。

理論說

理論說主張每個概念都是所謂的理論建構項❽，概念是由其在理論中的角色來決定的。至於概念所具有的理論角色，則是由其所能參與的各種理論推論來決定。這是由於理論是一套信念或者命題構成的集合，而且這些信念之間具有推論關係。

理論說對於「概念」是如何習得的說法明顯與上述幾派理論不同。「概念」既不是原型特徵的集合，也不是充分必要條件的定義，而是人類心理機制運作的結果。什麼心理機制呢？理論說主張概念的習得機制就是形成（理論）假設並加以測試的機制，亦即核驗假設的機制。對於假設的測試或者假設核驗的運作方式，理論說引用了科學哲學界有關科學方法論的研究來說明。關於「核驗」的細節留

---

❽ 請參閱 Murphy & Medin (1985), Carey (1991), Gopnik (1988) 關於理論說的主張。

待第十一章第四節和第五節作比較詳細的說明。目前簡單來說，核驗一個假設就是找出恰當的證據以支持該假設的成立。

理論說最大的問題在於無法說明概念如何能維持不變。如果概念是由其理論角色來決定的，由於理論是會改變的，改變前的理論和改變後的理論將會是不同的理論。因此，理論改變前後的概念是不同的。這是頗令人訝異的主張。我們都擁有〈蘋果〉概念，我們現在的科學對於蘋果的成分有相當的說明。但是如果有一天我們的科學對於蘋果的說明改變了，是否我們的〈蘋果〉概念跟著改變了？若是如此，假設我在科學理論改變之前，認為蘋果是好吃的水果，在科學理論改變之後，依然認為蘋果是好吃的水果。在我這兩次想法裡出現的〈蘋果〉概念是不同的嗎？

不但如此，通常我們承認不同的理論是可以就其解釋力和預測力來進行比較的。但是要能進行比較，就必須先能確定它們使用相同的概念。如果概念是由其理論角色決定的，不同的理論不會有相同的概念（即使使用相同的語詞），因此不可能對於兩個理論進行比較。這明顯與一般人的想法不同。事實上，這個問題可以延伸到認知主體自己的信念系統。認知主體自己的信念系統是會改變的，有增加新信念的時候，也有放棄舊信念的時候。然而按照理論說，每當認知主體的信念增減一次，就改變了他的整個信念系統，他的概念所具有的角色也隨之改變，因此他的概念也隨之改變。簡單說，只要認知主體的信念增減一次，他原有的概念就改變了。這顯然令人難以置信。

───────────────────────── ● 重點回顧 ● ───────

· 意向性 intentionality

· 主體性 subjectivity

· 感質 qualia

· 意願的 optative

· 知性的 doxastic; intellectual

· 識知狀態 epistemic state

· 當下信念 occurrent belief; episodic belief

- 隱潛信念 tacit belief
- 傾性信念 dispositional belief
- 個物式的 *de re*
- 命題式的 *de dicto*
- 指涉隱蔽 referential opacity
- 共指涉詞替換原則 principle of substitutivity of co-referential terms
- 自然功能類 natural functional kind
- 自然類 natural kind
- 人為功能類 artificial functional kind
- 社會類 social kind
- 推論釋模 inferential model
- 內含釋模 containment model
- 概念複合 conceptual combination
- 語意組構性 semantic compositionality
- 表徵 representation
- 定義論 definitional theory
- 古典論 classicism
- 再認 recognize
- 佛德 Fodor, Jerry Alan (1935–2017)
- 元項 entity
- 語意外在論 semantic externalism
- 語意可攜性 semantic transportability
- 先天的 innate; inborn
- 概念先天論 innatism; nativism
- 類疇 category
- 原型 prototype
- 理論建構項 illata
- 核驗 confirmation

第五章　知識的來源

　　知識的來源是什麼？這是一個乍看之下頗易回答，但深思之後卻很難說明的問題。在哲學家探討知識的眾多問題當中，有關知識來源的問題大概是歷史最悠久，而且在知識論的歷史上引起最多討論的了。遠自古希臘的柏拉圖和亞理斯多德就已經提出他們對於知識來源的看法。在近代哲學時期（十七世紀與十八世紀）知識來源的問題更是最重要的議題，並引起理性論與經驗論之爭。經驗論的首要代表人物是英國的哲學家洛克、柏克萊和休姆；理性論的首要代表人物是法國哲學家笛卡爾、荷蘭哲學家史賓諾沙和德國哲學家萊布尼茲。

　　本書會在第十二章說明有關這兩大哲學思潮的爭辯。由於獲得知識是一種認知的過程，本章主要是解說當代心與認知哲學以及認知科學有關認知的研究。根據第二章，知識至少是真的信念，當認知主體知道一件事時，他一定是處於「相信」這種認知狀態。所以對於知識來源的問題我們可以從「信念如何產生」著手，探討兩個問題：

　　㈠人類的認知機制是如何運作的？這個問題涉及認知主體的認知構造，主要探討各種能夠產生信念的認知機制或心理製程。這些機制或製程大致上包括感官知覺的運作、記憶、推論（包括演繹推論以及歸納推論）、內省，乃至於所謂的洞察（理性洞見、直觀）等。

　　㈡人類獲得信念的方法是什麼？這問題不僅涉及認知主體自己認知機制的運作，同時還涉及到其他認知主體認知機制的運作。其他認知主體提供我們知識，省去我們自己去親身觀察或者自己做推論的工作。這種獲得知識的最主要方式是訴諸他人的證詞，包括專家的說法。然而他們憑什麼能提供我們知識呢？專家擁有專業知識，尤其是科學知識，他們是如何建立科學知識的呢？

　　由於知識的來源相當豐富，本書分兩章來解說。本章先對認知機制以及證詞

與專家做一些說明；科學知識的建立涉及「假設核驗」以及「科學解釋」兩種科學活動，這兩種活動又跟「推論」脫不了關係，這是第十一章的主要課題。

第一節　認知構造

當代認知科學家對於人的認知機制已經有相當豐富的瞭解。他們將人的認知構造劃分為三個相關聯的系統：感覺轉換器、輸入分析器、中央系統（如圖一）❶。

物理刺激 → 感覺轉換器 → 輸入分析器 → 中央系統

圖一　認知構造

在中央系統中有許多機制（簡稱「中央機制」），其中「信念定立機制」係以知覺經驗為輸入，以信念為輸出。其他的中央機制則包括推論、決策、規劃、問題解決等等，以信念為輸入，再以信念為輸出（如圖二）。感覺轉換器指的是我們的五官，以物理刺激為輸入（例如光波和聲波），以腦神經脈衝為輸出。所謂的感覺是指這部分的運作。輸入分析器則是指各種知覺，以腦神經脈衝為輸入，以知覺經驗為輸出。所謂的知覺是指這部分的運作。最後則還有行為系統，以信念為輸入，以行為為輸出❷。

---

❶　此處所介紹的係當代心與認知哲學大師佛德在 1983 年提出的理論，參閱 Fodor, J. A. (1983)。關於語言的處理（讀到一段文字或者聽到他人說話或唱歌）以及記憶及回憶機制是比較複雜的問題，不在本圖顯示。至於所謂的「器」意指「機器」，是當代所謂的圖林算機。根據算機心理學派，人的心智系統是一臺「普遍圖林算機」。

❷　欲望與情緒當然也會產生人的行為，由於跟主題無關，本書略過。

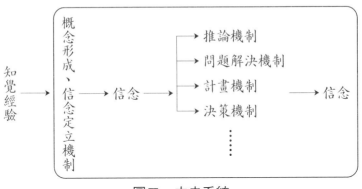

圖二　中央系統

　　這樣的介紹當然過於簡略，但為方便目前的解說，我們暫時擱置其細節以及相關的問題。哲學家將這些認知機制分為信念的生產機制以及信念的轉換機制兩類。信念的轉換機制是指任何以信念為輸入、再以信念為輸出的機制。在圖二中列舉的「推論機制」、「問題解決機制」、「計畫機制」、「決策機制」等等，都是信念的轉換機制。例如，從我相信強烈颱風快來了，到我相信這兩天去海邊游泳是很危險的事，這是我的推論機制運作的結果。信念的生產機制是指從不是信念的事物產生信念的機制。圖二中的「信念定立機制」就是這種機制，以知覺經驗為輸入，以信念為輸出。例如，從我看見桌上有雙竹筷子，到我相信桌上有雙竹筷子，就是我視覺機制以及信念定立機制運作的結果❸。當然，不排除還有其他的信念生產機制，例如做夢會使人相信一些事。

　　以下本書針對一些重要的產生信念（知識）的機制做一些解說。

第二節　知覺的運作

　　本書第一章曾經區分經驗知識和先驗知識。不論是經驗論還是理性論，都同意我們人類擁有經驗知識，而且終究來說，經驗知識乃是來自於感官知覺系統的作用。感官知覺的運作是我們獲得經驗知識的主要來源。當然，僅僅感官知覺的

---

❸　當然還有可能同時涉及其他的機制，例如記憶。我們暫時忽略這些，不讓這裡的解說變得很複雜。

運作不足以使我們獲得知識。知識的一項要件是信念，但有可能我們有知覺到一些事物但卻未產生信念。無論如何，感官知覺系統究竟是如何運作的？讓我們將上面「認知構造」圖的「感覺轉換器」以及「輸入分析器」放大：

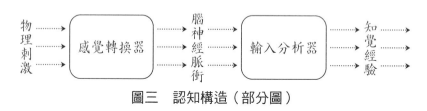

圖三　認知構造（部分圖）

輸入分析器有一項重要的性質：模組性，其最重要的特徵有兩點：資訊膠封以及論域特定性❹。所謂一個機制具備論域特定性，意思是說，該機制僅僅處理某種類型的資訊。例如視覺系統僅僅處理經由光波產生的神經脈衝，聽覺系統僅僅處理經由聲波產生的神經脈衝。所謂「資訊膠封」又稱為認知之不可穿透性，意思是說，該機制在運作時不會受到認知主體自己信念的干擾。

我們透過五官知覺系統的運作獲得許多知覺方面的知識。我們從看到桌上的一張請帖進而知道桌上有一張請帖，我們從聽到樓下的狗叫聲進而知道有隻狗在樓下叫，我們從聞到臭豆腐的味道進而知道附近有人在吃（賣）臭豆腐。感官知覺的運作當然提供我們經驗知識，這是難以否認的。

當然，有時候直接的知覺運作是不足的。近視、老花、耳聾等都使得我們無法藉由感官知覺的運作以獲得原本可獲得的知識。還好這不構成理論困難，因為這些狀況是感官系統的損壞或退化，當感官系統正常運作時是可以使得我們獲得知識的。第二種情形是這樣的：太過遙遠或者太過細小的事物不是我們能直接看得到的。不過藉由光學器具的發明（望遠鏡、放大鏡、顯微鏡等），提升我們感官知覺的能力，使得我們可以「間接」知覺到這些事物❺。

---

❹　這是佛德的主張，他對於「模組」提出了許多特徵，請參閱 Fodor (1983)。

❺　嚴格來說，這裡已經不僅僅是感官知覺的運作而已，還涉及到科學理論的建構。為什麼望遠鏡、顯微鏡等器具的使用能強化感官知覺的能力呢？這涉及到光學原理。如果我們的光學是錯誤的，透過望遠鏡等器具的使用未必能讓我們獲得那些太遙遠或太細小事物的知識。

另外還有一種情形：有一些光波是人的肉眼看不到的，有一些音波是人類聽不到的。有一些動物藉由熱感應發現周遭的事物，有一些動物藉由空氣或水波的振動來偵測周遭環境的變化，這些都是我們人類沒有的感知能力。這表示我們人類的感官知覺能力有其限制。這是不是也意味著我們的經驗知識有其限制呢？這很難說。我們人類當然不是全知者，我們的感官知覺能力也確實有限制，而且不容否認，我們的經驗知識也同樣是有限制的。儘管如此，從上述提到的人類感官知覺不足之處，並不足以讓我們推得「我們的經驗知識是有侷限的」這項結論。這是由於我們還能進行理論建構以獲得經驗世界的知識，而不是僅僅依靠感官知覺的運作而已。

表象與實在

在形上學的傳統裡有一項很重要的區別：表象與實在。從幻覺和錯覺的現象會比較容易瞭解這項區別❻。海市蜃樓是大家最常聽說的幻覺現象。至於錯覺現象在日常生活裡的例子更是不勝枚舉。我坐在公車上，低頭讀書等它開車。就在此時，旁邊另一輛公車向前緩緩移動，我略略覺得我坐的公車正在向後移動，但事實上我所坐的公車此時是停止不動的。我當時之覺得我坐的公車在向後移動，只是我的錯覺而已。開車的人大概都有這種經驗：在大熱天的時候，不遠的前方柏油路面看起來好像濕濕的、下過雨的樣子。其實那還是一種錯覺，等你開車經過那個位置，你會發現那裡一樣乾燥炎熱。當你看著遠方火車鐵軌時，你會看見兩條軌道在很遠處交會，但事實上兩條鐵軌當然是沒有交接的。在心理學界還有一些很有名的視幻覺的例子，例如 π 現象、Ponzo 錯覺以及 Müller-Lyer 錯覺等。

事實跟所經驗到的未必是一樣的。表面上事物呈現出某種樣子，在真實世界裡卻未必如此。哲學家用「表象上看到」來描述這項視覺經驗❼。借用這個名詞，哲學家說：你表象上看到兩條鐵軌在遠方交會，但你並沒有（真正）看到兩條鐵

---

❻　本書以「幻覺」來翻譯 "hallucination"，以「錯覺」來翻譯 "illusion"，與中文界的原有翻譯相反。

❼　「表象上看到」英文是 "seem to see"，此處的 "seem" 不是「似乎」、「好像」的意思，而是「表象上呈現出」的意思。

軌在遠方交會，事實上也不是兩條鐵軌真地有交會。

就幻覺與錯覺的現象來說，「表象」和「實在」的區別應該相當容易瞭解。不過重要的是，有些哲學家認為這組區別一樣適用於真實知覺的情形。當實際上有朵紅玫瑰花，而且你也正看著那朵花時，我們一樣要使用這組區別來說明：那朵玫瑰是紅的（實在），而且你不僅表象上看到那朵玫瑰花，你也真實看到那朵玫瑰花是紅的。

儘管錯覺和幻覺不是真實知覺，錯覺和幻覺的內容與真實知覺的內容原則上是無法分辨的，例如海市蜃樓，否則我們就不會錯以為我們真地看到那些事物了。如何說明真實知覺與錯覺之間的相同處與相異處呢？有些哲學家（例如洛克、羅素）提出了表徵實在論（又稱為間接實在論）來說明知覺的性質。在錯覺的情形裡，由於那些事物是虛假不存在的，但其知覺內容又與真實知覺一樣，所以，表徵實在論主張，在知覺者和實在界之間存在有某種中介物，通常哲學家主張那中介物是「感覺與料」。真正被知覺到的對象是那中介物，它表徵了外在的事物，但被表徵的事物不一定在知覺當時是存在的。

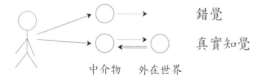

這中介物在真實知覺和錯覺的情形裡都有出現，其內容是一樣的，這說明了真實知覺和錯覺的相同處，差別只在於在錯覺發生時，被中介物表徵的事物當時不存在，在真實知覺時，被中介物表徵的事物當時存在。

依據表徵實在論，我們透過知覺而獲得知識的過程，其實有兩階段：我們知覺到中介物，並推論中介物之所以有如此如此的內容，應是由於外在世界是如此如此的緣故。舉例來說，假設桌上有一顆紅蘋果。我透過知覺的運作而知道桌上有一顆紅蘋果。這個過程有兩階段：我知覺到某中介物（上圖的實線箭頭），該中

介物的內容就是「桌上有顆紅蘋果」的景象（上圖的虛線箭頭），這個中介物是由實際上桌上有顆紅蘋果這樣的事實造成的（上圖的雙線箭頭），我們從中介物的內容推論出外在世界真地是出現「桌上有顆紅蘋果」這樣的事實（這推論是不自覺的過程）。

　　與表徵實在論相反的是所謂的直接實在論（例如雷德、莫爾）。這個哲學立場否認知覺過程當中存在著中介物，主張我們是直接知覺到外在事物的。所以我們透過知覺獲得知識的過程不是兩階段的，我們關於外在事物的知識不需要透過表徵實在論所說的中介物。

　　有關知覺的一些問題在形上學也有影響。有些形上學家說得更深一層。他們主張我們平常所說的真實世界其實都還只是表象世界而已，真正的真實世界（實在界）超出了我們的感官知覺範圍。形上學的討論過於深奧，也已經超出本書的範圍，讓我們回到原來的問題，探討其他的知識來源。

第三節　推論思考

　　推論思考是另外一種獲得信念（或知識）的方法，是我們經常使用的一種思考方式（哲學家和邏輯學家通常將「推論」稱為論證）。推論思考的基本架構是提出一組理由作為前提，藉以推論出某項主張作為結論。我們經常使用「推論」一詞，不過嚴格來說，「推論思考」和「推論」是不同的。「推論」是邏輯學的研究領域。邏輯學家研究哪些推論結構是恰當的，哪些是不恰當的。至於「推論思考」則可以分別從認知科學（主要是推論心理學）以及知識論的角度來瞭解。從認知科學的角度來看「推論思考」，其研究主題是這種認知機制的運作方式；從知識論來看，其研究主題包括「論辯」的方式以及如何從推論產生知識等。

　　對於推論（論證）結構以及推論恰當性的研究是邏輯學的課題。邏輯學家通常將論證分為演繹論證（含數學論證）以及歸納論證。論證是由一組命題構成的，其中一個命題為結論，其餘則是前提。前提與結論之間具有「支持」的關係。這種支持關係在演繹論證中是一種邏輯必然關係，在歸納論證中是一種機率關係。邏輯研究不是本書的範圍，這一節僅僅對於演繹邏輯做一些基本的解說，並且說

明推論和論辯兩者與知識的關聯。下一節則介紹三種歸納推論的型態,然後第五節專門介紹因果推論。

演繹推論

嚴格來說,邏輯不是研究論證,而是研究論證的形式,亦即論證結構。舉例來說,下列兩個論證具有相同的論證結構:

論證一

所有橘子都富含維他命 C。

這是顆橘子。

所以,這顆橘子富含維他命 C。

論證二

所有書籍都有 ISBN 的國際碼。

《哈利波特》是本書。

所以,《哈利波特》有 ISBN 的國際碼。

邏輯學家使用一些符號來表示這兩個論證的結構:

$(x)(Fx \supset Gx)$

Fa　　　／　　Ga

具備這種結構的論證當然不止上面兩個,論證結構也不止這一種。邏輯只研究論證結構,不研究論證的實質內容,亦即不考慮其使用的符號究竟代表什麼,例如在剛剛那個推論結構中的 F、G 和 a 代表什麼。這是為什麼邏輯學之所以是一種形式科學的緣故。

演繹論證的恰當性,在邏輯學裡稱為有效性。不過,有效論證的前提並不見得都為真,有效論證的結論同樣也不見得為真。如果有效論證的所有前提實際上確實為真,邏輯學家說,這種論證具有真確性。真確論證的結論因此必定為真。從知識論來看,要使用演繹推論來獲得知識,顯然所作的推論不能僅僅是有效的,

還必須是真確的——別忘了，知識的要件之一是真理。

推論與論辯

構作論證是有用意的，其目的在於提出理由以支持或駁斥某項主張。根據葛德門的分法，在知識論意義下，依據構作論證的用意，區分「倡議型的論證建構」、「批駁型的論證建構」、「誘思型的論證建構」三種❽。

在建構倡議型論證時，結論是提出論證的人對於某項主張的陳述，其用意在於提出令人信服的理由，以促使他人在接受該理由的情形下，理性接受其主張。批駁型論證則是提出理由以反對或否認某個主張。批駁的方式則依其強度區分為「拒斥」和「削弱」兩種。拒斥型的批駁是從形式上直接指陳該論證在邏輯上是無效的，或者實質上提出相反的理由來拒斥對方的主張。削弱的批駁則或者否定對方的理由，指出其理由的不恰當；或者指出儘管對方的論證邏輯上是可以接受的，但是其前提仍不足以支持其結論❾。

最後，建構誘思型的論證其用意既不在於倡議某項論述，也不在於批駁某項主張，而只是對於某個主題藉由論證的建構來試探各種可能的立場，各種可能的理由。這種誘思的論證活動是在誘導當事人或者他人針對某個議題來進行思考而已。這樣的論證有可能進一步發展成為倡議型的論證，也有可能進一步發展成為批駁型的論證。

無論構作論證的用意是哪種，構作論證必須採用自己在知識論上可以接受的前提，藉以推論出自己在知識論上可以接受的結論。推論思考本身並不像知覺那種方式來產生信念（知識），而是藉由已被接受的信念（知識）來產生新的信念（知識）。

推論與知識

對經驗論來說，只有經驗知識，沒有先驗知識，所有知識來自於感官知覺的運作以及「理性的經驗使用」。相對地，有所謂「理性的非經驗使用」，稱為「純

---

❽　請參考 Goldman (1995)。

❾　例如循環論證邏輯上是有效的，但理性上並不恰當，不應接受。

粹（演繹）推論」，亦即這種推論所使用的前提全部都不是經驗命題。像純粹數學定理的演算、邏輯真理的證明，以及哲學思辨所進行的推論，都是純粹推論。使用純粹推論建立的知識就是先驗知識。

理性的經驗使用有下列三種方式：

㈠對於感官知覺的結果進行推論思考。例如我看到眼前那朵紅玫瑰花，我進而產生了〈眼前那朵玫瑰是紅的〉這項知識。這一部分是上一節提到的，經由知覺的運作以產生經驗知識。由於我知道任何紅的事物都是有顏色的事物，我的理性思考可以讓我進而產生〈眼前那朵玫瑰是有顏色的〉這項知識。

再例如，當外面有公車經過時，我聽到一些聲音（很難用文字描述那些聲音）。我們平常會直接說：「我聽到外面有公車經過。」這項知覺經驗使我進而知道外面有公車經過。從我聽到外面有公車經過，到我知道外面有公車經過，這中間免不了涉及推論的作用，只是這種推論的運作通常是不自覺。（這說法似乎很像上述表徵實在論的主張，不過直接實在論同樣可以接受。）

㈡歸納推論同樣也是這種「理性的經驗使用」。將我們的觀察所得作為前提，經由歸納思考就有機會找出一些歸納通則。統計學就是對於這種思考方式的數理研究。

㈢將知覺產生的信念（知識）當作前提，再進行演繹推論，也可以產生信念（知識）。由於這種推論所使用的前提至少有一件是經驗命題，這種推論稱為「不純粹（演繹）推論」。

我們常常以為演繹推論和數學推論與經驗知識無關，其實不然。演繹推論和數學推論也可以讓我們獲得經驗知識，這是由於在使用演繹推論或者數學推論時，使用了一些（至少一個）前提本身就是經驗信念（知識）的緣故。舉例來說，你知道公園旁邊那支電線桿有多高嗎？雖然直接丈量就可以知道答案，利用電線桿影子的長度以及幾何學和三角函數，同樣可以推論出它的高度。

可是這還不夠，因為所有推論都有前提。這些前提是如何來的呢？

基礎真理

歸納推論的前提追根究底都是由知覺運作產生的知識。不純粹（演繹）推論

會使用到知覺知識作為前提，所以使用這類型推論產生的知識，追根究底來說，仍然依附在知覺的運作之上。或許我們可以說，從推論的角度來看，知覺知識乃是經驗知識這種類型的基礎知識。

但是純粹演繹推論就不同了。純粹推論的前提都是被其他前提推論出來的，但追根究底，似乎我們不得不承認一定有一些前提是不再需要證明就被接受的真理。姑且將這類真理稱為「基礎真理」。這些基礎真理的知識是如何建立的呢？哲學家對於這個問題一直感到困惑。既然這些真理不是經驗真理，不是經由知覺的作用產生的（因為它們是純粹推論的前提），也不是經由推論得到的（因為它們已經是最基礎的），顯然有關它們的知識一定來自於人類其他的心智運作。哲學家主張我們人類有一種稱為「洞察」（「理性洞見」、「純粹直觀」）的認知能力，經由這種能力的運作使得我們可以建立基礎的知識。這種基礎知識因此是先驗的。基於這些先驗知識，然後再經由嚴格演繹邏輯的推論（純粹推論），就可以建立其他的先驗知識。

第四節　歸納推論

歸納推論在日常生活中使用相當頻繁，在科學研究中更是重要。歸納推論同樣具有前提和結論，前提支持結論的關係是一種機率關係。歸納推論是否恰當是由歸納的強度來決定的。如果前提支持結論的強度其機率大於 0.5，則這是強的歸納，否則就是弱的歸納。此外即使歸納論證是強的，它的前提未必都為真，它的結論也未必為真。如果強歸納的論證所有前提實際上確實都為真，邏輯學家說，這種論證具有可信度。讓我們來看看如何使用歸納推論以獲得知識。這一節介紹三種類型的歸納推論：枚舉歸納、類比推論、最佳解釋推論。

枚舉歸納

基本的歸納論證是所謂的枚舉法。假設你家附近搬來了新鄰居。你最近常常在傍晚經過他家門口時，都會聽到狗叫聲，但是其他時間則很少聽到。今天傍晚你快要經過他家門口，我想你可以預期又會聽到狗叫聲。你的預期來自於你依據最近的經驗做了歸納的推論。

第一次：你傍晚經過他家門口曾經聽到狗叫聲。

第二次：你傍晚經過他家門口曾經聽到狗叫聲。

⋮

第 n 次：你傍晚經過他家門口曾經聽到狗叫聲。

第 $n+1$ 次：你傍晚經過他家門口，

== [r]

你會聽到狗叫聲。

在雙虛線右邊寫的 [r] 表示前提支持結論的機率值，稱為「歸納機率」，意思是：在前提都為真的情形下，結論為真的機率。在歸納邏輯裡，最重要的問題就是如何理解並計算這個機率值，此處我們略過。

通常枚舉歸納法的結論也會用通則的方式來表示：每次傍晚經過他家門口時，會聽到狗叫聲。通則描述了現象與現象之間的關聯或規律。當然，你也知道並不是每次傍晚經過他家門口就一定會聽到狗叫聲。你的預期還是有可能不為真。歸納推論的機率值 [r] 就是表示即使前提都為真，結論仍有機率為假。

剛剛的例子是就同一個個體來說的。針對同一個個體 a 進行枚舉歸納的推論型態如下：

第一次觀察到個體 a 具有 F 性質，發現 a 具有 G 性質。

第二次觀察到個體 a 具有 F 性質，發現 a 具有 G 性質。

⋮

第 n 次觀察到個體 a 具有 F 性質，發現 a 具有 G 性質。

第 $n+1$ 次觀察到個體 a 具有 F 性質，

== [r]

個體 a 具有 G 性質。

或者，歸納出通則：如果個體 a 具有 F 性質，則個體 a 具有 G 性質。

枚舉歸納並不是只能用在對於同一個個體的推論，也可以對於同一類型的個體進行推論。例如昨天看到的那隻烏鴉和現在出現在眼前的這隻烏鴉雖然不是同

一隻，但都屬於「烏鴉」這一類。假設個體 a_1、a_2、$\cdots$、a_{n+1}，都屬於同一類，以下也是枚舉歸納的型態：

觀察到個體 a_1 具有 F 性質，發現 a_1 具有 G 性質。
觀察到個體 a_2 具有 F 性質，發現 a_2 具有 G 性質。

$\vdots$

觀察到個體 a_n 具有 F 性質，發現 a_n 具有 G 性質。
觀察到個體 a_{n+1} 具有 F 性質，

- [r]

個體 a_{n+1} 具有 G 性質。

或者，歸納出通則：具有 F 性質的個體都具有 G 性質。

類比推論

　　第二種歸納論證的型態也是相當常見的，在我們日常生活中有非常普遍的運用。我們常常會作一些類比，藉以發現被類比事物的一些特徵。類比論證的前提來自於被觀察到的個例之間的相似性。以下是類比論證的基本結構：

觀察到個體 a 具有 F_1 性質。觀察到個體 b 具有 F_1 性質。
觀察到個體 a 具有 F_2 性質。觀察到個體 b 具有 F_2 性質。

$\vdots$

觀察到個體 a 具有 F_n 性質。觀察到個體 b 具有 F_n 性質。
觀察到個體 a 具有 F_{n+1} 性質。

- [r]

個體 b 具有 F_{n+1} 性質。

上述個體 a 和個體 b 兩物之具有 F_1 性質、F_2 性質、$\cdots\cdots$、F_{n+1} 性質等，都是這個論證中的類比項，簡單區分為「前提類比項」與「結論類比項」。

　　既然類比推論本身是一種歸納論證，是否要接受某個類比推論，就要由類比的強度（亦即 [r] 的值）來決定。如何衡量類比的強度呢？以下是一些考量：㈠前

提類比項的數量，㈡相似點的數量，㈢前提類比項之間的相異程度，㈣前提類比項與結論類比項之間的相干性，㈤前提類比項與結論類比項之間的相異程度。

舉例來說：假設你知道莎士比亞是英國人、男性、有許多文學創作、世界聞名；羅素也是英國人、男性、有許多哲學創作、世界聞名。此外你還知道羅素得過諾貝爾文學獎。經由類比，你推論出莎士比亞得過諾貝爾文學獎。

這個類比用到的前提類比項共有四點，其中三個是相似點（英國人、男性、世界聞名），一個是不相似點（有許多文學創作、有許多哲學創作）。前提似乎過於單薄，性別與國籍跟是否有文學創作以及是否世界聞名，似乎關聯不大，也與是否獲得諾貝爾文學獎沒有太大的關聯。因此，即使這個類比的前提實際上都為真，它並不是很好的推論。

如果類比推論能夠在上述五項考量作得很好，而且所有前提實際都為真，則這種類比推論是有可能提供我們知識的。

最佳解釋推論

第三章曾經提到皮爾斯主張的真理共識論（見 p. 51），並且主張終究的、長遠達成的共識來自於最佳解釋推論的運作。最佳解釋推論是什麼呢？

每個解釋都有受解釋項以及解釋項。最佳解釋推論的基本架構如下：出現一個現象是有待解釋的。這個現象的存在使得我們推論出可用以解釋該現象的解釋項。但是可用以解釋該現象的未必只有一個（解釋項未必只有一種）。如果有競爭解釋時，就必須考量何者是最佳的。舉例來說，你的室友全身濕答答的從外面匆匆跑進來。這現象是一個受解釋項。你用「外面下雨，他淋到雨了」來解釋這個現象，儘管你並沒有看看外面有沒有在下雨。在這過程中，你在做一個推論：你觀察到他全身濕答答的，又是從外面匆匆跑進來，因此你推論「外面下雨，而且他淋到雨」來解釋這個現象。

這確實是相當合理的解釋。不過，這未必是唯一的解釋，也未必是最好的解釋。例如，你的室友剛剛被人潑了一身水，或者你的室友剛剛掉到水池裡，這些也是可用以解釋你的室友全身濕答答從外面回來的現象。如果有這幾種解釋彼此相互競爭，則我們會試圖去找最佳的解釋。當然，就這個例子來說，要確定哪個

解釋是最佳的，莫過於直接詢問你的室友。不過，不是每個需要解釋的現象都可以直接確定哪個解釋是最佳的，尤其是科學解釋、歷史解釋等，無法靠直接詢問就能決定的。因此，必須要有一個原則來決定什麼解釋才是最佳的解釋。一般來說，精簡與解釋力高是衡量的標準。所謂一項解釋有比較高的解釋力，至少是說該項解釋能解釋差異性大的現象，而且能解釋的現象種類較多。「精簡」有兩種意思：㈠理論精簡，亦即理論或者解釋的複雜程度（例如使用多少種概念、多少定律）；㈡存有論的精簡，意指該理論或該項解釋承認存在的事物多寡。不過，如何決定「精簡」以及「解釋力」，並且進一步對這兩項進行權重，在哲學界並沒有定論。這是「最佳解釋推論」的主張必須解決的難題。

再思考另一個例子。假想你正在讀書，突然聽到「碰！」的一聲。你發現窗戶破了。你從破掉的窗戶向外看，一群小孩子四處亂跑。儘管你並沒有親眼目睹他們打破窗戶，你甚至沒有發現是什麼東西打破窗戶的。你心裡想：「一定是這些小孩打破的！」其實你作了一個推論，你的推論來自於你既有的資訊：窗戶是被某物打破的，一群小孩子剛好四處亂跑，現場沒有其他人在場。你認為他們一定是心虛、不敢承擔責任，小孩子總是這樣。你之所以會這樣想，是由於你的假設：是他們打破窗戶的。你的假設既解釋了為什麼這群小孩子四處亂跑，也解釋了你的窗戶為什麼會破掉。如果就這些既有資訊來說，沒有其他更合理的解釋了，你的解釋就是最佳的解釋。簡單說，你是以尋求最佳解釋來進行推論的。

如果後來你發現打破窗戶的居然是一顆子彈，你大概會很快放棄原來的假設。畢竟小孩子擁有槍枝是很希罕的事情。你會轉而提出另外的假設：附近有人開槍。你這新的假設比起原來的假設更好！因為這假設一樣能解釋為何那群小孩子四處亂跑（他們被「碰！」的聲音嚇跑了），這假設也解釋了窗戶為何會破掉等等。

表面來看，你的推論似乎也可以理解為類比推論。如果你自己曾經有過闖禍逃跑的經驗，或者你曾經看過（或聽過）別人闖禍逃跑的現象，由於這一次的情景跟以前你的經驗相當類似，因此你可以經由類比推論而推出「這群小孩子打破窗戶」的結論。若是如此，最佳解釋推論與類比推論又有何不同呢？

最佳解釋推論與類比推論這兩種推論之間有四項重要的差異（前三項也適用在最佳解釋推論與枚舉推論之間的差異）❿：

㈠類比推論的結論不一定是一項用以解釋既有資訊的假設，但是最佳解釋推論的結論一定是用以解釋既有資訊的假設。

㈡如果前提的資訊是第一次遇到的，則類比推論不適用，但是仍然可以使用最佳解釋推論來獲得結論。以上述的例子來看，即使這是你第一次聽到「碰！」的窗戶玻璃破掉的聲音，第一次看到窗戶玻璃破掉，第一次從破掉的窗戶向外看到一群小孩子四處亂跑。你仍然可以提出「一定是這些小孩打破的！」這項假設來解釋發生的情景。

㈢許多類比推論的前提是觀察到的現象，其結論因而只能是可被觀察到的現象。但是即使最佳解釋推論的前提都是觀察到的現象，其結論所提出的假設卻未必是關涉到可觀察現象的，而可以是談到不可觀察現象的。例如，為了解釋某地區有許多植物大量枯萎，科學家提出水源遭輻射污染的假設。這個假設所提到的自然不是可觀察的事物。

㈣可用以解釋既有資訊的假設不只一項，因此對於最佳解釋推論的評估不是只有看前提所提到的相似性而已，還要看其結論所提出的假設對於既有資訊的解釋是否夠好。換句話說，最佳解釋是指幾個相競爭的假設當中最能解釋所收集資料的那項假設。

最佳解釋推論不僅在日常生活中相當常見，在科學活動中更是非常重要。一般來說，能夠提供最佳解釋的假設當然是能夠解釋現象的假設，而且這種假設簡明、涵蓋度廣（能夠涵蓋到的既有資訊數量與類型）、統合的程度高（與其他已接受的假設或理論之間相合的程度，包括相干性、邏輯關係、增強其他假設或理論的解釋力等）。然而這也正是最佳解釋推論這種歸納法的問題所在。別忘了，我們將推論視為獲得知識的一項重要來源，知識蘊涵真理。「最佳解釋」與「真」之間有何關聯呢？憑什麼肯定能提供最佳解釋的假設為真呢？這是先前解說皮爾斯共識論時就曾經提到的，這裡不再多說。

---

❿ 在當代哈曼是最早討論最佳解釋推論的哲學家。他並論證枚舉推論就是一種最佳解釋推論，參閱 Harman (1965; 1968)。

第五節　因果推論

接著要解說的是因果推論：藉由已知的因果關聯來進行推論，以此獲得知識；或者，藉由觀察，建立兩種現象之間的因果關聯。假想你曾經看過用兩根乾的木棒摩擦可以生出火來，當你看到有人用相似的乾木棒以相似的方式摩擦時，你會預期接著會生出火來。你進行的是一種因果推論。這種因果推論與演繹推論和歸納推論不同的地方，在於後兩者不一定涉及因果概念。

因果原則

在進行因果推論時，有兩條隱藏的原則：普遍因果原則以及同因同果原則❶。

⑴普遍因果原則：任何事件都有因致（因果上導致）其發生的事件。

⑵同因同果原則：相似原因會產生相似結果；相似結果出自相似原因。

根據第二條原則，如果某事件 C 的出現因致另一事件 E 的出現，則與事件 C 相似的事件若出現，就會因致與事件 E 相似的事件出現。第二條原則由於主張兩種類型的事件之間具有規律性或者關聯性，因此也稱為規律原則。

根據第一條原則，不會有事件的發生是毫無原因的。有趣的是，第一條原則並沒有提到，是否每個發生的事件都會因致其他事件的發生？抑或有些事件本身並無因果力，不會再因致任何其他事件的發生？在當代心與認知哲學的領域中，有一門學說稱為副現象論，主張人類的感質這種心理狀態就是沒有因果力的。在純粹物理世界中，似乎並沒有這種不具因果力的事物。無論如何，讓我們暫且讓普遍因果原則同時含括「每個發生的事件都會因致其他事件的發生」這主張。

在心與認知哲學的領域另外還有一條原則稱為物理因果封閉原則。

⑶物理因果封閉原則：如果原因是物理的事件，則其結果是物理的事件；

如果結果是物理的事件，則原因是物理的事件。

---

❶　本書依循當代大多數哲學家的說法，以「事件」而不是「事實」或「物體」作為因果關係所連結的事物。

按照這條原則，如果 P_3 是造成 P_2 的原因，而 P_3 是物理的，則 P_2 是物理的；接著如果 P_2 造成 P_1 的發生，則 P_1 是物理的；依此類推。簡單說，在任何一條因果鏈上，任何一個事件或現象是物理的，則這條因果鏈上的所有事件或現象都是物理的。在任何一張因果網上，任何一個事件或現象是物理的，則這張因果網上的所有事件或現象都是物理的。

當第一條原則和第三條原則共同成立時，所有發生在這世界的事件或現象都是物理的。因此，我們將無法承認會出現非物理的事件因致物理事件的情形，或者物理事件因致非物理事件的情形。即使有非物理的事物存在，它們也不會對於我們這個物理世界產生任何影響，因為它們兩者之間不會有因果關聯。

是否要接受物理因果封閉原則，不是容易決定的。畢竟一般人確實傾向於接受這條原則，尤其現代科學只要承認因果關係，都承認物理因果封閉性。然而，另一方面，我們也知道人類的心智活動與物理世界之間確實具有因果關聯。一般人也不太承認人的心智活動是一種物理現象。這個衝突並不容易解決（笛卡爾知名的心物難題就是在呈現這個衝突）。關於這個衝突的討論是當代心與認知哲學的重要課題，本書暫且擱置。大致上，在對於物理現象提出因果解釋時，我們傾向於訴諸物理現象來作為原因或者結果；在涉及人類的活動時，我們傾向於訴諸人類的心智活動來作為事情發生的原因。

剛剛提到，藉由因果推論以獲得知識有兩種型態。此處先對於「因果關聯」做一些說明，然後再繼續說明這兩種型態。

因果關聯

通常因果現象的出現並不單純是原因與結果之間的關聯，在原因出現的同時，總還必須有一組相干的背景因素。例如，要讓你手上那張紙燃燒，除了必須有點火的用具（火柴、打火機、用放大鏡將光線聚焦在紙上等等），還必須要求一些背景因素存在：那張紙必須是乾的、火柴打著後必須非常靠近那張紙、不能在真空無氧狀態下⋯⋯。這些背景因素都必須成立，才能使得「打著火柴」因致「那張紙燃燒」。在考慮「充分條件」與「必要條件」時，我們通常會預設這些背景因素是成立的❷。

　　本節一開始提到，因果推論有兩種型態，這兩種型態都與因果關聯有關。第一種型態的因果推論：藉由觀察，經推論以得知兩種現象之間的因果關聯。這種型態需要使用歸納推論、提出假設或理論說明，再考慮該接受哪個假設。第二種型態的因果推論：藉由已知的因果關聯來進行推論，以此獲得知識。假設我們已經知道 A 類型的現象與 B 類型的現象具有因果關聯。如果將原因視為結果的「充分條件」，則在我們觀察到某個已發生的現象是屬於 A 類型的，而且相干的背景因素都出現時，即可推論出某個屬於 B 類型的現象將發生（或者已經發生，但尚未觀察到）。既然前提是我們已經擁有的知識，經由推論自然可讓我們獲得知識。如果我們將原因視為結果的 「必要條件」，則在我們沒有觀察到任何屬於 A 類型的現象發生時，即使相干的背景因素都出現，可推論出沒有任何屬於 B 類型的現象發生。這種型態的因果推論顯然預設了前述的普遍因果原則以及同因同果原則。

　　前面提到有些哲學家使用「充分條件」和「必要條件」兩個概念來分析因果概念。這是屬於形上學的議題，在回答什麼是因果關係的問題。接下來我們從知識論的角度來看，如何尋找「充分條件」和「必要條件」，以力求確定兩件事情之間是否存在有因果關聯。我們介紹五種方法，源自米爾在 1853 年《邏輯體系》一書中的討論，但已經經過當代學者的一些修改：直接一致法、反向一致法、雙重一致法、差異法、同異並用法❸。

　　在解說之前，讓我們重新整理「充分條件」與「必要條件」兩個概念❹。由於我們考慮的是因果關係，因果關係一般是以「事件」作為單位，「事件」就是在某時某地某個個物發生的某個變化，例如，在某時那間教室的那塊玻璃窗被打破

---

❷　使用「充分條件」與「必要條件」來分析因果概念並不足。哲學家古德門曾經提出「伊納斯條件」 來分析因果概念。「伊納斯條件」 是 INUS 的音譯，為下列文字之縮寫：Insufficient but non-Redundant part of an Unnecessary but Sufficient Condition 。 請參閱 Goodman (1954)。

❸　請參閱 Hurley (1994), Skyrms (1986)。

❹　在哲學裡，「充分條件」（以及 「必要條件」）除了因果意義的，還有「實質充分條件」（是用初階邏輯 "⊃" 的真值表定義的）以及 「邏輯充分條件」（是用「恆真句」定義的）。此處略過。

了。底下我們以 p、q 表示對於事件的描述：

充分條件

p 是 q 的充分條件，若且唯若，p 發生時，q 發生。

根據這個定義，如果 p 確實是 q 的充分條件，當我們觀察到 p 發生的時候，我們可以推導出 q 也發生了（或者即將發生了）。然而，當我們觀察到 p 發生的時候，q 居然沒有發生，則我們可以肯定，p 不會是 q 的充分條件。此外，

(1)從我們觀察到 p 沒有發生，不能推導出 q 有發生，也不能推導出 q 沒有發生。
(2)從我們觀察到 q 有發生，不能推導出 p 有發生，也不能推導出 p 沒有發生。

第二個定義是「必要條件」：

必要條件

p 是 q 的必要條件，若且唯若，p 沒有發生時，q 沒有發生。

根據這個定義，如果 p 確實是 q 的必要條件，當我們觀察到 p 沒有發生的時候，我們可以推導出 q 也沒有發生。然而，當我們觀察到 p 沒有發生的時候，q 居然發生了，則我們可以肯定，p 不會是 q 的必要條件。此外，

(1)從我們觀察到 p 有發生，不能推導出 q 有發生，也不能推導出 q 沒有發生。
(2)從我們觀察到 q 沒有發生，不能推導出 p 沒有發生，也不能推導出 p 有發生。

第三個定義是「充要條件」：

充要條件

p 是 q 的充要條件，若且唯若，p 既是 q 的充分條件，也是 q 的必要條件。

依據這個定義，當 p 是 q 的充要條件時，q 也是 p 的充要條件。所以，當我們觀察到兩者有一個發生時，可以推導出另一個也發生；當我們觀察到兩者有一個沒有發生時，可以推導出另一個也沒有發生。

其實使用「充分條件」和「必要條件」這兩個概念是不足以決定 p 和 q 之間一定存在有因果關係的。所謂的共同因原則描述了最典型的情形：p 和 q 之間彼此沒有因果關係，但它們是由同一個原因 r 造成的。此時，有兩種可能情形需要考量：

㈠ r 是 p 的充分條件，而且 r 是 q 的充分條件。假設我們觀察到 r 發生了。在這情形下，當我們觀察到 p 發生時，可以推導出 q 發生了；當我們觀察到 q 發生時，可以推導出 p 發生了。但這不表示 p 和 q 兩者之間有因果關聯，也不表示 p 是 q 的充分條件，也不表示 q 是 p 的充分條件。

㈡ r 是 p 的必要條件，而且 r 是 q 的必要條件。假設我們觀察到 r 沒有發生。在這情形下，當我們觀察到 p 沒有發生時，可以推導出 q 沒有發生；當我們觀察到 q 沒有發生時，可以推導出 p 沒有發生。但同樣地，這不表示 p 和 q 兩者之間有因果關聯，也不表示 p 是 q 的必要條件，也不表示 q 是 p 的必要條件。

接下來我們可以來看看米爾五法了。為了方便討論，我們以 T 表示目標事件，A、B、C、D…表示被考慮的事件，以 "+" 表示該事件有發生，"–" 表示該事件沒有發生。使用這些方法的目的在於從 A、B、C、D…當中，找出跟 E 有關的充分條件或者必要條件，或者充要條件。

直接一致法

這個方法的目的是為了尋找 T 的必要條件的。為了尋找 T 的必要條件，我們考慮的場景必須是 T 有發生的情形。假設以下是觀察某個場景的紀錄，一共觀察了五次：

如何尋找 T 的必要條件呢？我們使用消去法：將不是必要條件的事件消去後，剩下的就最有可能是 T 的必要條件了。所以，我們要思考的問題是：哪些不是 T 的必要條件呢？我們發現在第一次觀察裡，C 沒發生，但 T 有發生。所以，C 不滿足「必要條件」的定義。我們可將 C 排除。同樣地，F 沒有發生，但 T 有發生。所以，F 也不

觀察	被考慮的事件							目標
	A	B	C	D	E	F	G	T
1	+	+	−	+	+	−	+	+
2	+	+	+	−	+	+	−	+
3	+	+	+	+	+	−	+	+
4	−	+	+	+	+	−	+	+
5	+	+	−	+	+	+	−	+

滿足「必要條件」的定義。我們可將 F 排除。我們用相同的方式來考慮接下來幾次的觀察，發現在第二次觀察中，可以將 D 和 G 排除；在第三次觀察中，可以將 E 排除；在第四次觀察中，可以將 A 和 F 排除；在第五次觀察中，可以將 C 和 G 排除。因此，最後沒有被排除的 B 是我們要尋找的必要條件。

請讀者留意：到目前為止，我們只能推斷 B 是最有可能成為 T 的必要條件。這是因為目前為止我們只有收集五次的觀察紀錄而已，如果再繼續收集觀察紀錄，或許會將 B 排除，或許發現其他新的事件。

反向一致法

這個方法的目的是為了尋找 T 的充分條件的。為了尋找 T 的充分條件，我們考慮的場景必須是 T 沒有發生的情形。假設以下是觀察某個場景的紀錄，一共觀察了五次：

觀察	被考慮的事件								目標
	A	B	C	D	E	F	G	H	T
1	−	−	−	+	−	+	−		−
2	+	−	−	−	+	−	−		−
3	−	+	−	−	−	+	−		−
4	+	−	−	+	−	−	−		−
5	−	−	+	−	−	−	+		−

如何尋找 T 的充分條件呢？我們同樣使用消去法：將不是充分條件的事件消去後，剩下的就最有可能是 T 的充分條件了。所以，我們要思考的問題是：哪些不是 T 的充分條件呢？我們發現在第一次觀察裡，E 有發生，但 T 並沒有發生。所以，依據「充分條件」的定義，E 不會是 T 的充分條件，我們可將 E 排除。同樣地，我們也可將 G 排除。在接下來的四次觀察中，我們依據定義，可以陸續將 A 和 F（第二次觀察）、B 和 G（第三次觀察）、A 和 E（第四次觀察）、D 和 H（第五次觀察），都加以排除。因此，我們推斷 C 最有可能是 T

的充分條件。

雙重一致法

　　這個方法就是同時使用直接一致法以及反向一致法，目的是為了尋找 T 的充要條件。假設下表是觀察某個場景的紀錄，一共觀察了九次。

觀察	被考慮的事件								目標
	A	B	C	D	E	F	G	H	T
1	−	+	−	+	+	+	+	−	+
2	+	+	+	+	−	+	−	−	+
3	−	+	−	+	+	+	+	−	+
4	+	+	+	+	+	+	−	−	+
5	−	−	−	+	−	−	−	+	−
6	+	−	−	−	−	−	−	+	−
7	−	+	−	−	−	−	+	+	−
8	+	−	+	−	+	−	−	+	−
9	−	−	−	−	−	+	−	+	−

　　尋找 T 的充要條件的方法，是先找出所有可能是 T 的必要條件的事件，再從這些事件中找出最有可能是 T 的充分條件的事件。所以，我們先考慮 T 有發生的那些觀察，也就是第一次觀察到第四次觀察。依據「必要條件」的定義，在這四次觀察中，我們排除了 A、C、H（第一次觀察），排除了 E、G、H（第二次觀察），排除了 A、C、H（第三次觀察），排除了 G、H（第四次觀察）。接著我們從剩下的 B、D 和 F 繼續考慮，哪一個最有可能是 T 的充分條件。考慮第五次觀察到第九次觀察之後，我們排除了 B 和 F。總結以上九次觀察，我們最後可以推斷 D 最有可能是 T 的充要條件。

差異法

　　當我們發現找到了好幾個事件都可以作為 T 的充分條件時，我們如何進一步挑選最有可能的充分條件呢？差異法的目的即在於此。假設以下是觀察某個場景的紀錄，而且我們已經確定 A 到 G 這七個事件都是 T 的可能的充分條件。於是我們繼續觀察兩次：

觀察	被考慮的事件							目標
	A	B	C	D	E	F	G	T
0	+	+	+	+	+	+	+	+
1	+	−	+	−	−	+	+	−
2	+	+	−	+	−	+	+	−

「觀察 0」的意思是說，我們已經發現從 A 到 G 這七個事件都已經認定是 T 的充分條件。因此，在這情形下，我們得做進一步的觀察，希望能篩選出最有可能的充分條件。我們發現，在第一次觀察是 T 沒有發生的狀況，同時也發現 B、D、

E 沒有發生，但其他四個事件都有發生。根據「充分條件」的定義，我們可以排除其他四個事件。接著針對 B、D、E，在第二次觀察，T 沒有發生的情形下，發現 B 和 D 是有發生的。依據「充分條件」的定義，我們排除 B 和 D，因而推斷 E 是 T 最有可能的充分條件。

同異並用法

這是同時使用直接一致法以及差異法的一種方法，目的在於從已知的幾個可能事件中，進一步尋找 T 的充要條件。

「觀察 0」的意思是說，我們已經發現 A 到 G 這七個事件目前為止是 T 可能的充要條件，我們需要做進一步的觀察，以找出 T 最可能的充要條

觀察	被考慮的事件							目標
	A	B	C	D	E	F	G	T
0	+	+	+	+	+	+	+	+
	−	−	−	−	−	−	−	−
1	−	+	−	+	−	−	+	+
2	+	+	+	+	+	+	−	−

件。我們先使用直接一致法，在第一次觀察中，我們排除了 A、C、E、F，這些事件不會是 T 的必要條件。接著我們針對 B、D、G 使用差異法，來尋求 T 的充分條件。在第二次觀察中，我們排除了 B 和 D。因此，我們可以推斷出，G 是 T 最可能的充要條件。

第六節　證　詞

「證詞」是指透過別人而獲得的知識。最典型的證詞當然莫過於法院傳喚證人，藉由他的證詞以瞭解實情了。哲學家所說的「證詞」意思更廣一些。凡是透過別人而得到的知識，都是透過證詞而得到的知識。令人不解的是哲學界長期以來對於「證詞」一直沒有太多的研究。我們有太多的知識來自於他人。從父母、親朋好友、學校教師、上課課本，到電視報導、網路資訊等，處處都是經由他人之手而獲得信念（或知識）的。這麼重要的信念來源為什麼直到最近才引起重視呢？其中最大的關鍵在於傳統對於知識的研究都著重在認知主體本身的認知能力與思維方法，鮮少注意到他人對於認知主體的影響。這個趨勢一直到了當代社會知識論的興起，才有了改變。

　　證詞是我們獲得關於遠方知識以及過去知識的重要方式。運用證詞使得我們不必事事依賴自己的五官知覺。我們如何透過別人來獲得知識呢？最直接的方式當然就是對方親口告訴我們。當然，別人不一定用說的，也可以用寫的，不一定要當面告訴你，也可以事先錄音好再播放給你聽。我們之所以能有歷史知識，知道許多過去曾經發生的人和事，一個重要的因素就是古人留下了文字紀錄。由於現代科技發達，將來的人要知道現代的人以及發生的事情，所依靠的就不只是文字紀錄，還包括我們使用錄音帶、錄影帶、相機、錄影機、光碟等科技產品，所留下的語言、文字和影像紀錄。

專　家

　　在各種證詞的來源當中，專家的說詞大概是最受到重視的。訴諸適當專家權威是一種獲得知識的可靠方法。事實上，除了知覺之外，適當的專家權威大概是我們依賴最深的知識來源，我們有太多的知識是靠著專家權威而獲得的。所謂專家是指在某個知識領域具有專業素養的人，專家具備那個領域的專業知識，並且有能力在那個領域進行研究。專家就是某個知識領域的權威。當然，有可能同一個人具備兩個以上知識領域的專業素養。

　　在哲學方法論上有所謂「訴諸專家權威之論證」；在非形式邏輯中有所謂「訴諸不當權威的謬誤」，兩者不可混淆。前者是指所訴諸的專家確實具有相干的、適當的知識；後者是指所訴諸的專家並不具備相干知識的專業。如果所引用的專家證詞其知識領域不適當，則這種論證是失敗的。其實許多人的專家身分不是來自於他具備相關領域的知識，而是來自於他的財富、身分、宗教、政治社會地位或關係。尤有甚者，某些人之被認為是「專家」只是來自於新聞媒體的炒作，甚至僅僅是自己號稱自己具備某些領域的知識。訴諸這些假專家來建立主張，當然是謬誤的，更不會讓我們獲得知識。

　　訴諸專家權威以建立某項主張，是一種歸納論證。只要所引用的專家是適當知識領域的，以他的證詞來建立主張是恰當的。關於「訴諸專家權威之論證」有三個問題必須處理：㈠訴諸專家權威的作法適當與否如何決定？㈡如何認定專家？誰是具有某個知識領域專業素養的權威？㈢為什麼訴諸適當專家權威在方法論上

是恰當的？

　　第一個問題不難回答。專家權威的適當與否必須從知識領域的相干性來評斷。如果某人現在追求的是生物學領域的知識，則訴諸生物學家是適當的。非形式邏輯所謂的「訴諸不當權威的謬誤」，顧名思義是在追求知識的過程中採行了不恰當的權威作為提供知識的來源。這種不恰當方式有兩種。第一種方式是：所訴諸的權威不是知識意義的，而是政治、宗教、社會、經濟意義的權威。例如，以總統之尊指導博士研究生做論文，就是訴諸不當的權威。第二種方式是：所訴諸的權威雖然是知識意義的，但卻不是相干知識領域的專家。例如諾貝爾化學獎得主所發表的經濟學學說，就屬於這種型態。不過這裡有一點必須釐清：有可能同一個人既是總統，也是某個知識領域的專家；也有可能同一個人是兩個以上知識領域的專家，例如既是化學的專家也是經濟學的專家。這裡所謂「訴諸不當權威的謬誤」指的僅僅是：不具備某個知識領域的人對於該知識領域的主張並不是可靠的知識來源，如果訴諸這類人的權威來決定知識，是謬誤的作法。

　　至於第二個問題，誰來決定誰是某個知識領域的專家呢？這確實是一個相當棘手的問題。哲學家布朗指出，我們只能訴諸現存已知的專家來決定誰是專家❶。這個說法其實面臨一個問題：我們要如何決定誰是現存已知的專家？擴大來看，其實我們面臨的是一個兩難：如果是由他人來決定誰才是專家，則我要如何決定他人對於某人是不是專家的認定是可以接受的？除非我知道被認定為專家的某人確實是專家，或者我知道他人對於誰是專家的評定是可靠的，否則我要如何才能接受他人之決定某人是專家？如果由我自己來決定，則如果我不具備某知識領域的專業素養，我要如何決定在該知識領域中誰是專家？

　　舉例來說，假設老張認為老王是邏輯學的專家。我要如何確定老張的說法是可以接受的？初步的答案：我自己知道老王是邏輯學的專家。若如此，我不需要靠老張提供我意見。但是我如何知道老王是邏輯學的專家呢？除非我自己也是邏輯學專家，否則我只好訴諸邏輯學專家的意見來決定老王是不是邏輯學的專家。所以，除非我對某個知識領域具備專業素養，否則我勢必要依賴他人來決定某人是該知識領域的專家。但是我怎麼知道我所依賴的他人本身是可靠的，夠資格告

❶　請參閱 Brown (1990: 146–149)。

訴我誰是專家呢？我怎麼知道老張或者任何人對於誰是專家的判斷是可靠的呢？

對於誰來決定誰是某個知識領域專家的問題似乎是無解的。畢竟，除非我自己是所有知識領域的專家，否則我勢必要依賴他人的評定來決定誰是專家。然而如果我自己是所有知識領域的專家，我不再需要使用訴諸專家權威之論證來獲得知識。但是，如果我對於某些知識領域是門外漢，則我要如何選擇依賴什麼人的判斷呢？

幸好，這個問題雖然沒有理論的解決，在實務上並沒有太大的障礙。靠著現有的學術分工、研究機構的成立，以及大學教育的實施和學位的頒授等，現有的體制可以協助認定誰是專家。「學術界」雖然是籠統而抽象的概念，哪些知識領域已經被公認為具備學術專業性是既存的現象。基於這些現象，在該學術社群中被認定的研究人員就是該知識領域的專家。

至於第三個問題，為什麼訴諸適當專家權威在方法論上是恰當的，倒是比較容易回答。權威的存在是由於在任何社會裡，不論哪一個知識領域，總是有一些人在該領域的知識比起其他人要豐富得多❶❻。另外，在當代知識論的研究中，有所謂「可靠論」，主張知識的成立條件之一是：它是由可靠的認知機制或方法所產生的。所以只要所訴諸的專家權威確實具備該相干知識領域的專業素養，則該專家權威是提供知識的恰當管道❶❼。

同儕評鑑

在學術界甚受重視的一項制度是所謂的同儕評鑑。（此處的「同儕」不是在同一單位一起共事的人，而是指相關專業領域的專業人士。）從知識論的角度來看，儘管專家是具有該領域知識的人，畢竟人是會犯錯的，在藉由專家以獲得知識的過程中，我們同時必須力求避免錯誤。同儕評鑑的制度就是希望藉由同儕的檢視，可以減少錯誤。尤其沒有人同時是許多領域的專家，藉由相關專業領域其他專家的協助，不僅有助於減少錯誤，避免個人狹隘視野所造成的限制，更有助於知識

---

❶❻　請參閱 Cleife (1976: 129)。

❶❼　當然，對於這個問題不一定要從可靠論來回答。任何知識理論都承認適當專家是知識的重要來源。

的拓展。

　　同儕評鑑的另一項特徵是避免所謂的「近親繁殖」。接受相似專業養成過程的學者往往同質性極高，形成研究的盲點，對於相異的發展或者視而不見，或者刻意排除，或者無法欣賞其獨特的貢獻。同儕評鑑往往可帶來外在的衝擊，以降低同質性所造成的集體狹隘的視野。這對於學術研究的突破往往有巨大的影響。

　　當然，同儕評鑑並不是沒有知識論上的問題的。對於「相關專業領域專家」的認定本身就受到既定成見的左右。這問題與「誰來決定誰是專家」的問題頗為類似。一群同質性極高的學者往往難以認同相異性極高的學者能成為他們的同儕。因而同儕的選擇可能仍然會受到其同質性的高低的影響。這或許是另一項無解的難題。

─────────────────────────●　重點回顧　●───────

- 理性論 rationalism
- 經驗論 empiricism
- 洛克 Locke, John (1632–1704)
- 柏克萊 Berkeley, George (1685–1753)
- 休姆 Hume, David (1711–1776)
- 史賓諾沙 Spinoza, Benedict (1632–1677)
- 萊布尼茲 Leibniz, Gottfried Wilhelm (1646–1716)
- 理性洞見 rational insight
- 證詞 testimony
- 感覺轉換器 sensory transducer
- 輸入分析器 input analyzer
- 感覺 sensation
- 知覺 perception
- 模組性 modularity
- 資訊膠封 informational encapsulation

· 論域特定性 domain specificity

· 認知之不可穿透性 cognitive impenetrability

· 表象 appearance

· 雷德 Reid, Thomas (1710–1796)

· 莫爾 Moore, George Edward (1873–1958)

· 有效性 validity

· 真確性 soundness

· 可信度 cogency

· 枚舉歸納 enumerative induction

· 通則 generalization

· 關聯 correlation

· 類比項 analogates

· 受解釋項 explanandum

· 解釋項 explanans

· 精簡 parsimony

· 普遍因果原則 principle of universal causality

· 同因同果原則 like cause, like effect principle

· 因致 cause

· 規律原則 regularity principle

· 感質 qualia

· 物理因果封閉原則 principle of physical causal closure

· 心物難題 mind-body problem

· 共同因原則 principle of common cause

· 同儕評鑑 peer review

第六章 識知證立的性質

　　由於當代知識論的重點放在對於「識知證立」的研究，本書稍後會針對幾門主要的學說，進行比較深入的解說。本章先觀察識知證立的一些基本特徵以及相關的區別。這些特徵包括識知證立的真理傳導性、相對性、程度性、以及識知證立的可廢止性。本章所介紹的區分則包括：㈠識知證立的「第一人稱」與「第三人稱」之別，以及㈡擁有證立與展現證立之區別。對於這些特徵與區別的瞭解，有助於稍後掌握有關識知證立的幾個重要的哲學立場。本章最後將介紹有關識知證立的內在論與外在論之爭。

第一節　識知證立的特徵

　　識知證立有一些重要的特徵：證立的真理傳導性、證立的相對性與索引性、證立的程度性，以及證立的可廢止性。底下逐一解說。

證立的真理傳導性

　　所謂「證立」基本上是指提出理由或證據以支持某個主張。「證立」這概念的用法很廣，像是道德證立、法律證立、實用證立、宗教證立等等。道德證立是指跟道德規範和道德原則等相關的理由，用來支持某項判斷乃至於某件行為是不是合乎道德的。法律證立是跟法律規範和法學原理相關的；是指用來支持行為是不是合法的理由，或者考慮某項法律主張或法律判決是不是合乎法理。與知識有關的「證立」概念，亦即知識論所討論的「證立」概念，稱為「識知證立」。一般來說，我們所持的理由或證據稱為「證立項」❶。

---

❶　不同的理論對於什麼是證立項會有不同的主張。請參後面幾章介紹的證立理論。

　　在第二章曾經提到，信念不是自主的。如果你看到桌上有本書，你不由自主的會相信桌上有本書。在看到桌上有本書的時候，我們沒有辦法決定不去相信。相信與否不能單單憑個人意願來決定的。幸好，人雖然不能單憑一己之願自行決定要相信或不相信一件事，人的信念在接受某些理由、獲得某些證據之後，是可以改變的──不論這些理由和證據是好的還是不好的。基於某些理由和證據，我們會相信一些事情；基於某些理由和證據，我們會不再相信一些事情。「識知證立」跟其他類型的證立有一項基本的差異：「識知證立」只跟信念或判斷本身的真假，以及能不能促使該信念成為知識有關；「識知證立」的基本特質就是它具有「真理傳導性」，這是它與其他種類「證立」的最基本差異。如果某件事為真，則你的證立項應該妥適到足以讓你相信那件事為真。一旦證立項確實是妥適的，則基於它的真理傳導性，會使得我們相信的都是真的。

　　很不巧的，這只是理想狀況而已。儘管識知證立與其他類型的證立最大的差異在於其具有真理傳導性，並不會因而使得我們相信的都為真。一個簡單的理由是：我們不是全知全能的，我們不是不會犯錯的。既然人是會犯錯的動物，不可避免的，人會相信一些為假的事情，人也會不相信一些真實的事情。另一個比較複雜的理由來自於傳統知識論不可避免的困局。

　　從知識的傳統三要件分析來看，假設認知主體已經相信 p，則知識不成立的情形主要有三種（請回顧第二章關於蓋提爾難題的說明）：㈠真要件沒有滿足，但證立要件是滿足的；也就是說，認知主體相信命題 p，而且他的信念是有理由或證據支持的，但是 p 為假。自古至今，許多冤案，不論是被構陷的，還是無意造成的，屬於這類情形。自古至今許多自信滿滿但卻是錯誤的主張也是這種情形。㈡只有真要件滿足，證立要件並沒有滿足；也就是說，p 為真，但認知主體關於 p 的信念並沒有妥適的證立。㈢真要件和證立要件都沒有滿足。不僅 p 為假，而且認知主體關於 p 的信念並沒有妥適的證立。在這三種情形中，第一種是最特殊的。怎麼會有某件事 p 為假，可是卻有人不但相信 p，而且對於 p 的信念是有證立的、是有充足的理由或證據來加以支持的？

　　以上三種狀況都是傳統的知識三要件分析在理論上無法避免的。傳統的學說將「證立」和「真理」當作是分開的、可獨立的要件。因此傳統理論不得不承認

上述三種狀況是有可能發生的。這是傳統知識論的困局，並迫使我們必須進一步思考，如何使「證立」和「真理」之間具有緊密的關聯？換個方式來說，什麼樣的證立項以及什麼樣的性質，才使得「證立」能真正做到傳導真理呢？當代幾種識知證立理論都是在探討這項課題。

證立的相對性與索引性

識知證立具有兩項特徵性：主體相對性以及時間索引性。簡單說，同樣的信念可能在老王的情況是有證立的，在老張的情況卻是缺乏證立的。這是所謂的證立具有主體相對性。不但如此，對同樣的認知主體來說，同樣的信念可能在較早的時候不具有證立，但是在較晚的時候卻獲得了證立，這是證立的時間索引性。

舉例來說，老張相信老王今天在某大學演講邏輯，老陳也相信老王今天在某大學演講。但是老張的信念是具有證立的，因為他不只看到宣傳海報，還見到老王走進該大學的演講廳。老陳之相信老王今天在該大學演講卻只是出自他一時的猜想。老陳的信念並沒有任何證立。所以，同樣的信念在老張的情形裡是有證立的，在老陳的情形裡卻沒有證立。這是證立所具有的主體相對性。

另一方面，假設老陳的朋友跟他說了老王演講的事，因為他的朋友也看到了海報，也看到了老王走進演講廳，那麼老陳原先關於老王今天在該大學演講的信念，就從沒有證立變成具有證立了。這是證立所具有的時間索引性。

如果我們接受傳統對於知識論的基調，同意識知證立是構成知識的一項要件，由於識知證立具有主體相對性與時間索引性，知識也同樣會具有主體相對性與時間索引性。（這是為什麼在分析「知識」時，總要註明認知主體 S 以及時間 t。）其實這個道理也很簡單。我們當然會承認同樣的事情有些人知道，有些人不知道（知識的主體相對性）；我們當然也會承認有些事情以前不知道，但是現在知道了（知識的時間索引性）。請讀者留意：知識之具有這兩項特徵，並不意味著知識是主觀的。對於相同的事情 p，不可能你知道 p 為真，我知道 p 為假，而兩種立場可以並存。換句話說，如果出現你知道 p 為真，我知道 p 為假的情形，我們兩人一定有一個是錯誤的。不但如此，儘管識知證立以及知識都具有主體相對性，並不表示真理也具有主體相對性。從識知證立（以及知識）之具有主體相對性，既

推論不出真理是相對於主體的，也推論不出真理不是相對於主體的。

證立的程度性

識知證立是具有程度的，同樣的信念可以具有不同程度的識知證立。知識論學界所關心的是，識知證立要到達什麼程度才足以構成知識。

識知證立的程度性必須跟識知證立的相對性配合來說明。同樣的信念雖然在兩個不同的認知主體老王和老張都具有識知證立，有可能老王持有的證立較強，老張持有的證立較弱。對同一個主體來說，也有可能同樣的信念在較早的時候，具有較弱的證立，但是在較晚的時候，卻有較強的證立；當然也有可能同樣的信念在較早的時候，具有較強的證立，但是在較晚的時候，卻反而有較弱的證立。

這些道理也都不難明白。還是舉剛剛的例子來說明。老張相信老王今天在某大學演講。用以證立這個信念的，包括老張看到演講的宣傳海報，老張的朋友跟老王很熟，還會去接老王到該大學，老張甚至在該大學校園看見老王等等。相對地，老陳也相信老王今天在該大學演講。不過，用以證立老陳信念的，只是老陳的朋友在半個月前曾經在該大學校園的看板無意中看過海報，在今天他跟老陳聊天的時候，憑著模糊的記憶，提到了似乎有這樣的一件事情。顯然，對於同樣的信念，老張具有的證立遠比老陳具有的證立要強。再設想老陳後來遇到許多人，他們都在談論老王即將演講的事，甚至老陳也在校園看到老王剛下車，準備走進演講廳。這時候老陳的信念所具有的證立就由弱變強了。

知識論對於「證立」必須考慮的重要問題就是：信念的證立必須強到什麼程度，才足以使得該信念構成為知識。至於為什麼有可能同樣的信念在較早的時候，具有較強的證立，但是在較晚的時候，卻反而有較弱的證立，這就涉及證立所具有的可廢止性。

證立的可廢止性

識知證立所具有的另一項性質是：任何一個信念所具有的識知證立是可被廢止的，或者可被損壞的。再回到上面的例子來說明。老張相信老王今天在某大學演講。用以證立這個信念的包括：老張相信他在某大學看到老王演講的海報，老

張看到老王下車然後走進演講廳。這些為老張的信念提供了相當的證立。但是這個信念的證立是可被廢止的、可被其他理由或證據加以損壞的。例如，老張一直錯將老周當成是老王，所以他誤以為他在某大學看到的是老王，但其實他看到的是老周。因此，老張原本具有的證立被廢止、被損壞了。或者換另一個假想：老張當天晚上看新聞報導的時候，發現老王早就已經離開臺灣一個多月了，老王正準備當晚從美國紐約搭機，預計明天飛抵日本。因此，老張當天看到的人不會是老王。此時老張原先具有的證立就被廢止、被損壞了。

請讀者留意：請不要誤以為證立之具有可廢止性，只侷限在對於經驗命題的信念。如果所相信的是必真的命題，證立就不具有可廢止性了嗎？這是對於可廢止性的錯誤想法。因為即使認知主體相信的是必真的命題，他之所以相信該命題的理由卻不一定是必真的命題。舉例來說，老張相信兩平行線的內錯角是相等的，他之所以相信該命題是由於他在補習班的傳單上讀到的。但是他的這個理由當然是可被廢止的，例如，那一張補習班的傳單實際上印出來的命題是：「兩平行線的同位角是相等的。」不過由於老張看到的那張傳單上剛好在「同位角」那幾個字相當模糊，導致老張在看那張傳單的時候，誤將該命題看成「兩平行線的內錯角是相等的」。雖然老張相信的是必真命題，用以證立其信念的理由卻不是恰當的。

第二節　識知證立的爭議

上一節提到了「識知證立」的幾個特徵，一般來說，是沒有爭議的。本節討論另外幾個「識知證立」的性質，在哲學界則有一些爭議。這些爭議包括區別所謂「第一人稱的證立」以及「第三人稱的證立」（「證立」的觀點性問題）❷，區別「擁有證立」與「展現證立」，以及「識知證立」是否具有規範性的問題。至於另外一項重大的爭議，「識知證立」的內在論與外在論之爭，則留待下一節說明。

證立的觀點性

「證立」具有觀點性嗎？哲學界一般的說法是區分「第一人稱的識知證立」

---

❷　請參閱 Lehrer (2000) 以及 Foley (1987)。

以及「第三人稱的識知證立」。在探討認知主體的某個信念是不是證立時，究竟是從該主體自身的觀點，來看他自己的信念是不是證立的，還是從他者的觀點？不過，本書引用佛利的說法，對於「觀點」做更細的區分：自我中心觀點（第一人稱觀點）、他者觀點（第三人稱觀點）、社會中心觀點、博學旁觀者觀點，以考慮「識知證立」的觀點性❸。

　　「自我中心觀點」是指認知主體自己的觀點，即一般所謂的「第一人稱識知證立」。認知主體的信念是否滿足證立要件，純粹是從他自己的角度來看。不但如此，當我們實際對於某個人的某個信念進行評估時，也是從當事者自己在當時所擁有的理由和證據來決定的。

　　這個立場並不恰當。畢竟「證立」是知識的一項要件，如果認知主體自己認為所持的理由或證據足以使得他相信某件事 p 為真，自然會使得他認定自己擁有關於 p 的知識，進而宣稱他擁有關於 p 的知識。可惜的是，正如第一章指出的，「擁有知識」與「宣稱擁有知識」是不同的。人有誤判的時候，宣稱自己擁有知識並不因此表示自己真的擁有知識。因此，對於「證立」採取自我中心觀點並不是恰當的立場。

　　「他者觀點」意指當事人以外的第三人的觀點，或稱「評估者（賦予者）」的觀點。主體的信念是不是有證立的，是從評估者的標準來看的。例如，老張未必清楚他自己的推論是非常可靠的，但是老王相當清楚。若是如此，老張經由其推論而產生的信念，從老王的角度來評估，是有證立的。用知識論學者的話來說，老王賦予老張的信念「證立」這個性質。

　　他者觀點似乎也有問題。如果第三人本身的判斷是有問題的呢？有很多的「他者」，究竟哪一個「他者」的評估才是可接受的呢？「他者」的評估依據的是什麼原則呢？他者的原則為何不能成為當事人自己的原則？若有可能，他者觀點似乎可以化約到自我中心觀點。這是頗值得爭議的。

　　「社會中心觀點」是指認知主體所處社群的觀點。認知主體的信念是否滿足證立要件，要從他所處社群共同接受的原則來看。如果社群共同接受的原則認為

---

❸　本書此處援引的是佛利在考量識知理性時，對於「觀點」的探討，第十四章會有更多的解說。請參閱 Foley (1987) 以及彭孟堯 (2006)。

如此的理由或證據足以證立一項信念，則如果認知主體確實擁有那些理由和證據，他的信念就是有證立的。

採取這種觀點會出現一種情形：認知主體認為他自己的信念是有證立的，但依據社群共同接受的原則，他的信念卻是沒有證立的。

這個立場也有令人質疑之處。依據社群的原則所認定的理由和證據，並不能保障認知主體相信的事情為真。社會集體的無知與盲目充斥著整個人類的歷史。若是如此，究竟主體的信念是不是有證立的，從社群觀點來決定並不恰當。

「博學旁觀者」是一個哲學用語。假設某人相信 p。「博學旁觀者」意指瞭解所有會與 p 相干的各種正反面理由和證據有哪些，及其支持 p 的強度如何的人。這個人或許正好是認知主體自己，或許是某個真實存在的個體所提出的一套想法，或許根本不會有這種人存在。其實，是否有這樣的人不是重點。「博學旁觀者的觀點」一詞只是個縮寫，用以表示主體的信念只有在所有相干的理由和證據都支持之下，才是有證立的。所以嚴格來說，「博學旁觀者的觀點」並不是一個觀點。就人類知性活動之求真與除錯目的來說，如果我們人類真的擁有知識，我們的信念自然是滿足證立要件的，因此，我們的某些信念確實是能夠具有相干的理由和證據來支持的。

此處必須提出一點請讀者留意。不論是哪一個主張，皆會面臨一個關鍵問題：如何決定哪些理由和證據是相干的，似乎不是一個能夠解決的理論難題。美國西南部（主要是新墨西哥州）有一處遺跡，顯示該地曾經出現過有相當文明發展的部族，但是卻因為某種緣故，這個文明消失了。科學家的研究認為那是由於當時發生過大乾旱，使得這個部落遷移到別的地方，因而留下了這些遺跡。你能想像這件事跟太陽黑子有關嗎？你能想像這跟海洋有關嗎？你能想像這跟鐘乳石洞中的石筍有關嗎❹？

根據科學家目前提出的一項理論，太陽黑子活動的週期是十一年，並會在短暫時間釋放出相當多的能量。由於時間短暫，不會對於地球的氣候產生立即的重大影響。但是，這些能量卻被海洋吸收了，經由多次這種過程，海洋累積的能量

---

❹　山洞的水在向下滲出時，水中的碳酸氫鈣分解，生成碳酸鈣而沈澱，在洞頂向下累積的形成鐘乳石，在地面累積的就形成石筍。

釋放出來之後，才改變了地球的氣候，造成了大乾旱。科學家的證據是什麼呢？近年新發展的一門科學領域，稱為「古代氣候學」（研究古代氣候的變化），提供了相當令人信服的證據。要瞭解氣候變遷與太陽黑子活動之間的關聯，必須要累積足夠的氣候變化的資料。但是人類對於氣候變遷的紀錄在二十世紀才比較詳細而有系統。古代根本沒有氣象局，如何會有氣候變化的紀錄？科學家的作法是從石筍的年輪找答案。接下來科學家怎麼說，有興趣的讀者請自行瞭解。這裡介紹這個例子的用意在於：哪些理由和證據是相干的，不是一個容易回答的問題。事實上，如何說明相干性，一直困擾著哲學界（以及人工智能界），迄今仍然沒有令人滿意的理論。

證立的規範性

　　倫理學談人類行為的規範性，知識論則談識知證立的規範性。絕大多數知識論學者同意「識知證立」是具有規範性的，就連著名的外在論擁護者葛德門也不例外。二十世紀中期的哲學界就已經引進倫理學的觀念來討論一些知識論的問題。此處借用葛德門的說法，分別從兩個方面來理解「規範性」：約制的與非約制的，以及義務的與評價的 ❺。

　　第一個面向所說的「約制」，指的是刻意採取並遵循一套證立規則，藉以決定哪些證立標準是可以接受的，哪些是不恰當的。由於這涉及到葛德門自己建立的一套關於「識知證立」的後設理論，本書不多談。

　　就第二個面向來說，「評價的」係指使用「好的／不好的」來說一件事情的規範性質。如果主體之所以相信某件事，是基於他已擁有的理由或證據，則他的信念在知性上是好的；如果他並不是以如此方式相信某件事，則他的信念在知性上是不好的。

　　「義務的」係指使用「應該／不應該」這組概念，或者「對／錯」這組概念，來主張一件事情。對的事情就是應該的事情，錯的事情就是不應該的事情。

　　所謂一件事情是應該的，是指不作那件事乃是可譴責的；同樣的，所謂一件事情是不應該作的，亦即應該不去作的，是指作那件事情是可譴責的。就知識論

❺　請參閱 Goldman (1986) 第一章。

來說，如果認知主體對於某件事情具有理由或證據時，則他應該相信那件事，否則他就是知性上可譴責的。同樣的，如果主體關於某件事沒有理由或證據時，則他不應該相信那件事，否則他是知性上可譴責的。從這個面向來看，認知主體具有知性上的一項義務：對於任何一件事情，應該要盡力確定各種正反面的理由，盡力找出各種正反面的證據，經過權衡之後，再來考慮是否應該相信那件事，否則他就是知性上可譴責的。

　　證立的規範性與其觀點性有密切的關聯。假設老王相信他家樓上新搬來的鄰居老張是在修車廠做事的，他之所以有此信念是由於樓下鄰居說的。但是，那個鄰居其實是個喜歡隨口胡說的人，根本就不值得信任，老王也知道這件事。若是如此，老王之抱持那個信念顯然是不應該的，是知性上可譴責的。老王並沒有盡到他知性上的義務。不但如此，從自我中心的觀點來看（從老王自己的角度來看），我們也必須說老王沒有盡到他知性上的義務，他仍然是可譴責的，因為老王自己並沒有注意到他可以注意到的一件事：他樓下鄰居其實是個喜歡隨口胡說的人。然而，假設老王之所以有此信念，是由於他注意到老張經常一身的車垢和油漬，有時還隨身揹個修車工具的袋子進出。此時老王的信念是有證據支持的，而且他之擁有該信念是基於他的證據。因此，無論是從自我中心的觀點還是社會中心觀點，老王有盡到他的知性上的義務。再假設雖然老王所見屬實，然而老張事實上並不是在修車廠工作，他其實是某個喜歡收集名牌汽車的大老闆雇用來每天專責保養那些車子的，但大老闆交代老張不要聲張出去，因此沒有幾個人知道這件事。若是如此，無論是從自我中心的觀點還是社會中心觀點，我們不會認為老王的信念是知性上可譴責的。

擁有證立與展現證立

　　對於「證立」的第二項非常重要的區別是：證立的擁有以及證立的展現。這個區別涉及的是認知狀態與認知活動之間的區別。「擁有證立」是認知主體的一個識知狀態（與「知識」有關的心理狀態）；展現證立則是主體的一項知性活動，是認知主體企圖向他人呈現出他自己確實處於「擁有證立」這個狀態的一個活動。

　　有許多哲學家認為，在考慮一個人是不是具有知識的時候，只需要求他的信

念是有證立的就行了,並不進一步要求他還必須能夠展現出他的信念是有證立的。這是因為要展現他的信念所擁有的證立,必須要有相當細緻的知性複雜度與細膩度。所謂「知性複雜度」不僅包括豐富的生活常識與科學常識,還包括相當程度的演繹與歸納的推想能力、語言表達能力、分析與解決問題的能力、論理思辨的能力、批判思考與反省能力等等。知性複雜度甚至還要包括能夠掌握理由或證據如何支持信念的能力,區辨哪些構成理由、哪些不構成理由的能力,區辨哪些是好理由、哪些理由過於脆弱的能力,判斷哪些理由或證據不足採信的能力等等。不同的認知主體有不同程度的知性複雜度,同樣的認知主體在不同時間也會有不同程度的知性複雜度。

如果我們要求一個人在具有知識的時候,都必須能夠展現他所擁有的證立,這顯然是太強的要求。畢竟不是所有人都有那麼高程度的知性複雜度。即使是成年人,也有許多人並不具有這種展現證立的能力。更何況,我們會承認小孩子是擁有知識的,是會知道一些事情的。例如,幼稚園大班的小孩子知道他父母的名字、知道老師是女的、知道今天在學校做的活動、知道傍晚幾點鐘某個電視臺會播放某個卡通節目等等。大部分的小孩子缺乏足夠的知性複雜度,沒有能力展現其信念是如何證立的。基於這些考慮,許多知識論學者僅僅要求「擁有證立」作為知識成立的要件,並不進一步要求認知主體必須也能展現他所擁有的識知證立。

當然,成年人的知性複雜度不盡相同。一個人是否真正具有某個學術專業的知識,似乎不能僅僅要求他的信念是擁有證立的就夠了。假設老王看到並相信了補習班傳單清楚寫的 「三角形內角和等於 180 度」,儘管他不會證明這個必真命題,他的信念應該還是有妥適證立的,他的信念足以構成為知識。但是假設老張正在學幾何學,他學會了關於這個必真命題的證明,他的信念也是有妥適證立的。不過,老王的知識和老張的知識雖然是相同的,他們顯現的知性複雜度明顯不同。一般人似乎會覺得老張的知識比較 「實在」。

另一方面,成年人擁有相當複雜的知識。如果將例子換成更複雜深奧的數學定理 (例如費曼最後定理) 或者科學定律 (例如熱力學第二定律),恐怕某人之僅僅從傳單讀到這類深奧的命題,很難說服我們同意他擁有該項知識。面臨這種情形,我們多半會要求認知主體能夠展現他的信念是如何證立的。(就這點來看,考

試就是一種要求學生證立其信念的過程，而不是單單靠記誦一些資料而已。）

第三節 證立內在論與證立外在論

這一節我們來看看證立內在論與證立外在論之爭。

證立內在論與證立外在論的爭議有兩個方向：第一個方向是有關「證立」是否是規範的概念。當代自然主義知識論並不認為「證立」具有規範性。第二個方向：證立理論是否應該要求認知主體能達取其信念之證立項？證立內在論與證立外在論學者的爭議多半在此。

當代知識論大師齊生是證立內在論的重要人物。他指出證立內在論有兩點核心主張：㈠識知證立係附隨於認知主體的心理狀態（此處特別指「知性的心理狀態」）❻。㈡認知主體能達取使得其信念證立的條件（亦即「證立項」）。

證立外在論則是與證立內在論相對立的立場，同時否認上述兩點主張。證立外在論主張：證立項是外在於個體的心理狀態的，用以證立信念的證立項必定涉及認知主體所處的外在環境；或者說，用以證立信念的證立項不見得是個體靠自省就能察覺的。

附 隨

「附隨」是一個形上學的概念，描述介於兩組性質或者類型之間的形上關係。令 F 和 G 表示兩組性質或者類型，$F=\{F_1, F_2, ...\}$，$G=\{G_1, G_2, ...\}$。「附隨」的基本定義如下❼：

> G 附隨於 F
> 定義：必然地，對任何兩個體 x、y 而言，如果兩者皆具備所有的 F 類
> 　　　性質，則（x 具備所有的 G 類性質，若且唯若，y 具備所有的 G

---

❻ 請回顧第四章有關心理狀態的說明。

❼ 此處說「基本定義」，是由於哲學界對於「附隨」概念有幾種強弱不等的定義方式。對於這些定義的討論是非常複雜的，已經超出本書範圍。請參閱 Kim (1984)。

類性質）。

借用先前介紹的「可能世界」概念，如果 G 附隨於 F，則沒有這種可能世界：個
體 x 和 y 都具備所有的 F 類性質，但是 x 具備 G 類性質，y 卻沒有 G 類性質。

「附隨」概念在當代心與認知哲學裡有重要的地位，係用以論證所謂的非化
約物理論。讓我們用比較簡單的方式來理解這個概念。假想有一天科學發達到某
種程度後，人類終於可以複製人類，而且不是像桃莉羊那樣，複製後再慢慢長大
的，而是在短時間就可複製出來的，比影印機還要快速而精確。假想有一天科學
家複製了老王，老王和他的複本在（一元的）物理性質上百分之百的相同。既然
老王是有思想和各種心理狀態的人，他的複本也具有跟老王完全相同的思想和心
理狀態。此時，哲學家說，心理性質是附隨於物理性質的 ❽。

根據「附隨」概念的定義，上述證立內在論的第一項要件，意思是說，如果
兩個認知主體 S_1 和 S_2 處於完全相同的心理狀態（擁有完全相同的各種知覺經驗、
各種記憶、各種相干的信念、各種相干的懷疑等），則（S_1 的信念是證立的，若
且唯若，S_2 的信念是證立的）。從這個「附隨」定義的使用可以看出它的作用在
於指出這點：認知主體的信念是不是證立的，並不是由他所處的外在環境來決定
的。因此，如果證立附隨於主體所處識知狀態的說法是對的，「證立」是內在的。

為了更清楚掌握證立內在論的主張，讓我們思考這個例子。老張相信的事包
括 A_1、$A_2\cdots$；他懷疑的事包括 B_1、$B_2\cdots$；他不相信的事包括 C_1、$C_2\cdots$；他擁有的
知覺經驗包括 D_1、$D_2\cdots$；他的記憶包括 E_1、$E_2\cdots$等等知性狀態。老王相信的、懷
疑的、不相信的、擁有的知覺經驗、記憶等等，都跟老張完全一樣。如果老張此
時關於某件事 P 的信念是有證立的，則老王關於 P 的信念一樣是有證立的。

表面來看，這個例子似乎是廢話，既然老王和老張處於完全相同的知性狀態，
他們關於 P 信念的證立程度自然是相同的。我們多數人都有這種直覺。可惜，證
立外在論不這麼想。證立外在論這一研究進路的主要發展是證立可靠論。關於可

---

❽ 讀者當然可以反對這個主張，而認為即使老王的複本跟他自己具有完全相同的物理性
　質，並不表示他的複本具有跟老王一樣的心理性質。本書此處只在於借用這假想的例
　子來幫助理解「附隨」概念的定義。

靠論第九章才會有詳細的解說。目前大致來說，證立可靠論主張，如果某信念是由可靠的認知機制或方法產生的，則該信念是有證立的。按照這種證立外在論的主張，儘管兩個個體處於完全相同的知性狀態，並不意味著他們的知性狀態來自於完全相同的認知機制或方法的運作。因此，可靠論對於「識知證立」的主張並不要求「附隨」要件。

即使老王和老張處於完全相同的知性狀態，例如兩人都相信辦公室裡有些花是裝飾的人造花。不過老王的信念來自於推論的結果，老張的信念來自於他另外一位常常瞎掰的同事說的——即使老王也聽那位同事說過。不同認知機制或方法的運作有時是可以產生相同的認知結果的。既然如此，就算兩個個體處於完全相同的知性狀態，依照可靠論的主張，相同的信念由於一個是由可靠機制產生的，因而是有證立的（老王的信念即是如此），另一個是由不可靠的機制產生的，因而是沒有證立的（老張的信念即是如此）。

達　取

以上是從「附隨」概念來解說證立內在論與證立外在論的差異。另外一個差異來自於「達取」概念。「達取」在此處是「意識到、察覺到」、甚至「可自其中擷取信息」的意思。證立內在論的第二項要件，意思是說，認知主體能夠察覺到用以證立其信念的事物（亦即證立項）。雖然認知主體不是每次都會察覺到他信念的證立項，但是只要他有足夠的反省能力，能擷取到他信念的證立項，就能自己決定他自己的信念是不是受到那些證立項所證立。若是如此，「證立」是內在的。

對於證立內在論來說，能夠作為證立項的，看來只能是認知主體擁有的知覺經驗、他自己抱持的理由，或者他自己所採信的證據。類比來說，出現在兇殺案現場的一把沾滿血的水果刀上的指紋是物證，如果那指紋是老王的，而且這物證若被採信作為「留下指紋的人是兇手」的證據，即可用以證立老王犯了兇殺案。但是如果該物證並沒有被採信作為「留下指紋的人是兇手」的證據，即使那指紋是老王的，也不是用以證立老王犯了兇殺案的證立項。

證立外在論不接受「達取」要件。以可靠論來說，只要是由可靠機制或方法產生的信念都是有證立的。然而由於認知機制或方法並不是單單靠主體的自我反

省就可以覺察的,所以對可靠論來說,「達取」並不是「證立」的要件。這是證立內在論與證立外在論的第二項差異。

以下我們對於證立內在論的主張再解說一些相關的問題:

㈠這立場假設了不需經驗研究,純粹依靠理性反省,就能覺察到其信念是否有證立。然而,單純依靠反省來決定自己的信念是否有證立,很難說會跟外在世界有何關聯。「證立」的一項特徵是真理傳導性。如果一個信念確實是有證立的,則其證立項要能夠傳導真理。純粹依靠理性反省如何能確保其證立項真地傳導了真理呢?

㈡這立場對於人類的自省能力未免過於高估。看看周遭我們熟悉的人,我們不太熟的人,我們聽人談論過的人,乃至於我們常常看到的那些胡亂報導的記者、那些高談闊論的政論人士、那些自以為是的知識分子等等,有幾個人有足夠的反省能力呢?有幾個是真地做到對於所謂的證據和理由作進一步的理性反思呢?

尤其,即使承認純粹依靠理性反省,就能覺察到其信念是否有證立,也必須先承認我們人類確實具備足夠的理性反省能力,但是內在論者並沒有對這一點提供理論支持。

證立內在論要求認知主體必須能達取、察覺到其信念的證立項。難道證立內在論反對上一節提到的「擁有證立」與「展現證立」的區別嗎?並非如此。證立內在論並不是說認知主體必須(或者必須能夠)展現其證立,他的信念才算是有證立的。這立場主張的是:能夠作為證立項的事物只能是能夠被認知主體展現的事物。由於只有知覺經驗、理由,以及採信的證據是認知主體能夠展現的,所以只有這些類的事物才有資格作為信念的證立項。如果認知主體的某個信念是證立的,則與該信念的證立有關的,只能是知覺經驗、理由、或者採信的證據。接下來的幾章會提到有些證立內在論認為這三類事物都可以作為證立項(這是某些版本的證立基礎論所主張的),有些認為知覺經驗不能作為證立項,但是理由和採信的證據可以作為證立項(這是證立融貫論以及另一些版本的證立基礎論主張的)。

───●　重點回顧　●───────

· 真理傳導性 truth-conducivity

· 可廢止的 defeasible

· 證立內在論 justification internalism

· 證立外在論 justification externalism

· 觀點性 perspectivalness

· 自我中心觀點 egocentric perspective

· 他者觀點 other's point of view

· 社會中心觀點 sociocentric perspective

· 博學旁觀者 knowledgeable observer

· 相干性 relevance

· 規範性 normativity

· 約制的 regulative

· 義務的 deontic; obligatory

· 評價的 evaluative

· 可譴責的 blameworthy

· 達取 accessibility

· 齊生 Chisholm, Roderic Milton (1916–1999)

· 附隨 supervenience

· 非化約物理論 non-reductive physicalism

· 信息 message

第七章　識知證立的基礎論進路

　　在本書第二章曾經提到當代知識論學者對於「識知證立」發展了非常精緻的理論，這類學說主要包括證立基礎論、證立融貫論、證立可靠論、證立脈絡論，以及近年興起的知德可靠論。對於「識知證立」的主張配合其他兩個知識要件（真理要件與信念要件），就構成了一套完整的有關知識本質的理論。當然，本書之前也已經提到，即使對於知識要件另有主張，如何說明「識知證立」仍是知識論的重要課題。

　　識知證立基礎論一直是哲學傳統中的主流。古希臘的亞理斯多德在他的《後分析學》一書中就已經開始了對於基礎論的發展。在近代哲學史上則以笛卡爾為代表，在他的《沈思錄》一書中主張一種非常徹底的基礎論。在二十世紀初期抱持基礎論的哲學家主要包括羅素與路易斯，在後續的發展中以知識論大師齊生為首要代表人物，近期則有莫哲發展證立解釋論，也是一種證立基礎論。本章將介紹笛卡爾和齊生兩個人的基礎論，但讓我們先從基礎論的基本主張開始。

第一節　基礎論進路的基本主張

　　證立基礎論主張，從「證立」的角度來看，存在有一些「基礎信念」。基礎信念是用以證立其他非基礎信念的，又稱為「上層信念」，而且這些基礎信念之所以是基礎的，完全不是受到任何特定求知脈絡決定的。由於每項知識都是有證立的信念，梭沙因而舉「金字塔」來比喻基礎論所主張的知識結構，在其基底是基礎知識，上層知識則是建立在基礎知識之上。

上層信念

上層信念　上層信念

上層信念　上層信念　上層信念

上層信念　上層信念　上層信念　上層信念

⋮

上層信念　上層信念　上層信念　上層信念　上層信念

基礎信念　　基礎信念　　基礎信念　　基礎信念　　基礎信念

知識金字塔

　　必須注意的是，所謂的「基礎信念」可從因果角度來看，也可從證立的角度來看。證立基礎論所說的基礎信念是純粹從「證立」角度來說的，不是從因果關係來說的。

　　雖然從因果角度來看，有些信念是構成其他信念的基礎，少了這些信念將不可能因致其他信念，不過因果角度的基礎信念未必是證立角度的基礎信念，證立角度的基礎信念也未必是因果角度的基礎信念。當然，這說法並沒有排除有一些信念同時既是因果上基礎的，也是證立上基礎的。

　　舉例來說，我們的認知機制包括推論機制，從某些信念經由推論機制的運作，在因果上可產生出結論信念。如果這些前提信念本身不是被其他信念因致的，則這些前提信念對於結論信念來說，都是因果上基礎的信念。如果從演繹邏輯或者歸納邏輯的角度來看，這個推論是恰當的，則其結論信念同時也是從這些前提獲得證立的，此結論信念是上層信念。如果這些前提信念本身又是不需要其他的信念來證立的，則這些前提信念就是證立上的基礎信念。所以原則上可以允許這些前提信念同時在因果上以及證立上都是基礎的。以下本書只考慮證立角度的基礎信念。

　　第二章曾經指出證立的無限後推難題。證立基礎論承認有證立意義的基礎信念，似乎可以解決這個難題。儘管如此，證立基礎論仍然必須交代兩個問題：

　　㈠介於基礎信念以及上層信念之間的證立關係，以及介於上層信念與更

上層信念之間的證立關係，究竟是什麼樣的關係？

對於這個問題，一般的回答是邏輯演繹的關係，或者歸納推論的關係，有些基礎論學者則還提到解釋關係。

其次，由於證立基礎論將所有的信念劃分為基礎的與上層的，證立基礎論必須說明這區分是如何作出來的。「基礎信念」顧名思義，就是證立其他信念的信念，基礎信念本身自然是不需要其他信念來證立的了。然而，基礎信念本身如果不需要其他信念來證立，不得不令人質疑為何要接受這些基礎信念。換個方式來問，從證立的角度來看：

㈡信念必須具備什麼特徵才是基礎的？

對於這個問題，原則上有三個方向可供思考：

（方向一）這些基礎信念根本不需要任何種類的證立。
（方向二）這些基礎信念仍然需要證立項，不過它們的證立項是有別於信念的事物。
（方向三）這些基礎信念是自我證立的。

選擇第一個方向明顯沒有道理。如果一個信念既不是受到其他信念的證立，也沒有受到其他非信念事物的證立，它自身又不是自我證立的，為何還要接受呢？

就第二個方向來看，用以證立基礎信念的證立項本身當然不能是信念，否則這些基礎信念就不會是真正基礎的，證立基礎論也勢必再度面臨無限後推難題。然而，如果一方面基礎信念仍然需要證立，另一方面用以證立基礎信念的證立項不可以是信念，這一類的證立項會是什麼？在當代，這個走向以路易斯為代表，主張基礎信念都是被它們的內容，也就是其信念所關涉的直接知覺經驗本身所證立的。由於他的學說涉及到「感覺與料」的形上學問題以及知覺的哲學問題，超出本書範圍太廣，本書不介紹。

選擇第三個方向的，在近代有笛卡爾，在現代則以齊生為首要人物。這個走向的基礎論自然必須進一步回答：㈠哪些信念是自我證立的？是關於感官知覺的

信念嗎？是個人內省的信念嗎？或者是其他的信念？㈡為什麼這類型的信念是自我證立的，其他類型的信念卻不是？簡單說，是什麼特徵使得它們是自我證立的？讓我們進一步來看看他們的學說。

第二節　笛卡爾的徹底基礎論

在《沈思錄》一書中笛卡爾嘗試為我們人類的知識建構穩固的基礎。他發展的知識論是一種極端的基礎論。他主張任何知識都是具有確定性的真信念。如果我們關於某命題之信念不具有確定性，就不能算是知道了那命題。笛卡爾的作法是先找出具有確定性的基礎信念，再找出能夠將基礎信念的確定性傳遞到上層信念的方式，以使得上層信念也具有確定性。如此一來，便可以保障所有的知識確實都是具有確定性的信念。這是他對於前述第二個問題的回答：基礎信念就是具有確定性的信念。

能夠將基礎信念的確定性傳遞到上層信念的方式，笛卡爾找到的是演繹邏輯的推論關係。我們所有已證立的信念構成一個嚴密的演繹邏輯系統。笛卡爾認為，只有邏輯推論關係才能保障上層知識也是確定的，其他演繹邏輯以外的關係，例如歸納關係，都不能提供這種保障。這是他對於前述第一個問題的回答。所以，如果基礎信念具有確定性，則由於只有邏輯推論可以傳遞這種確定性，透過邏輯演繹而獲得的信念將同樣具有確定性。

確定性

所謂「確定性」有兩個面向：一種是心理面向的，一種是知識論面向的。「心理確定性」來自於認知主體的自信心，對於所相信的事情自信滿滿，毫無疑慮。笛卡爾所要求的確定性不是這個意義，而是指知識論面向的確定性，稱為識知確定性。所謂一個信念具有知識論的確定性，是指這個信念是不可動搖的，它具有兩項特徵：不可能有誤的以及無可懷疑的。因此，笛卡爾的基礎論又稱為不可誤論。這兩項條件都是非常高的要求，笛卡爾的學說因而是一種徹底的（極端的）基礎論。

　　所謂一個信念是無可懷疑的，意思是說，認知主體對於該信念的任何懷疑都不可能成立。所謂一個信念是不可能有誤的，是說認知主體對於所相信命題的認知，不可能產生任何錯誤。換個方式來說，如果「相信 p」蘊涵 p，則這個信念就是不可能有誤的。按照這兩項對於「確定性」的說明，如果一信念具有確定性，必定該信念為真。

　　另外有一個概念有時也被用來說明基礎信念：不可矯正性。所謂一個信念是不可矯正的，意思是說，即使認知主體對於所相信命題的認知會產生錯誤，他也不可能發現並矯正他的錯誤。如果我們將「不可能有誤的」作為「識知確定性」的一項特徵，則「不可矯正的」不應該是「識知確定性」的特徵。基於這個考慮，本書不將「不可矯正性」作為「確定性」的一項特徵。

　　基礎信念所具備的知識論意義的確定性與心理意義的確定性有什麼不同？笛卡爾說的「確定性」是一個專門術語，不是僅僅指個人的自信滿滿而已，因為有可能我們對於某件事情自信滿滿，但那件事情仍然是錯誤的。舉例來說，你相信老王現在人在某大學，你對於這件事抱著非常確定的態度，因為你看到海報宣傳，說他待會要在該大學演講，學校的網頁也明確列出他的行程。時間快到的時候，你看到演講廳已經擠滿了人。你非常篤定今天可以聽到老王的演講。你對於「老王現在人在該大學」這件事具有心理確定性。可惜你這個自信滿滿的信念並不是無可懷疑的，並不是不可動搖的，並不是不可能犯錯的。也許你將海報宣傳看錯了；也許你弄錯了時間，其實今天不是他的演講時間；也許老王不久前因故取消了演講，而沒有到該大學。你的自信滿滿並不能保障你的信念具備笛卡爾所說的知識論意義的確定性（亦即，「不可能有誤」以及「不可能懷疑」）。即使你甚至已經在該大學親眼看到老王，也無法排除你犯錯的可能！例如，那個人是個化妝得維妙維肖的演員，這一切是愚人節的安排而已，是某個學生社團的噱頭。

　　照這個例子看來，似乎沒有什麼信念具有笛卡爾所要求的確定性，似乎很難找到什麼信念是無可懷疑、不可能有誤的。其實不只是這種牽涉複雜的信念，即使精確如科學主張，乃至於平凡看似無可懷疑、不會出錯的日常信念，笛卡爾依然指出它們通通都不具有確定性。例如，我相信水的分子結構是 H_2O、我相信眼前書桌上擺了一本書、我相信我剛剛才打了一個呵欠、我相信我有兩隻手。誰能

懷疑這些信念呢？我怎麼可能對這些事情出錯呢！然而，笛卡爾認為這些信念都不是確定的。

方法論的懷疑

為了找出具有確定性的信念，作為知識的基礎，笛卡爾以很特別的思考方式來進行，稱為方法論的懷疑。他指出：如果我現在正在做夢，則這些信念自然都為假。夢裡你的書房有十坪大，並不表示你的書房真地有十坪大；夢裡的書桌上擺了一本書，並不表示書桌上真地擺了一本書。只要我正在做夢，則我的一切信念都是可懷疑的，我是有可能出錯的。既然「我現在正在做夢」是可能的，我現在所持有的一切信念都有被懷疑的可能，都是有可能出錯❶。既是如此，我們抱持的一切信念都不具有確定性。在一番思索之後，笛卡爾終於發現「我正在思考」是一項無可懷疑、不可動搖、不可能出錯的信念，這個信念因而具有確定性。這個信念也正由於具有知識論的確定性，所以是自我證立的，並不需要其他信念或任何其他的證立項來加以證立。藉此，笛卡爾的基礎論亦回應了無限後推難題。

儘管如此，縱使承認笛卡爾所說的「我正在思考」的信念具有知識論意義的確定性，並因而構成基礎信念，似乎仍然很難說明其他數量非常龐大的上層信念是如何被這個基礎信念證立的。

笛卡爾如何思考這個問題呢？他從這個具有確定性的基礎信念出發，來繼續建立他心物二元論的形上學，以及上層信念如何證立的知識學說。他的作法是從證明上帝存在著手❷。他主張清晰明確的概念是不可能懷疑的。因此當我們擁有的概念是清晰且明確的，我們擁有關於那概念的知識。他接著指出：由於我們所擁有的「上帝存在」概念是清晰明確的，因此我們擁有關於上帝存在的知識。既然知識蘊涵真理，他因而證明了上帝的存在。

笛卡爾接著便是要論證外在世界的存在。他的基本思路是這樣的：如果外在世界不存在，如果外在世界並不是如我們的感官和認知機制的運作呈現給我們的

---

❶ 請讀者留意：目前為止，笛卡爾並沒有推導出「所有信念都為假」這個結論，而僅僅是「所有信念都有可能為假」，都是可被懷疑的。

❷ 哲學家所說的「上帝」並沒有宗教的意義，不可混淆。

那個樣子，則上帝欺騙我們。既然上帝不會欺騙，我們最好的立場是承認外在世界存在，而且確實是可透過我們的感官與認知機制的運作而如實呈現給我們。如此一來，笛卡爾的理論終於可以說明我們確實擁有關於外在世界的知識。

然而，有沒有可能我們只是誤以為「上帝存在」這概念是清晰明確的，但其實不是？笛卡爾如何回答呢？他的說法是：上帝既然是全知全善的，不會允許我們受到欺騙，因此我們關於上帝存在的概念必定是清晰明確的，不可懷疑的。然而，笛卡爾的回答顯然是循環的。他的理論出現了哲學界知名的笛卡爾循環。

笛卡爾的徹底基礎論還面臨一些困難不太容易解決。首先就是他以「確定性」作為知識成立的要件實在太過嚴苛，幾乎沒有什麼信念具有知識論意義的確定性。還有哪些信念是不可能有誤而且無可懷疑的？其次，他的思路將他引到了知識懷疑論的立場，使得他的學說無法真正說明我們人類確實是擁有知識的，關於這點，本書第十三章會繼續探討。

當代基礎論的發展

當代基礎論哲學家已經不接受笛卡爾「不可誤論」的想法，一般認為他之主張信念必須要具有確定性才能構成知識，是太強的要求。當代基礎論哲學家主張：存在一些基礎信念，但是這些基礎信念儘管不具有知識論意義的確定性，儘管不是無可懷疑的，不是不可誤的，仍然可以充當基礎信念，來為其他上層信念提供證立。所以當代基礎論的主張又稱為可誤論。什麼信念可以充當這種基礎信念呢？當代基礎論哲學家大致同意，關涉直接知覺經驗的信念是他們所允許的基礎信念。什麼是直接知覺經驗呢？什麼是關涉直接直覺經驗的信念呢？

讓我們以「我知道那裡有朵紅玫瑰」作為例子，來看基礎論如何說明這項知識。

假設實際上那裡有朵紅玫瑰，而且我正看著那朵紅玫瑰，所以「那裡有朵紅玫瑰」這命題為真，而且我也相信這命題。依據傳統分析，知識的真理要件和信念要件都已滿足。暫時擱置蓋提爾難題不談，現在就只缺證立要件了。基礎論說，我表象上看到了那朵紅玫瑰，並因而產生了「我相信我表象上看到了那朵紅玫瑰」這個信念。我之相信我表象上看到了那朵紅玫瑰，就是一項關涉我那直接知覺經

驗的信念。請留意，這個信念的內容不是「那裡有朵紅玫瑰」，也不是「我看到一朵紅玫瑰」，而是「我表象上看到一朵紅玫瑰」。這個信念是一個基礎信念。然後，這個基礎信念提供理由來證立「我相信我看到一朵紅玫瑰」這個信念，進而提供理由來證立「我相信那裡有一朵紅玫瑰」這個信念。到此，由於知識的所有要件都已滿足，我知道那裡有朵紅玫瑰。

基礎論對於我們擁有的關於外在世界的知識所進行的分析，與這個例子沒有什麼根本差異。至於在他們的分析中使用所謂「我表象上看到」、「我表象上聽到」等，是知覺哲學的專門術語，並不是「好像」、「模稜兩可」、「不太有把握」的意思。請讀者回顧第五章的說明。

這些基礎信念需不需要被證立呢？我們說過，如果基礎信念不需要被證立，證立基礎論很難說明為何要接受它們；但是如果這些基礎信念需要別的信念來提供證立，它們就不會是基礎的，證立基礎論就會面臨無限後推難題。看來只有主張這些基礎信念或者是自我證立的，或者是被一些本身不是信念的證立項所證立。

有些基礎論哲學家主張，「我相信我表象上看到了一朵紅玫瑰」這個信念，還需要被證立。不過用以證立該信念的不是其他信念，而是「我表象上看到一朵紅玫瑰」這個直接知覺經驗。而且，直接知覺經驗本身無須再被證立，因為認知主體或者擁有這些直接知覺經驗，或者沒有這些直接知覺經驗，認知主體無須再擁有理由。這種主張稱為「現象基礎論」。另外還有一些基礎論哲學家主張，「我相信我表象上看到一朵紅玫瑰」這個信念，本身就是自我證立的，我之抱持這個信念並不需要其他信念作為理由。無論是哪種立場，類似「我相信我表象上看到了一朵紅玫瑰」這種關涉直接知覺經驗的信念，是當成基礎信念，用來證立其他信念的。

第三節　齊生的證立基礎論

齊生是當代知識論大師，對於知識論的發展有巨大的影響。他所著《知識論》一書雖然只有薄薄百頁❸，他建立的基礎論學說卻是細膩精緻，不僅對於所討論

❸　此書自 1966 年出版後即引起廣大的重視，在 1977 年該書做了大幅度的增修，並對於

的許多概念一一提出精準的定義，更以非常嚴謹的方式逐步建立他的知識理論，是當代知識論的經典之作。

　　前一章已經提到，「證立」是有程度之分的。齊生首先指出「證立」概念以及其他相關的概念都是用來說明信念的合理性，「合理性」本就是具有程度的。對於「證立」的程度劃分，齊生提出了一個階層的主張❹：

　　　6 確定的
　　　5 顯而易見的
　　　4 明顯的
　　　3 毋須合理懷疑的
　　　2 清晰的
　　　1 概然的
　　　0 制衡的

連同對於從第一層到第六層的否定，一共有十三個層級；而且從第一層向上，「證立」的程度愈來愈高。

　　齊生對於每個層級的概念都做了非常清楚的定義。由於以文字來敘述這些定義往往過於冗長，為了以比較簡明、迅速的方式來協助讀者理解，這些定義本書同時使用一些符號來表達，不習慣的讀者可以略過這些符號。

　　許多知識論的概念提出嚴謹的定義，到了 1989 年該書再次做了修改並縮減篇幅，同時增加了關於證立內在論與證立外在論的討論。

❹　此處之介紹乃依據 Chisholm (1989; 1990)。

令 sBp 表示「認知主體 S 相信 p」，q 表示任何命題，J 表示「證立的程度」，sWp 表示「S 懸置 p」。

原初概念：S 之相信 p 至少是如 S 之相信 q 一樣程度的證立

$$J(sBp) \geq J(sBq)$$

定義 1：S 之相信 p 比 S 之相信 q 較為證立

=df.「S 之相信 q 至少是如 S 之相信 p 一樣程度的證立」為假。

$\neg(J(sBq) \geq J(sBp))$ 或者 $J(sBp) > J(sBq)$

定義 2：p 對 S 是制衡的

=df. S 之相信 p 與 S 之相信 $\neg p$ 是一樣程度證立的。

$J(sBp) = J(sB(\neg p))$

定義 3：p 對 S 是概然的

=df. S 之相信 p 比 S 之相信 $\neg p$ 較為證立。

$J(sBp) > J(sB(\neg p))$

定義 4：p 對 S 是清晰的

=df. S 之懸置 p 沒有比 S 之相信 p 較為證立。

$\neg(J(sWp) > J(sBp))$ 或者 $J(sBp) \geq J(sWp)$

定義 5：p 對 S 是毋須合理懷疑的

=df. S 之相信 p 比起 S 之懸置 p 較為證立。

$J(sBp) > J(sWp)$

定義 6：p 對 S 是明顯的

=df. 對任何 q 而言，S 之相信 p 至少是如 S 之懸置 q 一樣程度的證立。

$J(sBp) \geq J(sWq)$

定義 7：p 對 S 是顯而易見的

=df. 對任何 q 而言，S 之相信 p 比起 S 之懸置 q 較為證立。

$J(sBp) > J(sWq)$

定義 8：p 對 S 是確定的

=df. 對任何 q 而言，S 之相信 p 比起 S 之懸置 q 較為證立，而且 S 之相信 p 至少是如 S 之相信 q 一樣程度的證立。

$(J(sBp) > J(sWq)) \wedge (J(sBp) \geq J(sBq))$

齊生的證立階層

我們對於一件事情 p 可能出現的幾種態度包括：㈠相信那件事為真，㈡相信那件事為假，㈢對於那件事不置可否，亦即懸置那件事，既不相信 p，也不相信 $\neg p$。就獲得知識這目的來說，懸置一件事當然比不上相信那件事。

齊生對於上述證立階層中各項概念的定義是使用比較的方式，並以「對 S 而言，相信 p 至少是如相信 q 一樣程度的證立」（亦即「相信 p 至少是如相信 q 一樣合理」）為原初概念，簡單表示為 "$J(sBp){\geq}J(sBq)$"。所謂「原初概念」就是在理論中不再給予定義的概念，而且可用以定義其他的概念。藉著這個概念可以用來定義如何比較兩個信念之間的證立程度。如果 S 相信 p 比 S 相信 q 較為證立（比較合理），表示「S 相信 q 至少是如 S 相信 p 一樣程度的證立」乃是錯誤的，亦即 "$\neg(J(sBq){\geq}J(sBp))$"，或者再簡單表示為 "$J(sBp){>}J(sBq)$"。接著，從這個概念就可以定義證立階層中的其他概念，從第 0 層的「制衡的」向上到最上層的「確定的」，都是用這個概念來定義的。例如齊生對於「確定性」的定義使用了其下層的「顯而易見的」作為其中一項要件，但還增加了另一要件：認知主體之相信 p 至少是如相信其他任何 q 一樣合理。從這定義亦不難看出，齊生所說的「確定性」與笛卡爾所說的「確定性」是非常不同的。

現在齊生的基礎論已經具備了一套非常系統化的概念架構以及一組非常嚴謹的定義。我們接著來看兩個問題：㈠齊生如何分析「知識」？㈡哪些信念具有齊生所說的確定性？

齊生指出，如果命題 p 為真，認知主體相信該命題，而且其對於 p 信念的證立程度已經達到「明顯的」這個層級，則他就擁有關於 p 的知識。這是齊生關於傳統知識三要件分析所提出的一套具體主張。在「明顯的」這個層級之上的兩個證立層級其強度都已經超過「明顯的」這層級，所以只要關於某命題的真理要件與信念要件皆滿足，認知主體的信念若具備最上層兩個層級的證立，認知主體對於該命題當然也是具有知識的。

哪些信念具有確定性呢？為了回答這個問題，齊生引進了另外一個極為重要的概念：自我呈現。根據他的定義，一項性質是自我呈現的，若且唯若，所有被該性質識知蘊涵的性質都包含〈思考〉這項性質。（此處「思考」這個詞的用法與笛卡爾一樣，是廣義的，泛指心智活動。）

性質 F 是自我呈現

定義：所有被 F 識知蘊涵的性質都包含〈思考〉這性質。

這個定義用到了「包含」和「識知蘊涵」兩個齊生理論中的專技名詞。這個「包含」不是介於兩個集合之間的關係，而是介於兩個性質之間的關係。令 F、G 表示性質，

性質 F 包含性質 G

定義：凡是 F 的個體必定是 G　（凡是具有性質 F 的個體必定具有性質 G）。

例如，凡是方形的事物必定是具有形狀的事物，所以〈方形的〉這性質包含〈有形狀的〉這性質。至於「識知蘊涵」概念也與「邏輯蘊涵」概念不同。齊生的說法如下：

性質 F 識知蘊涵性質 G

定義：〈相信存在有個體是 F〉包含〈相信存在有個體是 G〉。

例如，凡是相信有方形物體存在的人必定相信有形狀的物體是存在的。所以，〈方形的〉這性質識知蘊涵〈有形狀的〉這性質。

　　為什麼要引入「自我呈現」這個概念呢？這是為了說明，我們是如何可能從知覺到一件事物進而產生關於那件事物的知識。

　　讓我們再看一次基礎論者如何說明感官知覺的運作與知識之間的關聯。當實際上有朵紅玫瑰，而且我正看著它時，我表象上看到了一朵紅玫瑰。不過，我們也有錯覺的時候：即使我眼前實際上沒有紅玫瑰，我仍然表象上看到了一朵紅玫瑰。假設我們根本無法分辨錯覺與真實知覺，錯覺狀態下的知覺內容與真實知覺狀態下的知覺內容是無法區辨的。既然兩者都有相同的知覺內容，二十世紀早期有些哲學家因此主張，存在有所謂的感覺與料，是知覺真正的直接對象，亦即沒有透過任何中介物的知覺對象。外在世界的那朵紅玫瑰，在真實知覺狀態下，反而是間接的知覺對象，是以感覺與料作為中介的。然而承認所謂的「感覺與料」

似乎沒有在理論上帶來多大好處，反而讓哲學家多了一層負擔，要解釋這種事物的性質。

　　齊生就不主張存在有「感覺與料」這種事物，他採取了所謂的意識副詞論。這是一個很特殊的理論，既不承認存在有感覺與料作為知覺的直接對象，也不承認知覺運作時必定有外在事物存在，作為知覺的對象。舉例來說，通常我們會以「我看到了紅色的事物」來描述這個視覺運作。但是意識副詞論認為這種描述預設存在有紅色的事物，而且該事物被我看到。但這預設是不恰當的，畢竟有可能即使不存在那個紅色的事物，我仍然會有相同的視覺經驗。在不承認感覺與料存在的情形下，齊生從杜卡斯那裡引進了意識副詞論，對於知覺經驗的描述應該是：「我被……地呈現了」。例如「我被紅色地呈現了」、「我被方形地呈現了」❺。意識副詞論認為對於知覺經驗的描述其實是對於知覺運作的模式進行描述。

　　不論是哪種語言，「我被……地呈現了」這種表達大概都是不合其文法的。不容諱言，這種表達確實相當程度扭曲了語言。不過這是無可奈何的作法，因為這種表達的用意一方面在於避免承認「感覺與料」的存在；另一方面在於避免承認在知覺運作時，必定存在有外在事物被我們知覺。

　　為了方便本書的解說，我們採取比較簡單但維持意識副詞論用意的說法，亦即使用「我表象上知覺到……」這種方式來描述知覺經驗。例如，「我表象上看到了一個紅色的事物」這項描述既不預設存在有感覺與料，亦不預設當知覺運作時，必定存在有紅色的事物被我知覺。

　　剛剛我們問：為什麼要引入「自我呈現」這個概念？齊生指出兩種心理狀態具有自我呈現的性質，並因而是確定的：意向狀態以及知覺經驗。知覺經驗既然在意識副詞論內理解為〈表象上知覺到……〉，所以〈表象上知覺到……〉是一種自我呈現的性質。讓我們用齊生的定義來證明：

　⑴相信自己表象上知覺到……的個體，必定是相信自己在思考的個體。

　⑵〈相信自己表象上知覺到……〉包含〈相信自己在思考〉。
　　（根據⑴，以及「包含」之定義。）

---

❺　英文：I am appeared to redly，以及 I am appeared to squarely。

(3)〈表象上知覺到……〉識知蘊涵〈思考〉。

（根據(2)，以及「識知蘊涵」之定義。）

(4)〈表象上知覺到……〉是自我呈現的。

（根據(3)，以及「自我呈現」之定義。）

在這個證明中，除了前提(1)之外，其他步驟都是使用定義而已。前提(1)看起來是正確的，應該不會有人質疑。所以，知覺經驗是自我呈現的。

為什麼自我呈現的知覺經驗是確定的？這個問題留給讀者，請依據前述的定義來證明。

齊生的學說並不止於此。基於上述有關「證立」的主張，他還進一步從內在論的立場解說知識的階層結構。限於本書只是導論的性質，就不再繼續解說。

第四節　證立脈絡論

這一節我們轉到證立脈絡論的學說。證立脈絡論源自於維根斯坦，在安尼斯和德羅斯手中才有了比較清楚的發展❻。知識論學界有主張證立脈絡論是獨立於證立基礎論的另外一個學派，也有主張證立脈絡論是證立基礎論中的一個支流。就解決無限後推難題的角度來看，本書附和後者，將證立脈絡論視為基礎論的一個支流。

先前已經提到，解決證立之無限後推難題的一個作法，是承認存在有一些並不需要再被其他信念證立的基礎信念。證立脈絡論同樣主張存在有基礎信念。不過，證立脈絡論跟證立基礎論不一樣的地方在於：證立脈絡論中的基礎信念之所以是基礎的，是相對於一個特定的求知脈絡來決定的，但是證立基礎論中所承認的基礎信念之所以是基礎的，絕對不是相對於任何的求知脈絡。此外，證立基礎論主張的基礎信念（知識）是與感官知覺經驗有關的信念，不會因脈絡的不同使得原本是基礎的信念變成不是基礎的。

證立脈絡論的基本主張是知識的標準是依於識知脈絡的，人類探求知識的活

---

❻　請參閱 Annis (1978), DeRose (1992; 1995)。

動都是在某個特定的識知脈絡下進行的，知識的標準與證立的標準都會隨著脈絡的改變而改變。（此處僅限定「識知脈絡」，不涉及其他類型的脈絡，如宗教信仰的脈絡、商業的脈絡等等。）每一個特定的識知脈絡都必定先行預設了一些探究知識的起點，也就是說，有一些信念在該特定脈絡下被預設為基礎的，不需要證立，但卻能在該脈絡中用來證立其他的信念。因此，無限後推難題在任何識知脈絡中都不會出現。

以下是個例子：

> 　　5月30日傍晚，老張和老王兩人正在聊天。突然老張問起今年報稅的截止日期，這是他頭一次辦理報稅的事。老王回答說：「我知道今年報稅的截止日期是5月31日。」老張繼續問：「你怎麼知道就是那一天呢？」「我朋友老陳去年就是在5月31日截止前報的稅。」老王如此回答。
>
> 　　可是老張不太放心，畢竟這是他第一次報稅，而且，老張繼續說：「這對我很重要，因為延遲報稅會被罰鍰罰得很重！」老王遲疑了一下說：「我打電話給老陳問看看！」

在這例子裡，老張和老王的對談構成了一個「識知脈絡」（因為其對談與知識有關），他們兩人是這脈絡的參與者❼。老王在這脈絡中做了一項知識宣稱：「我知道今年報稅的截止日期是5月31日。」在這脈絡中，「每年都要報稅」、「報稅有截止日期」……這些是基礎的，不需要證立的信念。「今年報稅的截止日期是5月31日」則是在這脈絡裡需要被證立的信念。

既然識知脈絡是必要考量的，哪些信念會構成基礎信念並不是一成不變的。哪些信念是基礎的，哪些信念不是基礎的，有賴於當時進行識知活動的脈絡來決定。在不同的識知脈絡下會預設不同的基礎信念。有可能同一組信念在某個求知脈絡下被預設為基礎的，在別的識知脈絡下反而不是基礎的，反而是需要被證立的。

---

❼　除了知識論裡有脈絡論的主張之外，在道德哲學裡也有脈絡論的主張；前者所討論的「脈絡」稱為「識知脈絡」，後者所討論的稱為「道德脈絡」。

　　還有一個問題必須處理：所謂的「識知脈絡」是依據認知主體所處的脈絡，還是指賦予者的脈絡？前者的立場稱為主體脈絡論（包括霍桑、威廉斯）；後者稱為賦予者脈絡論（包括德羅斯、路易斯）❽。「賦予者」是指對於某個認知主體究竟有沒有知識或者其信念究竟有無證立，是由第三者來決定的。當老張論斷說老王知道桌上那朵玫瑰是紅色的、老陳則不知道桌上那朵玫瑰是紅色的時候，老王和老陳都是認知主體，以「桌上那朵玫瑰是紅色的」作為認知的對象；老張則是知識賦予者，將那項知識賦予老王，但是不將那項知識賦予老陳。

　　如果採取主體脈絡論的立場，知識的標準與證立的標準是由認知主體所處的脈絡來決定的。不同的認知主體可能處於不同的脈絡，同一個認知主體在不同時候或場合也可能使用不同的標準。如果採取賦予者脈絡論的立場，對於某個主體是否擁有知識（或者他的信念是否有證立），乃依賦予者所處脈絡來決定。因此，對同一主體是否擁有知識（或證立）可能會依賦予者的不同而不同，也會依同一個賦予者所處的不同脈絡而不同。

　　請讀者留意：此處所說的「脈絡」與先前所說的「觀點」並不相同。當我們主張「證立」是有觀點時，例如自我中心（第一人稱）的觀點，意思是說，主體的信念有證立與否，其標準涉及主體自己對於其所抱持的理由和證據的瞭解。基礎論和融貫論都可以抱持自我中心的觀點，來看待信念的證立。但是主體脈絡論乃是主張證立的標準是由主體所處的求知脈絡來決定的，與主體自己的觀點未必有關聯。換個方式來說，主體脈絡論者可以同時對於「證立」採取第三人稱觀點或者社會中心觀點。

　　證立脈絡論的哲學家對於究竟應該採取主體的脈絡還是賦予者的脈絡，並沒有最後的決斷。姑且不論這點，對於主體是否擁有知識或證立的判斷，究竟受到哪些脈絡因素影響呢？這些脈絡因素至少包括：⑴在該脈絡中提出的質疑，但這質疑是原本沒有提出的；⑵在該脈絡中原本就在思考的質疑；⑶該脈絡的討論主題；以及⑷在該脈絡中出現的涉及認知主體可靠性的因素。

---

❽　請參閱 Hawthorne (2004), Williams (1991), Lewis (1996)。

敏感規則

　　知識外在論的重要人物諾其克提出了他知名的索真論（請參第十章的介紹）。德羅斯將其中的第三項知識要件引進了他對於懷疑論的回應。這項要件是：如若 p 為假，則認知主體 S 必當不相信 p。德羅斯主張，當該要件滿足時，S 關於 p 的信念是有敏感的；但是，如若 p 為假，S 仍必當相信 p，則 S 關於 p 的信念是不敏感的。

　　德羅斯接著提出所謂的敏感規則：當某人論斷 S 知道 p 時，知識的標準即提高到要求 S 對於 p 的信念具有敏感性，而且這標準適用於該脈絡下的所有信念。

　　舉例來說，假設老張論斷說老王知道桌上那朵玫瑰是紅色的。敏感規則將要求：如若桌上那朵玫瑰不是紅色的（例如是黃色的），則老王必當不相信桌上那朵玫瑰是紅色的。如果老王沒有滿足這項敏感要件，則老王不知道桌上那朵玫瑰是紅色的。

　　德羅斯之所以將敏感規則引進到他的脈絡論，目的在於藉之以說明為什麼有些情形下懷疑論的結論是可以接受的，有些情形下，則無須接受。當我們處於日常的求知脈絡時，對於知識的標準無須提升到對於敏感規則的滿足，因此我們在許多日常脈絡下，都可以擁有知識。然而一旦我們進入懷疑論的脈絡，脈絡中的主體提出懷疑論的假設，此時就引進了敏感規則，並因而提升了知識的標準。由於在這種脈絡下我們不可能滿足敏感規則，因此我們不可能擁有知識。

對證立脈絡論之批評

　　依據證立脈絡論的主張，哪些信念是基礎的，必定相對於一個特定的識知脈絡來決定。在該識知脈絡下，這些被預設為基礎的信念不僅可以用來證立其他的信念，而且基礎信念本身不需要被證立。但是，如果在某一個特定識知脈絡裡，被預設為基礎的信念是明顯為假的信念呢？試考慮下列這個脈絡：

　　　　老張相信他有千里眼的能力。他進而相信老王正在書房打電腦，因為他認為他的千里眼能力讓他「看到」了老王正在書房打電腦。老張並

> 且告訴老陳他基於千里眼的能力而相信了老王正在書房打電腦。老陳對
> 於老張的千里眼能力也不曾懷疑過。

在這脈絡下，老張和老陳共同預設而不予以挑戰的信念是：老張擁有千里眼的能力。然而，我們當然不願意承認在這種識知脈絡之下，這種明顯為假的基礎信念證立了老張的信念，否則對於我們的任何一個信念都可以在某些脈絡下獲得證立。這相當違背我們關於「證立」的想法。

同樣的，依據脈絡論，對於任何一個信念，無論是如何的荒誕不經，原則上都可以找到某個脈絡來加以證立。這也不合乎我們對於「證立」的想法。

證立脈絡論遇到另外一個受質疑的地方：如何說明知識標準與原則？簡單說，證立脈絡論指出哪些信念是基礎的，是由識知脈絡來決定的。但是證立脈絡論並沒有說明在同一個脈絡裡，基礎信念是如何證立其他信念的？假設在某識知脈絡 C_1 下認定的基礎信念是 M_1，以及某個非基礎信念 N_1，並依知識標準或原則 P 以決定 M_1 證立了 N_1。假設在別的識知脈絡 C_2 下認定的基礎信念是 M_2，以及某個非基礎信念 N_2。儘管基礎信念是不一樣的，所接受的標準是否相同？換句話說，有沒有可能 M_2 之證立 N_2 是依據相同的 P？如果這是允許的，表示存在有一些知識標準是跨越識知脈絡的。然而，或許我們應該提出更強的要求：所有知識標準都應該是跨越所有識知脈絡的。例如，認知機制的可靠性、信念系統的邏輯一致性、信念之通過核驗（請參考第十一章）等等，似乎不應該會因為識知脈絡的改變而改變。若不如此要求，就有可能出現上述千里眼的運作也可提供知識的荒誕結論。但如此一來，證立脈絡論與證立基礎論的差別並不大，甚至可能由於最終我們都要求認知機制與認知方法的可靠性與融貫性等，而使得最終只有一個最大的識知脈絡，因為其依據的知識標準是跨脈絡的緣故。

● 重點回顧 ●

· 知德可靠論 virtue reliabilism
· 路易斯 Lewis, David Kellogg (1941–2001)

- 證立解釋論 justification explanationism
- 梭沙 Sosa, Ernest (1940–)
- 自我證立的 self-justified
- 識知確定性 epistemic certainty
- 不可能有誤的 infallible
- 無可懷疑的 indubitable
- 不可誤論 infallibilism
- 不可矯正的 incorrigible
- 方法論的懷疑 methodological doubt
- 清晰明確的 clear and distinct
- 笛卡爾循環 the Cartesian circle
- 可誤論 fallibilism
- 懸置 withhold
- 原初的 primitive
- 自我呈現的 self-presenting
- 意識副詞論 adverbial theory of consciousness
- 杜卡斯 Ducasse, Curt John (1881–1969)
- 維根斯坦 Wittgenstein, Ludwig Josef Johann (1889–1951)
- 安尼斯 Annis, David
- 德羅斯 DeRose, Keith (1962–)
- 主體脈絡論 subject contextualism
- 賦予者脈絡論 attributor contextualism
- 諾其克 Nozick, Robert (1938–2002)
- 索真論 truth tracking account
- 敏感規則 rule of sensitivity

第八章　識知證立的融貫論進路

在第三章談到真理融貫論時曾經說明過「融貫」概念。在知識論的領域,「融貫」概念仍然是非常重要的,尤其有些知識論學者逕以「融貫」概念來說明「證立」概念,是所謂的「證立融貫論」。證立融貫論與真理融貫論是不同的哲學學說,不可混淆。首先,顧名思義,真理融貫論是說明「真」概念的理論,證立融貫論是說明「證立」概念的理論,前者屬於形上學或者語言哲學的議題,後者屬於知識論的議題❶。其次,有可能有這樣的情形:雖然接受證立融貫論,但不接受真理融貫論。事實上,證立融貫論的大師邦究爾在他 1985 年的經典之作中,就是既主張證立融貫論又主張真理符應說。

早在一九三〇年代邏輯實證論的諾拉特和韓培爾就已經提出證立融貫論❷。不過真正對於證立融貫論的研究進路提出具體而詳細理論的,主要是以哈爾曼、邦究爾,以及雷勒為首要代表人物。本章將解說「融貫」概念、證立融貫論的基本主張,以及重要的理論困難。

第一節　證立融貫論與知識

在介紹無限後推難題後,我們指出,證立基礎論以承認存在有基礎信念的方式回應這個問題,梭沙將基礎論主張的知識結構類比成一座金字塔。證立融貫論的主張對於無限後推難題採取了完全不同的回應。證立融貫論對於知識結構有不

---

❶ 在第三章提到,觀念論學者並沒有區分真理融貫論與證立融貫論。有哲學家認為他們混淆了形上學與知識論。不過,這批評似乎是預設了實在論的立場。究竟如何看待這個問題必須進入形上學做深入的探討,遠遠超過本書的範圍,將不在本書討論。

❷ 不過,不是所有邏輯實證論學者都接受證立融貫論,例如,史立克主張的是證立基礎論。

同的說法。這派哲學家不承認有所謂的基礎信念,不同意將信念分為「基礎的」和「上層的」。這些哲學家認為信念構成一個系統,以融貫概念來理解什麼是識知證立。一個信念是不是有證立的,就要看那個信念是不是跟整個信念系統相融貫。一個信念是不是有證立的,並不是看它與某些信念之間的關係,而是看它與所有信念之間的關係。因此,證立融貫論並不要求存在任何基礎信念來作為證立的最初開端。當然他們不反對因果意義的基礎概念。請讀者留意:融貫論所說的「融貫」是長遠的、不是當下的,是動態的、不是靜態的。換句話說,一個信念系統是不是融貫的,是將該系統當作一個「動態系統」,以決定其長遠的、整體的融貫性。

知識的結構

梭沙用排筏來比喻融貫論主張的知識結構。本書提供另外一個比喻。市面上曾經流行過一種組合式積木玩具。將各種不同形狀的立體積木加以適當組合之後,就可以組出一座立體實心的模型,例如一隻大象、一頭鱷魚、一架直昇機。在任何一個組合完成的模型裡,沒有任何一塊積木是基礎的,是自己不需要支撐但可用以支撐其他積木的。相反的,每塊積木既支撐其他的積木,也受到其他的積木支撐。證立融貫論主張的知識結構就好比這種組合系統。沒有哪些知識是基礎的。同樣地,從「證立」的角度來說,沒有任何一個信念是基礎的,每個信念既包含在對於其他信念的證立,每個信念也同時受到其他信念的證立。知識的結構和證立的結構交代了,無限後推的困難也解決了。

用組合式積木做比喻,大致上可以感覺到「融貫」的涵義。然而這終究只是比喻而已,並沒有理論的嚴謹性。證立融貫論必須清楚交代兩個根本問題:㈠什麼樣的信念系統是「融貫」或者「識知證立」所依附的?㈡如何理解「融貫」關係?

主體觀與社群觀

第一個問題究竟是在問什麼呢?既然我們關心的是個體的信念如何證立的議題,「融貫」與「證立」兩個概念當然是依附於認知主體的信念系統。不過,這只是表面的。詳細來說,證立融貫論對於「融貫」所依附的信念系統,分別有「主體觀」與「社群觀」兩種主張。

社群觀認為主體的信念是否有證立，是要依附於主體所處社群共同接受的信念的。令 C 表示主體所處社群所共同接受的信念集合或系統。問信念 B 是否有證立，就是問信念 B 是否與 C 相融貫。

社群觀似乎不是太令人信服的主張。首先，主體所處社群所共同接受的信念有哪些，並不是一件能夠確切決定的事情。其次，主體所處社群所共同接受的信念並不等同於主體自己的信念系統。認知主體也有自己的一些信念不是其社群共同接受的。若是如此，有可能出現這種情形：主體的某個信念 B 與他自己的信念系統不融貫，但是卻與 C 相融貫。此時，依據社群觀，信念 B 是有證立的。然而，這似乎有些荒謬。第三，我們仍然可以追問：主體所處社群共同接受的那些信念是不是有證立的？這個問題證立融貫論將如何回答呢？

另一方面，主體觀就是剛剛的說法：「融貫」是依附於認知主體自己的信念系統的。也就是說，問主體的某個信念 B 是否有證立，就是問信念 B 是否與該主體自己的信念系統相融貫。

主體觀會面臨一些問題：

首先，主體觀的融貫論是否要求認知主體擁有「融貫」概念呢？是否要求主體有能力評估其信念系統的融貫性呢？這些要求似乎是過高的，因為大多數人並不清楚「融貫」概念究竟是什麼，大多數人更不知道要如何評估自己（或者他人）信念系統的融貫性。尤其，如果要求主體相信自己的信念系統是融貫的，則這個後設信念是否需要證立呢？融貫論似乎再次陷入無限後推的困難。邦究爾的建議是提出所謂的知性預設：從融貫論來看，必須預設主體對於自己信念系統的掌握大致上是正確的。可惜，為什麼我們要接受知性預設呢？融貫論欠缺一個說明。

另一方面，如果不做此要求，似乎有可能認知主體以為自己的信念是有證立的，但事實上他的信念與他的信念系統並不融貫（或者融貫度極低）；或者認知主體以為自己的信念是沒有證立的，但事實上他的信念與他的信念系統融貫度很高。簡單說，個體觀的融貫論似乎面臨是否要將認知主體的知性複雜度與細膩度考量進去的困難。（請回顧第六章有關「擁有證立」與「展現證立」的介紹。）

看來主體觀的融貫論與社群觀的融貫論都有一些困難需要克服。是否另有出路，有待進一步的理論發展。

第二節 「融貫」概念

證立融貫論的主張看起來似乎自成一家之言，有其歷史地位。然而辯護證立融貫論的學者對於其核心的「融貫」概念的說明仍然不足。事實上邦究爾本人就曾經承認，對於「融貫」概念至今仍然沒有清楚且為大家共同接受的說明。但他接著指出，反對證立融貫論的學者不能因此便否定證立融貫論，因為「融貫」概念是各個證立理論都不可或缺的。不過這也意味著，如果「融貫」概念是每個證立理論都不可或缺的，顯然除了證立融貫論之外，其他理論都認為僅僅訴諸「融貫」概念是不足以說明「證立」的。其次，本書認為邦究爾的說法乃是搪塞之詞。如果證立融貫論者連「融貫」概念都無法提出清楚且為大家共同接受的說明，這個研究進路如何自成一家之言？

無論如何，讓我們看看目前哲學界對於「融貫」概念已經有哪些說法。在第三章第四節介紹真理融貫說時，曾經對於「融貫」這個概念做了一些解說，此處就不再重複其細節，僅作大要的說明，並補充一些新的觀念。我們從三個面向來理解「融貫」概念：邏輯面向、解釋面向、機率面向。

邏輯面向

諾拉特以「邏輯一致性」來說明「融貫」概念。「邏輯一致」就是沒有邏輯矛盾的意思。某個信念是不是跟整個信念系統相融貫，首先要考慮的是，將那個信念加入整個系統之後，會不會造成邏輯不一致？

不過，僅僅要求邏輯一致不足以用來說明「融貫」關係。任何一組完全不相干的信念在邏輯上是一致的，但我們不會認為它們是融貫的。例如，你既相信那裡有朵玫瑰花又相信宇宙約在一百五十億年前形成。這兩件事互不相干，不會是邏輯不一致的。其次，純粹只是邏輯一致的信念系統，很難說其信念都為真。所有信念都為假（但不是必假）的系統也是邏輯一致的。對於「融貫」概念還需要進一步的要求。「邏輯一致」不足以說明「融貫」。

主張證立融貫論的哲學家引進了「邏輯蘊涵」來理解「融貫」概念。所謂一個信念與整個信念系統相融貫，意思是說，該信念系統邏輯蘊涵那個信念，或者

那個信念邏輯蘊涵該信念系統中的某個部分。「邏輯蘊涵」是介於兩個或者兩組命題之間的邏輯關係。所謂命題 p 邏輯蘊涵命題 q，意思是說，「如果 p，則 q」是必真命題。例如「老王是還沒結婚的男人」這個命題邏輯蘊涵「老王是男人」；「老王是還沒結婚的男人」這個命題之為真，在邏輯上保障了「老王是男人」這命題為真。

儘管如此，如果我們要用「融貫」概念來說明「證立」概念，則採用「邏輯蘊涵」概念來說明「融貫」並不恰當。首先，從邏輯來看，任何數學真理和邏輯真理可以被任何命題蘊涵。所以不論我們相信哪些事，即使是荒誕不經的，我們之相信某些數學真理仍然是跟我們荒誕不經的信念相融貫的。然而，我們之相信某些數學真理怎可能是受到這些荒誕不經的信念證立的呢？主張證立融貫論的哲學家為了避免這種質疑，將他們的學說侷限在經驗知識的範圍，對於邏輯知識和數學知識，允許採取不同的立場❸。

以「邏輯蘊涵」來說明「融貫」還有另外一個問題。這作法排除了信念與信念之間的邏輯以外的關係，例如歸納關係以及解釋關係。假設老王相信某個政黨的從政人士甲貪污、從政人士乙貪污、從政人士丙也貪污……。當老王這些信念非常多的時候，當該黨又有某人要從政時，經由歸納推論，老王之相信那個人會貪污是可以獲得證立的。然而，如果僅僅從「邏輯蘊涵」的角度來決定「融貫」，我們不得不說老王這些信念是不融貫的，因而他關於那個人會貪污的信念是沒有證立的。這判斷不太合乎我們日常的想法。

顯然我們需要進一步考慮邏輯以外的概念來說明「融貫」關係。哈爾曼訴諸最佳解釋之推論來說明「融貫」。邦究爾曾經提出了所謂「機率一致性」的概念來說明。

解釋面向

如何使用「解釋」概念來說明「融貫」關係呢？舉例來說，小明的媽媽回家看到客廳非常整齊乾淨。她相信小明今天有整理家裡、打掃地板，做了一些家事。

---

❸　邦究爾在 1985 年就是這種立場。他對於經驗知識採取融貫論，對於先驗知識則採取基礎論。不過他在 1995 年對於經驗知識放棄了融貫論的立場，走回到基礎論的立場。

她的信念有沒有證立呢？她這信念有沒有和她的信念系統融貫呢？小明的媽媽看到並因而相信家裡的客廳很整齊乾淨，她本就已經相信小明人今天在家裡、她相信她出門前曾經交代小明將家裡打掃打掃、她相信小明是很勤勞的人、她相信小明是喜歡乾淨的人、她相信小明既然答應要整理家裡，小明就會做到……。她的這些信念解釋了為什麼在她回家後，她相信小明今天有整理家裡。

解釋融貫論最早應該是哈爾曼提出來的。所謂 p 與 q 相融貫，就是說 p 對於 q 提供了恰當的解釋。因此，如果 p 與 q 相融貫，則 p 是有證立的，因為 p 提供了解釋；q 也是有證立的，因為 q 獲得了解釋。不僅如此，哈爾曼要求的是最佳解釋推論。可用以解釋 q 的未必只有 p。假設可用以解釋 q 的還有 p_1 和 p_2。則在這些競爭對手中，能對於 q 提供最佳解釋的，才是此處所謂與 q 相融貫的。當然，解釋融貫論的首要工作就是說明什麼是解釋，以及如何從競爭解釋中挑出最佳解釋的原則。（請回顧第五章，並參閱第十一章有關「解釋」的說明。）

機率面向

邦究爾是當代證立融貫論的重要人物。他在 1985 年的經典之作提出了五項會影響到系統融貫性的考量：

(一)邏輯一致性

(二)機率一致性的程度

(三)在信念系統中的各個信念其推論關係的程度與強度

(四)在信念系統中的信念互不關聯的程度，亦即有些信念彼此是沒有關聯的，這些沒有關聯的情形佔的比率

(五)在信念系統中還沒有被解釋的信念的程度

看得出來，邦究爾同樣認為「解釋」是很重要的因素。不過，他的主張還引進了機率的考量，這是早期融貫論學者沒有考慮的因素。在科學哲學裡貝氏論是非常重要的學說（第十一章有一些介紹）。邦究爾就是將貝氏論引進對於「融貫」的理解。依據這個主張，主體的信念是有證立的，若且唯若，該信念與主體的信念系統具有機率一致性。所謂機率一致性，就是不違反機率定律的意思❹。當然，邦

究爾還得進一步交代，這些因素彼此之間的權重如何，也就是說，這些因素對於系統的融貫性都有正面的貢獻或者負面的影響，其程度不一，如何衡量以決定系統最後的融貫性，是一個重要的工作。

第三節　融貫論進路的困難

　　跟所有的學說一樣，證立融貫論也面臨一些挑戰，融貫論的進路面臨三個非常有名的困難：孤立駁論（又稱為輸入難題）、多系統駁論、不相容系統駁論。

孤立駁論

　　許多知識論學者指出融貫論無法避免這種可能性：認知主體的信念系統是完全孤立於這個實際世界的，沒有真實反映這個世界，但是這個系統是融貫的。然而，我們很難承認這個信念系統裡的信念是有證立的。

　　想像一個跟實際世界完完全全無關的故事。很多神怪小說、科幻小說、電影都是這種跟現實世界無關的故事。《西遊記》、《封神榜》、《山海經》、《魔戒》、《哈利波特》……，每個故事都構成這樣一種孤立系統。當然，這些故事並不全然是與現實世界無關的。《西遊記》故事中多少還是有一些真實的敘述，例如唐玄奘是唐朝太宗時代的人，他到印度取經並作翻譯，唐玄奘俗家姓陳等等，有許多敘述或多或少都跟史實相合。所以《西遊記》整本故事還不算是徹底的孤立系統。其他的神怪故事和科幻故事等，大概也是如此。（畢竟這些故事至少還承認「有人類存在」這件事實。）

　　這當然不表示完全孤立的系統是不可能的。將這些科幻神怪故事再繼續改寫，故事裡的角色、時、地、事、物沒有一件是出現在實際世界的，甚至沒有一件與人類史、地球史有任何瓜葛，就連人類、地球等都不存在，造出一個徹徹底底、完完全全與實際世界無關的故事，原則上是可以改寫出一個完全孤立的故事。若是如此，我們將可以造出一個完全孤立的信念系統，並使其內容具備融貫論所要求的「融貫」的特徵。只要這是原則上做得到的，證立融貫論將受到孤立世界的

❹　另一個說法是：不會產生荷蘭賭論，同樣還是指不會違背機率定律的意思。

質疑。如果證立融貫論不能免除孤立系統的可能性，則會出現孤立但融貫的系統裡的信念是有證立的這個理論結果。這跟我們的直覺判斷有所背離。尤其這學說還導致人類可能沒有知識的理論結果：由於這個故事是融貫的，滿足融貫論的要求，但是由於這個故事所描述的跟實際世界無關，故事中的每句話為假，這個故事並沒有提供知識。

當然，舉例來反駁一個學說不完全能使人信服。因為說一個虛幻的故事，縱使真的能說出一個完全與實際世界無關的孤立故事，也與真實生活無關。畢竟我們是活在實際世界中的認知主體，沒有人有可能擁有這種完全孤立的信念系統。因此，即使融貫論無法否認孤立系統的可能性，這個可能性不應該會造成證立融貫論的困難才對。

再者，即使真地有人能夠擁有這種完全孤立的信念系統，為什麼跟這系統相融貫的信念，我們的直覺判斷仍然不接受它是有證立的？這項直覺判斷本身需要一些解釋。一個與實際世界完全孤立的信念系統當然其中每個信念都為假，但這並不表示跟這系統相融貫的信念就不會被證立，因為我們本來就允許一信念的證立可以來自於其他為假的信念。蓋提爾難題之所以是一個有待於知識論學者解決的困難，就在於允許證立可以來自於其他的假信念，只是這樣的證立還不足以構成知識而已（所以還需要第四條件）。按照這思路，即使真地有人能夠擁有完全孤立的信念系統，跟這系統相融貫的信念仍然可以是一個被證立的信念。孤立駁論充其量只能下這個結論：這種擁有孤立信念系統的人沒有關於實際世界的知識。但是孤立駁論不能下這結論：這種擁有孤立信念系統的人的信念都是沒有證立的。就「識知證立」這主題來看，孤立駁論並不足以威脅融貫論。

儘管如此，孤立駁論還是有繼續發揮的空間，我們繼續考慮兩點：

㈠就「知識」這主題來看，孤立駁論指出任何人的信念系統都有可能是一個完全孤立於世界的信念系統。如果任何知識理論都不能排除這可能性，則沒有任何知識理論能確保我們人類是擁有知識的。這困難對於融貫論、基礎論、可靠論，還是任何其他的知識理論，都是一樣的。孤立駁論將我們引向了知識懷疑論的立場。事實上，孤立駁論不過是知識懷疑論論證的一個變形而已。本書第十三章會繼續對於懷疑論的研究。如何排除這可能性或者解決這可能性造成的困難，將會

是知識論研究的一項重大議題。

㈡讓我們回到對於證立融貫論的批駁。這裡我們調整孤立駁論的說法。假設老王擁有一個完全孤立於世界的信念系統，所以老王的每個信念都為假。由於老王仍然可以對外在世界進行知覺活動，老王一定會產生許多知覺經驗，例如老王看到桌上有個圓柱體的東西、冒著水蒸氣、聞起來還有淡淡的茶香……，這些知覺經驗足以使得老王相信桌上放著一杯熱茶。但是這些知覺經驗跟老王的孤立信念系統不相容。老王面臨他的孤立信念系統總是跟他的知覺經驗相衝突的窘境。由於這個信念跟老王的孤立信念系統是不融貫的，所以依照融貫論的主張，這信念沒有被證立。但是大多數人會認為老王之關於桌上有杯熱茶的信念是有證立的，畢竟，有誰能輕易忽略知覺經驗呢？又有哪個理論能主張知覺經驗跟經驗知識是不相干的呢？這個修改後的孤立駁論在於指出：信念的證立必定與感覺知覺經驗有相當程度的關聯。

證立融貫論能夠回應嗎？本書嘗試提出兩點：

㈠這個修改後的孤立駁論混淆了「知識」和「證立」。知覺經驗當然跟經驗知識有關，正如第五章說的，知覺活動是經驗知識的主要來源。證立融貫論並不否認這點。證立融貫論承認知覺經驗在知識的產生過程中具有重要的地位；證立融貫論承認知覺經驗是實在的；融貫論承認經由知覺作用，從知覺經驗產生現象信念，然後產生知覺信念，進而產生經驗知識。不過，這過程是因果的過程，不是證立的過程。融貫論否認知覺經驗是構成證立的要素。孤立駁論雖然凸顯了知覺經驗的重要性，卻顯然混淆了「證立」和「知識」兩個不同的議題。

㈡這個修改後的孤立駁論如果預設知覺經驗可以作為證立項，則這批駁是丐辭的。在第七章解說證立基礎論時，曾經介紹現象基礎論，它主張非概念的、非命題的現象經驗可以作為對於基礎信念的證立項。不論我們是否接受現象基礎論，從方法論的角度來看，在已經預設證立基礎論的前提下，去批駁證立融貫論或其他理論，是不恰當的，是一種丐辭的批駁。

到此為止，孤立駁論似乎沒有達到反對證立融貫論的目的。其實不然！孤立駁論的真正關鍵在於「融貫性」是否蘊涵「真理傳導性」：依據證立融貫論，信念的證立與否，是由其是否與認知主體信念系統相融貫來決定的，但是對於「融貫」

這個概念的理解並不涉及外在世界，因此當信念被證立時，並不表示該信念是否有真實反映出外在世界的真實狀況。既是如此，即使認知主體的信念系統都為真，並不表示這必定是由於認知主體的信念有證立的緣故。這才是孤立論證的真正用意。證立融貫論並無法解決這個問題，因為對於「融貫」概念的理解無法說明「證立」概念如何具備真理傳導性。由於融貫論無法排除孤立世界，孤立駁論反駁了證立融貫論。

多系統駁論

另一個當代對於證立融貫論的批評是所謂的「多系統駁論」。原則上證立融貫論無法排除這個情形：存在有多個不同的信念系統，每個系統本身都是融貫的，而且每個系統的融貫程度（假設「融貫」是有程度的）都相近（乃至於相同），因此我們的信念可自這些不同的信念系統獲得同等程度的證立。但這是不恰當的。假設有 n 個不同的信念系統，$S_1, S_2, ..., S_n$，而且每個系統都滿足證立融貫論所主張的融貫性。如果信念 B 跟 S_1 是融貫的，並因而被 S_1 證立，則同樣的信念 B 也被 S_2 證立，被 S_3 證立，……，被 S_n 證立。但這理論結果是無法接受的。因此，證立融貫論是錯誤的。

存在多個不同的、各自是融貫的信念系統，是無法接受的。這裡的考量是信念系統如何能夠因為「融貫」就能與「真理」相連結。換個方式來說，假設有 n 個信念系統，自身是融貫的，但是對於這個世界的描述完全不同。哪一個信念系統才有可能構成我們對於這個世界的知識呢？融貫論無法回答這個問題，因為融貫論只考量信念系統內部的融貫性這項特徵，它本身並沒有足夠的理論資源來說明一個融貫的信念系統如何能成為關於外在世界的知識系統。先前提到，「識知證立」的最重要特徵是具有「真理傳導性」，但是僅僅「融貫」似乎不足以傳導真理，這是由於「融貫」僅僅是介於信念與信念之間的關係，不涉及信念與世界之間的關係。

不相容系統駁論

另外一個反駁融貫論的是「不相容系統駁論」。這個駁論是上述「多系統駁

論」的一個特殊情形。假設有這樣一個信念系統：相信 A 是真的、相信 B 是假的、相信 C 是真的……，而且這個系統滿足證立融貫論的要求。另外還有一個系統跟它完全相反：相信 A 是假的、相信 B 是真的、相信 C 是假的……，而且這個系統也滿足證立融貫論的要求。這兩個系統是不相容的。但是由於兩者都滿足融貫論的要求，所以融貫論無法區別哪個系統才是提供知識的系統，哪個系統不是。既是如此，證立融貫論不足以說明「知識」概念。由於兩個自身是融貫但互不相容的信念系統是可能的，證立融貫論無法排除這個可能性，所以反駁了證立融貫論。

假設有一信念系統 S_1，$S_1=\{B_1, B_2, ...\}$，而且某信念 B 跟 S_1 是相融貫的。所以，依照融貫論，B 是被 S_1 所證立的。但是，原則上有可能存在其他的信念系統，一方面跟 S_1 不相容，另一方面 B 也跟它相融貫，所以 B 也是被這系統所證立的。例如，將 S_1 的每個信念否定，就得到 S_2，$S_2=\{\neg B_1, \neg B_2, ...\}$。然而，我們怎麼能允許同一個信念被兩個互不相容的系統所證立？

本書認為融貫論可以對多系統駁論以及不相容系統駁論做這樣的回應：「證立」具有主體相對性。因此，只要將上述駁論中出現的信念系統的擁有者標示出來，就會發現多系統駁論不太值得回應。令信念系統 S_1 為老王所擁有，信念系統 S_2 為老張所擁有。老王的信念 B 跟他的系統 S_1 相融貫而被證立，老張的信念 B 跟他的系統 S_2 相融貫而被證立。為什麼這會構成融貫論的困難？在這情形下，我們充其量只能得到這個結論：老王和老張至少有一人的信念 B 沒有達到知識的地步，當然也有可能兩人的信念 B 都沒有達到知識的地步。

或許反對者會修改多系統駁論如下：證立固然具有主體相對性，但是信念系統 S_1 和 S_2 不一定是分別屬於兩個主體的，也可以是同一個主體所擁有。但是，我們怎麼能允許對同一個主體來說，相同的信念是被兩個信念系統所證立的？甚至是被兩個不相容的信念系統所證立的？

這個修改後的多系統駁論看似棘手，其實也不難回應。如果有可能出現同一個主體擁有兩個乃至於多個互不相容的信念系統，這大概會成為心理學所謂的「人格分裂」或「多重人格」的案例。對於這種案例的瞭解當然還需要更多心理學的研究，不是單憑哲學思辨就能夠說清楚的。無論如何，如果真地有這樣的個體，

仍然不足以造成對融貫論的威脅。如果反對者能夠允許同一主體擁有兩套互不相容的信念系統並存，為什麼不能允許他的信念分別都是被他那兩套系統所證立？

第四節　證立但不一致的信念

　　無論證立融貫論對於「融貫」提出的說明有多精緻，「邏輯一致性」是融貫系統最起碼的特徵。但是當代知識論學界卻有一些悖論指出「有證立但卻不一致的信念」是允許的。這應該是證立融貫論面臨的最大挑戰。本節介紹序言悖論和彩券悖論❺。

序言悖論

　　我們先從一個故事來看這個悖論：

> **老王的日記**
>
> 　　假設老王有每天寫日記的習慣，而且糟糕的是，不像一般人，老王的日記不作反省，也懶得抒發自己的心思、情緒，他的日記僅僅是記流水帳，還好，老王有個習慣，他非常謹慎，每天發生的事情他認定是很確切的，他會很用心很認真地記錄下來。三年後他的日記本全部寫完了。為了作紀念，老王寫了一篇序來總結他三年來的日記。跟多數人一樣，他翻了翻日記，回憶一些往事，可是有些地方的記載似乎跟他的記憶不太一樣。他開始不太確定究竟是他當時的記載有誤，還是他現在的回憶不正確。他甚至擔心他是不是曾經心不在焉作了一些錯誤的記載。畢竟人是會犯錯的動物。誰能確保在記錄的當時，不會不小心寫錯了人名、記錯了時間、弄錯了事情？於是在他總結的序言裡，他坦承日記裡面可能有錯誤的記載。

---

❺　「序言悖論」最早是 Makinson (1965) 提出來的；「彩券悖論」最早是 Kyburg (1961) 提出來的。另外還有可知性悖論，由於涉及的邏輯太深，將不介紹。

「老王的日記」並不是超乎人之常情的故事。大多數人都有類似的經驗。寫日記只是其中的一個例子而已。例如，你今天整理房間，將桌上的資料歸檔。你的檔案櫃的每個抽屜都明確標示資料的類型。你很篤定地將統計學講義放在檔案櫃右邊第一個抽屜，很篤定地將微積分筆記放在檔案櫃右邊第二個抽屜，很篤定地將英文作業放在檔案櫃左邊第一個抽屜，很篤定地將歷史習題放在檔案櫃左邊第二個抽屜……。等整理完之後，請問你是否確定你在整理的過程中沒有犯錯？請留意，這個問題不是問你現在是否能正確地回憶你這些資料放在什麼位置，而是問，在你整理資料的當時，每一次你將資料放入抽屜時，你會不會犯錯？你有沒有犯錯的可能？

在「老王的日記」這個故事裡，老王每一次的記載都是在他覺得有十足把握下才做的，他對於每一筆記載都是有證立的。但是，基於人是會犯錯的，老王不得不坦承，或許他的紀錄是有錯誤的，尤其當他面對的是整整三年的資料。然而，一方面他寫的每筆紀錄都是有證立的，另一方面，如果他「有些紀錄是錯誤的」這信念是有證立的，則老王的信念系統是不一致的。若是如此，「序言悖論」挑戰了證立融貫論，因為他所有相關的信念都是有證立的，但所有這些信念的集合卻是邏輯不一致的。

彩券悖論

另一個挑戰來自於「彩券悖論」。請思考這個例子：

> **老王與彩券**
>
> 假設政府發行一百萬張彩券，而且只有一張會中獎。老王的朋友買了一張彩券。老王心裡想著，一百萬張才一張會中獎，老王才不相信那張彩券會中獎呢！

為方便討論，姑且將老王朋友買的那張彩券稱為 T_1。顯然不論老王的朋友買了哪張彩券，老王心中的想法都是一樣的：那張彩券不會中獎。這是老王的信念。他的理由則是他另外相信的事，包括政府發行的彩券有一百萬張，其中只有一張會

中獎，包括他學過一點機率，算得出每張彩券的中獎機率等等。老王的信念應該
是有證立的。既然老王的態度並不是針對某張特定的彩券，而是針對任何一張彩
券，可想而知，對於每一張彩券老王都會有證立地相信不會中獎。然而，老王同
時也有證立地相信在這一百萬張彩券當中，有一張會中獎。老王的信念系統是不
一致的，但是似乎每個信念都是有證立的。

　　以上兩個悖論都在於指出：不一致但有證立的信念是可能的。若如此，證立
融貫論將面臨極大的挑戰。有趣的是，如果這個說法是對的，不一致但有證立的
信念確實是可能的，則所有證立理論都必須面對這個困難，因為所有證立理論都
承認維持信念系統的一致性是證立的最起碼要求。

　　到目前為止，哲學家仍然在研究如何解決這些悖論。初步來看，上述兩個悖
論使用到一條原則，在知識論裡稱為「證立連言律」：

證立連言律

若認知主體對於 p_1 的信念是有證立的，對於 p_2 的信念是有證立
的，……，對於 p_n 的信念是有證立的，則他對於 $(p_1 \wedge p_2 \wedge ... \wedge p_n)$ 的信念
是有證立的。

在序言悖論中，令 R_1 表示老王的第一筆記載、R_2 表示老王的第二筆記載、……、
R_n 表示老王日記的最後一筆記載。由於老王有證立地相信他寫下的每一筆記載，
亦即老王有證立地相信 R_1、有證立地相信 R_2、……、有證立地相信 R_n。因此，
依據證立連言律，他有證立地相信 $(R_1 \wedge R_2 \wedge ... \wedge R_n)$。但另一方面，老王有證立地
相信至少一筆記載是錯誤的。所以，老王的信念系統是不一致的，但他的每個
信念都是有證立的。在彩券悖論中，老王不僅有證立地相信 T_1 不會中獎，他還有
證立地相信 T_2 不會中獎，……，有證立地相信 T_n 不會中獎。因此，依據證立連
言律，老王有證立地相信（T_1 不會中獎 $\wedge T_2$ 不會中獎 $\wedge ... \wedge T_n$ 不會中獎）。但是另
一方面，老王有證立地相信至少一張彩券會中獎。所以，老王的信念系統是不
一致的，但是他的每個信念都是有證立的。

　　從這裡我們看到，上述兩個悖論的產生都跟證立連言律有關。如果放棄這條

定律，就可以解消這兩個悖論。儘管如此，這條定律似乎又有其應該接受的地方。如果我有理由相信老王是男的，我也有理由相信老王還沒結婚，我當然有理由相信老王是單身漢。如果我有理由相信老張這門邏輯課會及格，而且我有理由相信老陳這門邏輯課會及格，而且我也有理由相信老劉這門邏輯課會及格，我當然有理由相信這門邏輯課老張、老陳和老劉都會及格。證立連言原則應該是可接受的。

　　那麼，證立連言律究竟是不是恰當的？

 重點回顧

- 邦究爾 BonJour, Laurence (1943–)
- 諾拉特 Neurath, Otto (1882–1945)
- 韓培爾 Hempel, Carl Gustav (1905–1997)
- 哈爾曼 Harman, Gilbert (1938–)
- 知性預設 doxastic presumption
- 邏輯蘊涵 logical entailment
- 貝氏論 Bayesianism
- 孤立駁論 isolation objection
- 多系統駁論 alternative systems objection
- 不相容系統駁論 incompatible systems objection
- 荷蘭賭論 Dutch Book
- 序言悖論 preface paradox
- 彩券悖論 lottery paradox
- 證立連言律 conjunction rule of justification

第九章　識知證立的可靠論進路

　　在第六章解釋過證立內在論與證立外在論。採取證立外在論立場的主要是葛德門多年來不斷發展的證立可靠論。葛德門的知識學說歷經幾次轉折，本書將他的知識學說分為五個發展階段：1967 年的知識因致論與 1976 年的知識區辨論、1976 年與 1979 年發展的歷史可靠論、1986 年的常態世界可靠論、1988 年的轉折期理論，以及 1992 年的表列知德可靠論❶。

　　在葛德門數十年的發展過程當中，知識因致論和知識區辨論有幾個特殊的地方（下一章會有詳細的說明）：首先，這兩個理論是特別針對「知識」提出的學說，尤其是並不將「證立」作為知識的要件。其次，這兩個理論主要是針對知覺知識提出的理論，考慮與知覺機制有關的知識問題，直到後來葛德門才進一步將他的理論擴大涵蓋其他各種的認知機制。第三，他在知識區辨論首度將「可靠」概念引入知識論的討論，並考量人類心理機制（或心理製程）的運作在知識論扮演的角色（本書「機制」與「製程」通用）。

　　至於葛德門的歷史可靠論、常態世界可靠論、轉折期理論、以及表列知德可靠論都是針對「證立」提出的外在論的學說，不是直接針對「知識」提出的。這些理論是本章要解說的。

　　與可靠論的發展密切關聯的是所謂的知德知識論，以「知德」作為探討「證立」以及「知識」的核心概念。知德知識論的發展有兩個走向，其一係從「知德」的能力面向來探討知識與證立，包括葛德門 1992 年的表列知德可靠論以及梭沙發展的知德觀點論；其另一走向係考量「知德」的規範性面向，本書將略過❷。

---

❶　這些都屬於葛德門所說的「個體知識論」的研究。他另有社會知識論的研究發展，以他 1995 年的專書為代表，請參閱 Goldman (1995)。另外，「表列知德可靠論」　是 Axtell (1997) 的用詞。

第一節 「可靠」的意義

葛德門的製程可靠論以及他另行發展的有關「識知證立」的幾種理論，都以「可靠」為核心概念。所以，首要之務是先確定如何瞭解這個概念。對於「可靠」的理解必須考量以下幾點：㈠區別「可靠度」與「可靠性」。㈡區別廣域可靠性以及在地可靠性。

可靠度

葛德門以相對頻率機率論的「機率」概念來說明「可靠度」概念❸。由於機率是有程度的，「可靠」自然會是一個有程度之分的概念。這符合我們日常對於「可靠」的想法，也是我們一般所謂的「可靠度」。不過，雖然每個認知機制都有其可靠度，不是每個機制都是可靠的。我們說那些可被承認是可靠的機制和方法具有「可靠性」。現在的問題是：

　　⑴可靠度要如何計算？
　　⑵任何認知機制的可靠度要達到什麼地步，才具有可靠性？

讓我們先從認知機制 M 的可靠度如何計算開始，並以 $R(M)$ 表示 M 的可靠度。以下是兩個計算 $R(M)$ 的方式：

⑴計算 M 產生真信念的總量，總量愈高，其可靠度愈高。這是非常直接了當的計算方式。不過以這個方式理解可靠度，問題很大。除非一個認知機制只會產生錯誤的信念，否則只要認知機制持續不斷地產生信念，其產生的真信念只會愈來愈多，其產生之真信念總量自會不斷增高，因而其可靠度會愈來愈高。如此一來，恐怕所有認知機制遲早都會是可靠的。但是那些僅僅生產極少量真信念，卻產生極大量錯誤信念的認知機制怎麼會是可靠的呢？看來可靠度的計算應該還要

---

❷　關於第一個走向請參閱 Goldman (1992) 以及 Sosa (1980; 1985; 1988; 1991b; 1991c; 1993; 1994a; 1994b) 等多篇論文；第二個走向請參閱 Zagzebski (1996)。

❸　葛德門是當代可靠論的主要人物，本節有關「可靠」概念的解說大致以他的說法為依據。請參閱 Goldman (1986)。

同時考慮產生錯誤信念的數量。這項考慮帶我們進入以下第二種計算方式。

⑵認知機制的可靠度係以其產生的真信念與其產生的信念總量之間的比值來計算。依據相對頻率機率論，其實就是 M 會產生真信念的機率值。為了瞭解這點，讓我們先轉到「機率」概念做一些扼要的說明。

機　率

在機率哲學的研究中，最基本的問題便是如何理解「機率」概念。當代主要有三個研究進路：先驗機率論、相對頻率機率論、主觀機率論，前兩者都是客觀機率論的立場。「客觀」和「主觀」的區別在這裡是形上學意義的：如果 x 的存在不依附於人心智活動的運作，或者對於 x 的說明無須引入人心智活動的運作，則 x 是客觀的。如果 x 的存在係依附於人心智活動的運作，或者對於 x 的說明勢必引入人心智活動的運作，則 x 的存在是主觀的。例如，一般的看法認為大自然的物體和現象是客觀的，因為它們的存在無涉人類心智的活動；一件藝術品的存在由於必定涉及人心智的活動，所以是主觀的存在物。一般都會認為「客觀的」是好的，「主觀的」是不好的；但是，此處所說的「客觀」與「主觀」並不涉及價值判斷，兩詞所指的是事物或現象存在的方式而已。

客觀機率理論認為對於機率現象的說明無需引進人類心智的活動。先驗機率論和相對頻率機率論都是客觀機率論的立場。先驗機率論主張純粹以數學方式來處理機率現象，並不考量現象具有的物理性質。舉例來說，投擲一顆正常的六面骰子，其「六點」那面朝上的機率為六分之一。這個答案無須實際投擲骰子，就能算出來，無須考慮骰子的大小、材質等物理性質，也無須不斷投擲骰子來累積經驗。由於這種對於「機率」的理解方式完全是數學的，不涉及人的心智活動，因此先驗機率論是客觀機率論的一種。

相對頻率機率論主張現象所具有的機率就是該類現象出現的頻率，其對於任一現象的機率的理解涉及該現象的物理性質。如果以 A 表示投擲一顆骰子其「六點」那面朝上的現象，以 P(A) 表示該現象的機率，以 m 表示投擲該顆骰子的次數，以 n 表示出現「六點」那面朝上的次數，則

$$P(A)=\frac{n}{m}$$

當 m 趨近於無限大時，取極限值：

$$P(A)=\lim_{m\to\infty}\frac{n}{m}$$

從以上的說法可以看出來，相對頻率機率論也是一種客觀機率論的立場，它對於「機率」概念的主張並沒有引進人類的心智活動。

主觀機率論認為對於「機率」概念的理解必定涉及人類的心智活動。這理論主張：一件事的機率是由認知主體依其個人所擁有的理由或證據進行評估的結果。主觀機率論與客觀機率論因而是相對立的。主觀機率論唯一的限制是對於機率的計算必須滿足機率算學的要求❹。

葛德門對於認知機制可靠度的理解，係以其產生的真信念與其產生的信念總量之間的比值來計算，其實是根據相對頻率機率論來定義「可靠度」的，這數值就是上述的極限值。

可靠性

接下來考慮第二個問題。每個認知機制或方法都有其可靠度，但並不是每個認知機制或方法都具有可靠性，都是可靠的。為了辨別具有可靠性的認知機制和方法，葛德門首先區別「可靠性」的「絕對標準」以及「比較標準」，後者再區分為「最大化標準」以及「滿意標準」❺。葛德門自己主張的是絕對標準，並提出以 $R(M)>.5$ 作為可靠性的門檻值，超過這門檻值的認知機制和方法才具有可靠性，才是可靠的。不過，不同的知識論哲學家有他自己的哲學立場，因此對於可靠性的要求或許會更高，例如認知機制或方法 M 至少必須有 .7 以上的可靠度（即 $R(M)>.7$），才具有可靠性。究竟可靠度要多高才具有可靠性，知識論學界並沒有

---

❹　意指不能違背機率算學的公設以及定理，例如可數加法律、任何事件的機率值不能大於 1 或小於 0……等。

❺　精確來說，葛德門討論的是採取哪種標準的「證立規則系統」才是恰當的，之後再依據恰當的證立規則系統來決定信念是否有證立。這是有關「識知證立」的後設理論，請參閱 Goldman (1986: 104–106)。

定論，而且這似乎是個無法決定、也不必決定的問題。

　　當然，很多人會認為以 .5 作為可靠性的門檻值並不恰當。可靠度僅僅稍稍大於該門檻值（例如 $R(M)$=.5001）的機制，和一個可靠度僅僅略低於門檻值（例如 $R(M)$=.4999）的機制，兩者的可靠度只相差 .0002，但是前者是可靠的，後者是不可靠的。這似乎不太對。話雖如此，這個意見其實不會僅僅適用在以 .5 作為可靠性的門檻值而已。任何訂出明確門檻值的主張都會面臨相同的困難：設想兩個機制，其中一個的可靠度超過門檻值，另一個沒有超過門檻值，但兩者的可靠度其實相差非常微小，卻因此必須斷定前者是可靠的，後者是不可靠的。這不是能讓人信服的。不過這可能是理論上不必解決的問題。正如葛德門所說的，對於這類連常識與直覺都傾向於持續維持在模糊地帶的概念，沒有必要非得要求哲學家給予精準的說明。

　　無論如何，認知機制或方法 M 至少必須有 .5 以上的可靠度是最起碼的要求，本書就以此作為決定可靠性的判準。

廣域可靠性與在地可靠性

　　對於認知機制可靠性的考量還有「廣域可靠性」以及「在地可靠性」這個區別。對於認知機制的在地可靠性考慮的是：認知主體 S 的某個認知機制或方法 M，在某個產生信念 B 的情境下，M 是不是具有可靠性？對於在地可靠性的考慮涉及㈠某個特定的認知主體、㈡某個特定的時空、㈢該主體某個特定的認知機制在該時空下的運作、㈣該特定的認知機制產生的某個特定信念。請觀察下面這個例子：

> 　　老張喝酒喝得醉醺醺的時候，看到穿著拖鞋的老王正迎面走來。老張因而相信穿著拖鞋的老王正迎面走來。

在這個例子裡，㈠認知主體是老張而不是任何其他人，㈡該特定時空指的是老張喝酒喝得醉醺醺的那個時刻，㈢那個特定的認知機制指的是當時老張的視覺運作，㈣那個特定信念指的是「穿著拖鞋的老王正迎面走來」這個信念。所謂考慮 M 的

在地可靠性，就是在問：老張的視覺運作在當時當刻的情境下，是不是可靠的？即使老張的視力是非常好的，由於當時老張喝得醉醺醺的，因此從在地可靠性的考量下，他的那個信念是由不可靠的視覺運作產生的。

表面來看，從「在地」的角度似乎無法計算可靠度，因為涉及特定時空和情境。其實只要從類型的角度就可以回答這個問題（機率的計算本就是從類型來看的）。剛剛的例子雖然特別指老張在那個時間看到老王那個人，不過，顯然任何人喝得醉醺醺的時候，視覺都會受到影響的。儘管我們不曾實際去算過這種情形下視覺運作的可靠度（機率），憑日常生活的經驗，通常足以判別其可靠度是很低的。

相對的，廣域可靠性就是捨去這些特定情境的考慮，既不針對某個特定的認知主體，也不考慮某個特定時空下某個認知機制的運作情形。例如，人類的視覺對於太微小或者太遙遠的事物是不可靠的（除非使用顯微鏡、望遠鏡等器具作為輔助）。但是就一般大小的事物在適當的範圍內，人的視覺是可靠的。面臨非常長的一串無意義的符號或聲音，人類的記憶是不可靠的（除非經過特別訓練或者時時反覆記誦）。但是一首歌、一句口號、一段名言，我們聽過之後很快就能朗朗上口。

從廣域可靠性的角度來看，有一些心理機制和方法是不可靠的。例如所謂的千里眼、靈通、心電感應、或者猜想、臆測、一時的靈感、使用水晶球來查一些事物，乃至於各種算命的方式（紫微斗數、鳥卦、測字、占星……）等。這些之所以是不可靠的，是由於它們產生真信念的數量比起它們產生假信念的數量遠遠來得低。許多人往往因為它們曾經產生過真的信念而對於它們深信不疑。然而我們要看的是它們是否可靠，並不是它們是否曾經產生過真的信念而已。

第二節　證立可靠論的發端

現在我們對於「可靠度」與「可靠性」有清楚瞭解了。嚴格來說，葛德門的幾個識知證立理論還有一些細膩的地方需要交代，最主要的關鍵是將所謂的世界索引性帶入對於「可靠性」的瞭解。這就得從葛德門知識學說的演變說起了。

歷史可靠論

　　葛德門在他 1979 年的歷史可靠論中，將心理機制的可靠性索引到實際世界 $W_@$，也就是我們實際居處的世界。在他的常態世界可靠論中，心理機制的可靠性則是索引到常態世界 W_N 中。在他的轉折期理論中，心理機制的可靠性則是索引到該心理機制所運作的可能世界 W_i 中。

　　在繼續解說之前，先簡化一點：產生信念的來源包括人的心理機制與方法，因此，可靠論必須同時要求心理機制是可靠的，所使用的方法也是可靠的。不過由於方法的使用涉及心理機制的運作，因此，終究來說，方法的可靠性依附於心理機制的可靠性。所以葛德門將心理機制的可靠性視為主要的，方法的可靠性視為次要的。基於這個緣故，以下的解說雖然只提可靠的心理機制，其實還是包括可靠的方法在內。

　　歷史可靠論是葛德門發展的第一個以「可靠性」來理解「識知證立」的學說：

> **歷史可靠論**
> 認知主體 S 的信念是有證立的，若且唯若，
> ⑴該信念是由在實際世界 $W_@$ 中是可靠的心理機制 M 產生的，而且
> ⑵不存在有 S 可用的心理機制 M^*，如若 S 亦使用 M^*，則 S 必當不相信 p。

在這理論中提到的第二個條件是以如若條件句表示的。提出這個條件的道理不難理解。假設老王今年根本沒有出國。但是老張相信老王剛從國外回來，因為他看到老王客廳桌上放著一張登機證。然而，如若老張肯進一步問問老王，就會發現那張登機證是老王去年出國用過的，是因為老王今天整理家裡才翻出來的，老張必當不會相信老王剛剛回國。老張當時的視覺運作就是上述的 M，他可以問問老王而未問，就是上述的 M^*。

　　葛德門在提出這個歷史可靠論之後，立刻考慮到所謂一廂情願的思考帶來的難題。在實際世界中，我們都承認一廂情願的思考實際上是不可靠的心理機制。

但是，葛德門自問：「萬一一廂情願的思考在我們的實際世界中是可靠的呢？」按照歷史可靠論的主張，在假設一廂情願的思考是可靠時，不得不承認由其產生的信念是有證立的。然而，葛德門認為這是不對的。我們有很強的傾向認為由一廂情願的思考產生的信念仍然沒有證立。所以他立刻修改了剛剛陳述的歷史可靠論，將信念的證立索引到是由認知主體相信在實際世界中為可靠的心理機制(強調「相信」)，而不是索引到在實際世界中是可靠的心理機制　(不涉及該認知主體的信念)。葛德門的理由是：當認知主體或認知評估者要評斷一個信念是不是有證立時，只能就他相信是可靠的心理機制作為依據。

不過葛德門所做的修改有幾個令人質疑之處：

㈠有可能產生信念的心理機制實際上是可靠的，但評估者（評估認知主體識知地位的人，可以包括認知主體自己）不清楚甚至不認為該心理機制是可靠的。依據原來的歷史可靠論，這種信念是有證立的；依據修改的歷史可靠論，這種信念是沒有證立的。究竟哪一個版本比較好呢？無論如何，我們至少知道一點：葛德門的修改顯然使得他的理論變成了證立內在論的一種，這與他的外在論基調不合。

㈡葛德門修改版的歷史可靠論將會面臨另外一種類型的無限後推難題。在修改版的歷史可靠論中，任何信念 B 是不是有證立的，還涉及到評估者甲要相信產生信念 B 的心理機制實際上是可靠的　（請留意：評估者可以是認知主體自己）。將甲關於「產生信念 B 的心理機制實際上是可靠的」這個信念稱為 B_1。葛德門的理論是否也必須要求評估者甲這個信念 B_1 是有證立的呢？若有此要求，則甲的信念是否有證立，將涉及到另外一個評估者乙，乙要相信產生信念 B_1 的機制實際上是可靠的。依此類推，修改版的歷史可靠論勢必會落入階層式的無限後推難題。

第三節　常態世界可靠論的發展與揚棄

葛德門對於歷史可靠論的修改是他隨後發展常態世界可靠論的先驅。 他在1986 年的經典之作中，發展了一套細膩複雜的證立可靠論，稱為「常態世界可靠論」❻。這套學說不是簡短的篇幅就能夠完整說明的，此處僅能舉其大要。

❻　請參閱 Goldman (1986) 第四章和第五章。

常態世界可靠論

　　所謂「常態世界」是指一組跟我們對於實際世界的「通則信念」相一致的可能世界。「通則」是邏輯觀念，與「個殊」相對，意指談到「所有」或者「有些」的命題。例如「所有天鵝都會飛」是一種通則命題（亦即「全稱命題」），「有些天鵝是黑色的」也是一種通則命題（亦即「存在命題」）。對於通則命題的信念稱為「通則信念」。

　　葛德門的學說第一階段是要尋找出一套正確的 「證立規則系統」，其定義如下❼：

> **正確的證立規則系統**
> 任何一個證立規則系統是正確的，若且唯若，該系統所允許的心理機制是那些可靠度達到門檻值的心理機制。

稍早已經解釋過「可靠度」和「門檻值」等相關問題，就不贅述。其次，葛德門將證立規則系統的正確性索引到常態世界，並將其嚴格化：如果一套證立規則系統在常態世界裡是正確的，則該系統在任何可能世界裡是正確的。「嚴格化」這個觀念來自於語言哲學家克理普奇對於「專名」的看法（專名就是個體的名字），是非常有名而且影響重大的學說。葛德門將這概念引用來說明證立規則系統的正確性具有的性質。

　　最後，常態世界可靠論的主張如下：

> **常態世界可靠論**
> 認知主體 S 在 t 時關於 p 的信念是有證立的，若且唯若，
> (1) S 在 t 時之相信 p 是為某個正確的證立規則允許的；而且
> (2) 此一許可並未受到 S 的認知狀態的損壞。

---

❼　此處葛德門係引入倫理學中所謂「規則後果論」的思考模式，來為「證立」概念建立一套規則。

在什麼情形下，此一許可會受到 S 的認知狀態的損壞呢？大致來說，當證立規則系統允許 S 相信他關於 p 的信念是沒有受到許可的，則上述要件⑴就被損壞了。

葛德門的學說看似繁複，其實可以如下簡化：

常態世界可靠論（簡明版）

認知主體 S 在 t 時關於 p 的信念是有證立的，若且唯若，

⑴ S 在 t 時關於 p 的信念是由在常態世界是可靠的心理機制產生的，而且

⑵該信念並未受到損壞。

葛德門又將這種意義的證立稱為「真實證立」。與此概念相對的，則是所謂的「表象證立」。提出「表象證立」的用意在於考慮到這種情形：認知主體錯誤地相信他的信念是受到正確的證立規則系統許可的，儘管事實上不是。在這情形下，一般認為他的信念還是在某種意義上是有證立的。葛德門將這種意義稱為「表象證立」。這種信念因為不符合常態世界可靠論的要求，不是真正有證立的，但還是有表象證立的。

如果葛德門的理論可以如此簡化，他又何必說得如此繁瑣呢？這是由於葛德門旨在提出一套後設理論，為任何企圖發展證立理論的人提供一套思考架構。這從上述兩個關鍵點就可以看出。首先，如何決定正確的證立規則系統？葛德門的回答是以「可靠心理機制」來回答。但原則上不一定要接受這個回答，而可以改採例如「融貫」概念，如此所得到的證立理論就會是融貫論，不是可靠論。其次，對於證立規則系統的正確性該如何要求其世界索引性？葛德門的回答是將其索引到常態世界。但原則上可以不接受他的主張，而將「正確性」索引到實際世界，這是葛德門早期歷史可靠論的主張。當然還有一種方式，就是放棄嚴格化的要求，將「正確性」索引到心理機制運作的那個可能世界。這是葛德門在建立常態世界可靠論不過兩年的時間，就做了重大轉折的一項重要因素。

轉折期可靠論

葛德門在 1988 年自我反省時，對於「常態世界」這概念提出了許多質疑，終究放棄了常態世界可靠論 （但他並未放棄 「正確證立規則系統」 這一部分的理論）。這些質疑包括：㈠在決定常態世界時，哪些通則信念才是相干的？我們沒有一個原則可以做出決定。㈡無論要使用哪些通則信念來決定，原則上仍有可能出現一個世界是跟這些通則信念相一致，但卻是一個非常奇怪的世界。我們當然不希望將這些世界當作是「常態」的。㈢我們要挑選誰的通則信念？所有人共有的通則信念？認知主體的通則信念？抑或是評估者的通則信念？㈣剛剛提到放棄「嚴格化」是一個理論可能性。事實上，在轉折期的葛德門認為將「正確性」嚴格化恐怕是不智的。假設某個跟常態世界不同的可能世界，某個心理機制 M 在這世界是可靠的，在常態世界是不可靠的。似乎我們會覺得由 M 產生的信念是有證立的。

這些質疑終究促使葛德門放棄了常態世界可靠論。在他 1988 年的理論中，除了放棄「嚴格化」的要求之外，還做出了所謂「強證立」和「弱證立」的區別❽。讓我們來看看他轉折期的想法：

> **轉折期可靠論**
> 任一信念在可能世界 W_i 中是有強證立的 ，若且唯若 ，該信念是被在可能世界 W_i 中是可靠的心理機制產生的 ， 並且此事並未被該認知主體的某些認知狀態所毀損。

在轉折期葛德門明白主張可靠性是索引到該心理機制運作的可能世界。這跟他的歷史可靠論、修改版的歷史可靠論，以及常態世界可靠論皆明顯不同。

上述是有關「強證立」的主張。至於「弱證立」，葛德門的說法如下：㈠產生該信念的心理機制是不可靠的；但是㈡認知主體不相信該心理機制是不可靠的；

---

❽　梭沙曾經重述了葛德門這個區別，並增補了「強意義的後設證立」。不過本書認為他對於這區別的敘述並沒有完全反映葛德門原先的說法，至於 「強意義的後設證立」 跟梭沙所談的 「反省知識」 有關，也確實超出了上述的區別。

而且㈢認知主體並不擁有任何可靠的方式，來指出該心理機制是不可靠的；以及㈣認知主體並不相信，有任何可靠的方式是在使用之後就會使得認知主體相信該心理機制是不可靠的。任何信念只要符合這四個條件，就是弱證立的。

第六章曾經指出，「證立」具有規範性。葛德門所說的具有弱證立的信念，就是在知性上是「不受譴責」的。（當然，具有強證立的信念更是不受譴責的。）葛德門會提出「弱證立」的概念實在是由於他終究不得不正視我們一般人的一項重要直覺：假設老王使用計算機來計算一個相當複雜的數學式子。這臺計算機是新買來的，廠牌很好，但是偏偏每當這臺計算機在執行某種程式時，總會產生誤差。所以這臺計算機（就這種數學計算來說）是不可靠的。然而，我們不至於認為老王應該為他的錯誤計算負太大責任。畢竟，老王執行每個按鍵時，其步驟是精準的，只是程式設計不當，造成他計算錯誤而已。（他甚至不知道他的計算是錯誤的。）同樣的，如果認知主體真地相信他的信念是來自於可靠心理機制的運作，即使事實上那機制是不可靠的，我們有時候很難要求認知主體應該負起知性的責任。「弱證立」的提出，就在於反映我們這種直覺。

不過，這也意味著對於「證立」採取徹底的外在論立場確實難以讓人信服。認知主體是否相信他的信念來自於可靠的心理機制，仍然影響我們對於其信念是否有證立的看法。

第四節　可靠論的基本困難及可能回應

葛德門的證立可靠論面臨一些基本的困難，除了懷疑論的問題是每個證立理論都會面臨的之外，主要包括普遍性難題以及邦究爾提出的「千里眼反例」。

普遍性難題

「普遍性難題」最早是葛德門在 1979 年自我反省其理論時提出來的。隨後其他哲學家，尤其是費爾曼，進一步用這難題來挑戰可靠論 ❾。這個難題是建立在這個問題之上：如何個別化心理機制？「個別化」是形上學的概念。對於事物作

❾　請參閱 Feldman (1985) 以及 Conee & Feldman (1998)。

「個別化」就是要找出足以進行區別的原則。例如，我們看見桌上有蘋果。我們會認為那裡有一張桌子和一顆蘋果，我們不會將桌子和蘋果合併當成單一一個事物。當然我們未必說得清楚我們究竟是依據什麼原則來進行個別化的。

當我們考慮兩個心理機制的時候，我們能區別它們是兩種不同的機制。對於知覺、推論、記憶等等，我們明確知道它們是不同的類型。進一步再看視覺機制。我們如何個別化視覺機制？舉例來說，老張看到老王穿著拖鞋迎面走來。通常我們都承認所謂的視覺機制指的是老張的視覺系統。但是我們似乎也可以將「老張看到某個人」作為他此時的視覺機制，也可以將「老張看到老王」作為他此時的視覺機制，將「老張看到老王穿著拖鞋」作為他此時的視覺機制，將「老張看到老王穿著拖鞋迎面走來」作為他此時的視覺機制，將「老張看到老王穿著拖鞋以那種姿勢迎面走來」作為他此時的視覺機制⋯⋯。如果這些都可以視為不同的視覺機制，則對於它們可靠度的計算結果當然就會不同。如果可靠度的計算結果不同，究竟哪個是可靠的，哪個是不可靠的，就會有不同的判斷。這當然會進一步影響我們對於究竟老張的信念是否有證立的判斷。

表面看來，有關個別化心理機制的問題似乎一點都不有趣。有誰會主張「老張看到老王穿著拖鞋」是他此時的視覺機制呢？然而，這正是問題的癥結所在。人對於物體的視覺和人對於物體的某特徵的知覺確實會有可靠程度的差異。看到一顆蘋果跟看到那顆有點破皮的蘋果是不太一樣的。當我們要計算可靠度時，我們要針對什麼來計算？普遍性難題想說的是：如果我們對於機制的考量失之過窄，有可能造成每個機制都是可靠的，結果造成每個信念都是有證立的。

這個難題並不能用先前區分的「在地可靠性」和「廣域可靠性」來解決，因為我們可以將這個難題視為對於這個區別的挑戰。如前所說，「在地可靠性」必定涉及某個特定的個體及其當下所處的情境。然而，對於其所處的當下情境的描述可以寬鬆，也可以窄化。我們終究無法決定要以哪個描述下的情境來計算可靠度，因而無法決定信念究竟是不是有證立的。

千里眼反例

「千里眼反例」是邦究爾在 1980 年提出來的，到了 1985 年他發揮得更為徹

底。不過，葛德門較早就已經討論過「一廂情願思考」造成的難題，千里眼反例其實是這難題的翻版，但思考更為細膩，考慮了四種不同的千里眼反例❿。以下是這四個版本共通的假設：

> **千里眼反例**
>
> 　　老王相信他有千里眼的能力，不過他自己關於這個信念並沒有什麼正反面的理由。老王有一天產生了「美國總統正在巴黎羅浮宮」的信念（將這稱為「信念 B」）。他認為信念 B 乃來自於他千里眼的運作。
>
> 　　另一方面，事實上美國總統真地正在巴黎羅浮宮。事實上老王真地具有千里眼的能力，而且這能力非常可靠。事實上他的信念 B 確實是由於他千里眼能力的運作而產生的。

或許有人覺得「千里眼」是難以置信的，實際上不會有人具有千里眼的能力，即使有，也不會是可靠的（或許碰運氣千里眼的運作出現幾次正確的情形），因而不太相信這個反例會對於知識論有什麼貢獻。相形之下，葛德門討論的「一廂情願的思考」還真實一些。不過，正如邦究爾強調的，改用一般正常的心理機制來討論，仍然可以呈現「千里眼反例」的論點。所以讓我們略過這個無趣的爭辯。

　　邦究爾對於千里眼反例提出了四種狀況：

（狀況一）老王同時在好幾臺電視新聞頻道都看到報導，說美國總統已經到了紐約準備看一場球賽。但是，新聞報導的內容是錯誤的，是總統府為了保密，刻意放出的假消息。

（狀況二）儘管老王曾經不斷核驗關於他之有千里眼能力這件事，卻一直沒有成功。但老王仍然相信他有千里眼❶。

---

❿　雖然邦究爾的「千里眼反例」是針對阿姆斯壯的理論，但其論旨是廣泛用來反對可靠論的，包括葛德門的幾個可靠論主張。

❶　簡單說，「核驗」就是尋求證據以支持科學假設或理論的意思。這概念是科學哲學的核心概念之一，請參考第十一章關於科學知識的解說。

（狀況三）老王的親友給他大量的科學證據以顯示千里眼的能力是虛假的。

（狀況四）老王確實有可靠的千里眼能力，但是他沒有關於這件事的任何正反信念和證據。他既不相信他的千里眼能力是可靠的，也不相信他的千里眼能力是不可靠的。

在討論之前，讓我們先行排除千里眼反例的狀況二，因為這個狀況是很特別的。如果有個機制真的是可靠的，認知主體卻無論使用何種方式都無法證實，這怎麼可能？例如，如果有人賣一支五倍的放大鏡給你，你卻怎麼使用都無法將報紙上的字放大來讀，你怎麼會同意你擁有的是一支可靠的放大鏡？如果人類的視覺實際上是可靠的，我們卻始終無法證實它是可靠的，我們憑什麼主張視覺是可靠的？同樣地，如果老王的千里眼能力是可靠的，怎麼會老王無論如何試圖去核驗，都不成功？這個狀況一方面假設老王的千里眼能力是可靠的，一方面假設老王無法發現那是可靠的，實在令人難以同時接受這兩個假設。就這點來看，狀況二實在不是一個好的反例❷。

讓我們藉兩個可靠論版本來檢視邦究爾的判斷。其餘的可靠論版本請讀者自行思考。

先從歷史可靠論來看。在狀況一中，由於千里眼已假設實際上是可靠的，所以信念 B 滿足該理論的第一要件，可惜信念 B 並未滿足其第二要件，因為老王明確意識到與其信念相反的證據。如若老王採信各個電視新聞都作的相同報導，他必當不相信美國總統正在巴黎羅浮宮。因此，依據歷史可靠論，信念 B 是沒有證立的。這在狀況三也是一樣。邦究爾的判斷有誤，根本不能用以反駁歷史可靠論。只有在狀況四中，信念 B 符合歷史可靠論的條件，故而必須承認是可靠的。但由於一般人不認為信念 B 是有證立的，所以狀況四可以構成為歷史可靠論的反例。

葛德門在轉折期可靠論中區別「強證立」和「弱證立」。由於千里眼已經假設

---

❷　必須提醒讀者，如果深入思考，千里眼反例的狀況二可以視為反方向的懷疑論，因此的確可以構成難題。然而從這角度來看，這難題就不是可靠論獨有的，而是所有證立理論都會面臨的。請參考第十三章對懷疑論的解說。

是可靠的，所以四種狀況都不符合「弱證立」的要件。雖然狀況一和狀況三中的信念 B 都滿足「強證立」的第一項要件，並未滿足第二項要件。所以邦究爾的判斷有誤。只有在狀況四中，信念 B 符合「強證立」的兩項要件，所以可以說是有證立的。這的確與邦究爾所說的，一般人都傾向於認為信念 B 是沒有證立的，相衝突。

其他還有葛德門修改過的歷史可靠論以及他的常態世界可靠論，請讀者自行探討。此處只提最後一個疑問：故事已經假設千里眼實際上是可靠的，邦究爾也說過，他未必需要藉著「千里眼」這種奇怪的能力來凸顯他的論點，以一般常見的心理機制亦可。既然如此，為什麼一般人還是會傾向於認為信念 B 是沒有證立的？在狀況四中，老王對於他事實上是可靠的千里眼（或者任何正常的心理機制）沒有正面的信念和證據來支持，也沒有反面的信念和證據來否認。邦究爾之所以認為老王的信念 B 是沒有證立的，是由於他認為即使信念 B 是由可靠機制產生的，仍然必須在理論上要求老王相信（甚至有理由或證據支持）該心理機制是可靠的。葛德門在討論「一廂情願之思考」造成的理論困難時，曾經因而修改他的歷史可靠論，進而改變了他外在論的初衷。此處邦究爾的說法如出一轍，並無不同。看來，徹底的證立外在論確實比較不符合學者以及一般人的想法。

第五節　知德與知識

或許是受到知德知識論的影響，葛德門很快將「知德」概念融入他的理論，發展出他的表列知德可靠論[13]。這是他證立可靠論的最新發展。這個發展除了葛德門的表列知德可靠論之外，還包括以梭沙為首的知德知識論。

為什麼知德知識論仍然隸屬證立可靠論的一個支流呢？這得從「知德」概念談起[14]。

---

[13]　請參閱 Goldman (1992b)。

[14]　依據 Axtell (1997) 和 Zagzebski (1996)，當代知德知識論者關於「德」的說法來自於亞里斯多德在 *Nichomachean Ethics* 一書首先發展的觀點。

知　德

對於葛德門和梭沙來說，「知德」指的是能讓認知主體掌握真理、獲得知識的心理能力。這種心理能力要如何理解呢？在眾多心理能力當中，有哪些是知德呢？借用梭沙的說法，對於「知德」的理解包括四點：

⑴任一知德都是一種能力，而且所有能力是一種傾性；

⑵這種能力是心理的；

⑶這種心理能力是知性的；以及

⑷這種知性的心理能力是一種「德」（具有規範意義）。

首先，人的能力很多，但不是所有能力都是心理能力，例如跳高的能力。其次，「知德」所指的這種心理能力必須是知性的。不是所有的心理能力都是知性的，例如敏銳感受他人的感受的能力、博取他人好感的能力、社交的能力、自我克制的能力等等都是心理能力，但都不是知性的。知性的心理能力其運作必定直接或間接涉及命題知識或者與真假有關的事情。例如，直觀、推論（包括演繹的、歸納的以及解釋的推論）、心算、記憶、揣測、判斷、懷疑、千里眼、精神感應等等，這些都涉及具有真假值的信念或判斷。

最後，有些知性的心理能力是一種具有規範意義的「德」，此處梭沙採取的是目的論或者後果論的分析❺。這類知性心理能力的運作結果是我們所欲求的，能夠達致我們的知性目的。所謂達致知性的目的，指的是認知主體在任一認知活動的進行中，都能夠掌握到真理或者避免錯誤，也就是第一章說的「求真與除錯」的目的。同時，由於知性心理能力的運作跟這知性目的的實現有關，知性心理能力（亦即知德）具備真理傳導性。

任何一個知性心理能力的運作要實現知性的目的，莫過於它的運作能夠提高或者最大化所產生的真假信念的比值，也就是在認知主體所有信念中，真信念數目跟錯誤信念數目之比。這正是「可靠度」的意義。具備知德即在於提高或者最

---

❺　嚴格來說，亞理斯多德的目的論，當代哲學已不接受，而改採所謂的「自然目的論」。梭沙在引進亞理斯多德關於「德」的主張時，沒有注意到這個重大的差異。

大化這比值的方式,亦即提高真信念的數目,或者降低錯誤信念的數目。簡單說,知德具有可靠性。這類可靠的知性心理能力就是所謂的「知德」。

相對地,其他不是能達致我們求真與除錯目的的知性心理能力稱為「知惡」,因為其運作結果不是我們所欲求的,無助於(甚至有害於)我們達致求真與除錯的目的。這類「知惡」包括「倉促通則化」的心理習性、訴諸不恰當權威、乃至於特異心理學所謂的「千里眼」、「精神感應」等(如果真有這種特異心理能力)。簡單說,這些知惡阻礙了真理的傳導,它們的運作是不可靠的。

由於有關「知德」和「知惡」的理解都涉及心理能力是否可靠的,這是為什麼知德知識論可說是隸屬於可靠論的一個支流的緣故。

儘管如此,葛德門和梭沙對於「知德」的理解表面上似乎很接近,卻又有相當實質的差異。這些差異卻反而使得我們對於知德知識論究竟是如何理解「知德」的感到困惑:

㈠葛德門所談的「知德」是認知機制,但是梭沙明白指出他的知德觀點論不僅要求知識是從任何可靠機制產生的(真的)信念,他還要求該構成知識的信念是來自於知德或知性心理能力的運作。在他評述普藍汀格的適當功能論時,就已經明白指出:以「功能」來定義的心理機制,跟他之以「傾性」來定義的心理能力或知德,是不相同的 ❻。梭沙主張「知德」是一種心理傾性,而且是人類先天擁有的 ❼。他不僅區分「由可靠心理機制產生的信念」以及「由知德產生的信念」,更主張「知識」來自於後者,不來自於前者(設該信念為真,且其他理論要件皆滿足)。顯然梭沙認為他的知德觀點論才足以說明知識的性質,葛德門的可靠論和表列知德可靠論都做不到。

然而,不論是葛德門還是梭沙,兩人提到知德的時候,所舉的例子重疊很大。葛德門所舉出的知德包括:內省、知覺、推想(包括演繹的、歸納的以及解釋的

---

❻　請參閱 Sosa (1993: 58)。

❼　梭沙在另一篇論文指出「知德」有狹義和廣義 (Sosa, 1991c: 271)。狹義的「知德」指的
　　是上述的心理傾性,其意義比「心理機制」要狹隘;廣義來說,任何物件只要具有某
　　種功能,就具有「德」。這意義顯然又比「心理機制」來得寬鬆。這個區分是重要的,因
　　為「傾性」是由其底基結構因致的,「功能」則是被具現的,不能用底基結構來說明。

推想)、記憶。梭沙所討論的例子則包括內省、記憶、知覺、直觀理性、推想(包括演繹的、歸納的以及解釋的推想)。這令人感到困惑。既然他們所舉的例子都重複許多,梭沙如何區分「由可靠心理機制產生的信念」以及「由知德產生的信念」呢?梭沙憑什麼主張「知識」來自於後者,而不是來自於前者?

　　(二)「知德」跟「知惡」既然是相對的概念,如果「知德」是一種心理機制,則「知惡」相應地應該也是一種心理機制;如果「知德」是一種心理能力,則「知惡」相應地應該也是一種心理能力。我們不禁要問:有哪些心理機制或心理能力是「知惡」呢?葛德門明確指出,像瞎猜、一廂情願的思考、忽略反面證據、倉促通則化、情緒化思考等,都是知惡。但是這些絕對不會是梭沙所能承認的,因為這些都不是人的心理能力,更不是人的心理傾性。梭沙所能承認的「知惡」似乎是指像特異心理學所謂的「千里眼」和「精神感應」之類的特異心理能力。

　　其實,瞎猜、一廂情願的思考、忽略反面證據、和倉促通則化等,不僅不是心理能力,它們既稱不上是認知的方法,更難說是認知的機制,勉強來說,大概可以算是不當的認知方法或心理習性,是沒有在適當場合使用恰當的、相干的可靠心理製程所形成的。例如「倉促通則化」是指在進行歸納推論的時候,在還沒有審慎考慮所觀察現象的數量、差異和相干性,就匆匆做出歸納通則;例如「瞎猜」是指個體身處認知情境中,卻完全不使用任何認知能力和方法。

第六節　知德知識論

　　在說明了當代知識論對於「知德」概念的一些瞭解之後,接下來讓我們直接來看看兩個知德知識論的學說:葛德門的表列知德可靠論以及梭沙的知德觀點論。

表列知德可靠論

　　葛德門的證立可靠論發展了近二十年之後,在 1992 年將「知德」概念引入,提出了表列知德可靠論的主張:

　　(一)評估者心中自有一組知德與知惡的清單,這份清單是評估者實際擁有的。其次,「知德」是索引到哪個世界呢?葛德門一度提到,並沒有證據顯示一般人會

認為「德」與「惡」是相對於哪個可能世界的。因此他的表列知德可靠論似乎並沒有刻意要求「知德」與「證立」的世界索引性。不過，葛德門的評論似乎顯示一般人傾向於就實際現狀來看待「德」、「惡」，以及「證立」的問題。知德是索引到一般人心中實際擁有的表單，所以他的理論其實是將「知德」和「證立」索引到實際世界中的評估者。

㈡如果認知主體 S 用以產生信念的心理機制全部符合評估者心中表單所列的知德，則 S 的信念是有證立的；如果認知主體 S 用以產生信念的心理機制部分符合評估者心中表單所列的知惡，則 S 的信念是沒有證立的；如果認知主體 S 用以產生信念的心理機制完全沒有符合評估者心中表單所列的知德跟知惡，則 S 的信念是「非證立的」。

㈢評估者心中的表單是如何形成的呢？大致來說，評估者心中所擁有的是一些被認可為知德的範例，以及一些被認為是知惡的範例。當然，任何心理機制究竟是知德還是知惡，還是由評估者認定的可靠性來決定。這一點似乎又讓我們回到了葛德門先前修改歷史可靠論的想法。

儘管如此，恐怕葛德門必須面臨四個困難：

第一，信念的證立條件與評估者是無關的。總不能說，主體由某個極不可靠的心理機制產生的信念，由於是在評估者所接受為知德的清單上，就據以承認該信念是有證立的吧！總不能說，主體由某個極可靠的心理機制產生的信念，由於是在評估者所接受為知惡的清單上，就據以認定該信念是沒有證立的吧！

第二，評估者心中的清單究竟是如何形成的，葛德門並沒有真正提出說明。為什麼要將知覺列入知德的清單呢？為什麼要將一廂情願的思考列入知惡的清單呢？似乎他能提出的解釋是：評估者對於某個心理機制的運作經由經驗的累積，歸納得出該心理機制是可靠的。不過如此一來，㈠「歸納」本身是不是一個知德，已經是有問題的。㈡這解釋是悖論的。假設「歸納」是列在清單上的知德，則不該訴諸歸納來解釋為何將歸納列在知德清單上。假設歸納沒有列在知德的清單上，則歸納不被主體或評估者認定為知德。所以，不該使用歸納來解釋知德清單的產生。㈢最後，這種歸納解釋未必是正確的，因為我們之信賴知覺似乎不是靠歸納得來的。

第三，上述關於知德清單如何產生的問題，其實已經暗指葛德門的表列知德可靠論會承認各人心中所列的清單可以不相同，因此主體的信念究竟是不是有證立的，將會相對於不同評估者所列的清單。這是很奇怪的。如果我們接受這種將「證立」相對到每份清單的極端立場，千里眼反例未必會是難題，因為它會不會構成難題，要看相對於哪份清單。如果千里眼在甲的清單裡是知德，在乙的清單裡是知惡，對於主體由千里眼產生的信念進行評估將是一件沒有意義的事！

第四，即使所有人的清單都相同，這並不能排除所有人的清單都是錯誤的可能，例如所有人都誤將不可靠的機制當作是可靠的。因此，表列知德可靠論並不能依據清單來決定心理機制是知德還是知惡。

知德觀點論

梭沙的知識學說自稱為知德觀點論。前面已經提到，他將「知德」視為一種能力，並將能力視為一種傾性。由於「傾性」必須依其場域 F，在認知主體所處的環境（可能世界）E 中，在它運作的特定條件 C 滿足下，才會顯現，所以對於「知德」的理解包括這三要素，這也是梭沙所說的 "ECF" 條件。本書將梭沙的符號補足成為 "$V(E, C, F)$"，並解說他的理論如下 [18]：

> 認知主體 S 具有知德 $V(E, C, F)$，若且唯若，
> (1)如果下列三點皆成立，則 S 基於其內在本性 I 的運作而相信 p，有極
> 　　高的正確機率：
> 　　(a) S 居處於某環境（可能世界）E 中，且 S 具有某種內在本性 I；
> 　　(b)某命題 p 屬於 F；
> 　　(c)對於命題 p 來說，S 處於某組條件 C。
> (2)「無拓展條件」亦滿足。

舉例來說，老王的視覺在實際世界（亦即 E）能成為一項知德的條件是：老王實際上有某種本性 I，該本性構成人的視覺系統（亦即人的視覺神經系統的結構）；視覺必須在某組特定的條件 C 下才能適當運作，例如外在條件包括距離、光線的

---

[18]　梭沙自己的符號是 "$V(C, F)$" (Sosa, 1991c: 285)。

強弱、某事物是否被遮住等，以及內在條件包括是否睡眠充足、是否視力經過校正、是否醉酒、是否受到藥物影響等。在這組條件成立下的事物或現象都是可被老王看見的。在這些條件都滿足的情形下，如果「桌上有本書」p 是其中的一件事情，則老王對於 p 的視覺結果有極高的正確機率。若如此，視覺是老王在實際世界裡擁有的一項知德。

「無拓展要件」的作用跟葛德門所提的「無相干選項要件」相似。「無拓展要件」是要排除這種情形：將上述定義裡的 E、C、F 加以擴充，改成 $E*$、$C*$、$F*$，並且認知主體在 $E*$、$C*$、$F*$ 之下，仍然會相信 p，但他正確相信 p 的機率不高。如果不能排除這種情形，就不能說認知主體具有那項知德。

在定義「知德」之後，梭沙接著區別信念的證立與信念的恰當性。所謂的「恰當性」意義如下❶：

> **信念恰當性**
> 認知主體 S 的信念是恰當的，若且唯若，該信念是由某知德 $V(E, C, F)$ 產生的；而且相對於 S 所屬的認知社群 G 而言，$V(E, C, F)$ 的可靠度跟 G 群成員使用 $V(E, C, F)$ 的可靠度平均值接近。

梭沙區分信念的「證立」跟信念的「恰當性」。這是由於他認為傳統對於「證立」的想法一直都是論證式的，也就是說，以「建構論證、提供理由」等來說明證立關係。「證立」因而純粹是內在於認知主體的。梭沙並將融貫論的基本想法帶入他的知德觀點論，將這種純粹內在的證立關係理解為內在信念系統的融貫關係。這是為什麼梭沙認為，在千里眼反例中的認知主體雖然其心理機制是可靠的，他的信念是沒有證立的。不僅如此，在新惡魔境況中的認知主體的心理製程是不可靠的，雖然他的信念是有證立的，他仍然沒有知識。因此，不僅「可靠性」不是證

---

❶ 梭沙有時候建議將 「證立」 概念一分為二 ： 稱為證立的本義以及識知恰當性 (Sosa, 1985: 243) ；有時候建議將 「證立」 當作是讓信念獲得恰當性以成為知識的一個方式 (Sosa, 1988: 255–256)。這兩個建議當然是不同的，但這應是梭沙在建構知德知識論過程中的轉折，毋須計較。

立的必要條件，「證立」也不是知識的必要條件。

梭沙關於「證立」的世界索引性則經常徘徊在「實際世界」以及「該知德運作的世界」兩者之間。他曾經提到兩種索引方式似乎都是該接受的❷。

最近梭沙終於將他關於「證立」的幾個想法整理，並明白做了兩組區別 (Sosa, 1994b: 36–37)：第一組區別是「相對證立」與「融貫證立」，在其下各自還有「表面證立」與「真實證立」（請讀者比較梭沙此處的區別與前述葛德門的區別）。

「表面證立」是將信念的證立索引到該心理製程運作的世界 W_i 中；「真實證立」的要件則是：該信念是由在實際世界 $W_@$ 中可靠的心理機制產生的。就千里眼境況來說，認知主體的心理製程雖然是可靠的，但是在幾個千里眼反例中，他都擁有許多跟他千里眼信念相反的理由或證據，所以他在千里眼世界中的信念系統是不融貫的，所以他由千里眼產生的信念是不證立的（不是「融貫－表面」證立的）。就新惡魔境況來說，認知主體的心理製程雖然是不可靠的，但是如果他的信念系統是融貫的，則他的信念是有「融貫－表面」證立的。所以如果我們的實際世界不是惡魔世界，梭沙會同意惡魔世界中的信念既是有證立的（當「知德」是索引到我們的實際世界時），也是沒有證立的（當「知德」是索引到該惡魔世界時）。簡單說，只要一個心理能力或傾性事實上是可靠的，構成為知德，則在其他條件滿足下，由該傾性的運作而產生的信念才是有真實證立的❷。

認知社群索引性

梭沙的理論有一個特徵，是所謂的「認知社群索引性」，意思是說，對於心理機制可靠性的理解必須考量到是針對哪個認知社群來衡量的。在上述關於「恰當性」的定義中，認知主體的某個心理能力是否構成一項知德，必須就他所屬的認知社群來決定。當他的心理能力可靠度跟他的社群成員使用該心理能力的可靠度平均值相接近時，該心理能力是一項知德。這個主張跟葛德門的表列知德可靠論頗為類似。回顧前述，葛德門是以該心理能力是否符合評估者心中實際擁有的知德跟知惡的表單來做決定的。一般人在進行評估時心中的表單雖有不同，但應該

---

❷　請參閱 Sosa (1993: 60; 1994b: 37)。

❷　葛雷科亦表達相同看法，請參閱 Greco (1993; 1994)。

不會相差太遠。所以我們也可以說，葛德門的表列知德可靠論會承認知德具有某種程度的認知社群索引性。

　　「認知社群索引性」不是沒有疑問的。這要求會使得究竟一個心理能力是不是可靠的，必須要跟他社群成員的使用情形相比較。然而，如果該社群成員的某項心理能力其可靠度平均值很低呢？如果「可靠度」是用機率表示的，如果社群成員使用該心理能力的可靠度平均值遠低於 .5，例如只有 .2，很難承認該心理能力是可靠的。或許梭沙的意思是，除了認知主體某心理能力可靠度跟他的社群成員使用該心理能力的可靠度平均值相接近之外，還要求該平均值大於 .5（甚至大到一定程度，例如 .85）。但是這跟直接要求該心理能力的可靠度大於 .5（甚至大到一定程度，例如 .85）是一樣的，根本不必考慮社群成員。如此一來，「認知社群索引性」的要求將變得沒有意義。梭沙的知德知識論似乎最終還是回到可靠論的基本思路。

────────────────────────────────────　● 重點回顧 ●

- 知識因致論 causal theory of knowing
- 常態世界可靠論 normal world reliabilism
- 表列知德可靠論 list virtue reliabilism
- 知德知識論 aretaic epistemology; virtue epistemology
- 知德觀點論 virtue perspectivism
- 廣域可靠性 global reliability
- 主觀機率論 subjectivist theory of probability
- 相對頻率機率論 relative frequency theory of probability
- 機率算學 Probability Calculus
- 世界索引性 world indexicality
- 一廂情願的思考 wishful thinking
- 識知地位 epistemic status
- 嚴格化 rigidify

· 克理普奇 Kripke, Saul (1940–)

· 普遍性難題 generality problem

· 費爾曼 Feldman, Richard (1948–)

· 特異心理學 parapsychology

· 普藍汀格 Plantinga, Alvin Carl (1932–)

· 適當功能論 proper functionalism

· 信念之恰當性 aptness of belief

第十章　知識理論

　　本書第二章曾經提到，哲學家對於知識的研究有兩大方向。這一章介紹的是第二個方向，通常歸類為知識外在論的研究進路。這一類的理論並不遵循傳統知識論的基調，僅接受「知識」的前面兩項要件（亦即真理要件，以及信念要件），不主張識知證立是構成知識的一個要件。當然，這不表示他們認為「證立」概念是不重要的，只是他們認為有關知識的問題與證立的問題是分開獨立的。本章介紹三位知識外在論的主要人物：葛德門、諾其克、卓斯基。

　　前一章已經提過，葛德門的知識學說歷經幾次轉折，除了最早提出的知識因致論以外，葛德門後續不斷發展的知識理論（和證立理論）都是以「可靠製程」或者「可靠心理機制」作為核心概念（當然還包括「可靠方法」），所以他自己和一般知識論文獻都將他的有關「知識」的立場統稱為「製程可靠論」。本章將介紹葛德門的知識因致論、知識區辨論、製程可靠論，因為這三套理論並不將「識知證立」作為「知識」成立的要件。

　　本章要介紹的第二個知識理論是諾其克的索真論（1981 年），是另外一種外在論的知識學說。在知識論學界也有將諾其克的理論歸類為可靠論的一種，不過，嚴格來說，他的理論並沒有使用到「可靠製程或機制」概念。他的理論之所以可歸類為可靠論的一支是另有理由的，在本章第三節會作說明。

　　最後，卓斯基的資訊知識理論，引進數學的資訊概念以分析「知識」。雖然他的學說在知識論學界並沒有引起太大的討論，他的資訊知識理論仍自成一家之言，本章將另闢一節說明。

第一節　知識因致論

葛德門提出知識因致論的原始動機是為了回應蓋提爾難題，卻因而開創了一條與傳統知識論截然不同的進路。雖然他自己在幾年後基於一些理論困難放棄了這套理論，他後續的學說仍然是在這個外在論的研究進路下開展，形成當代知識論的一大宗派。

知識因致論主張知識的成立除了真理要件以及信念要件之外，還必須包含兩大要件——因果連結以及正確重構：

> **知識因致論**
> 認知主體 S 知道 p，若且唯若，
> (1) p 為真，
> (2) 主體 S 相信 p，
> (3) 事實 p 以某種適當方式與 S 之信念產生因果連結。

這個理論涵蓋了真理要件、信念要件、因果連結要件，至於正確重構要件則隱藏在「適當方式」這個修飾詞內。尤其，「證立」並不構成知識的要件，所增加的「因果連結」要件以及「正確重構」要件也不是用來說明「證立」的。對於知識因致論的瞭解關鍵顯然在於：

問題一：為何主張因果連結要件？
問題二：什麼是正確重構要件？

方才說過，葛德門提出知識因致論的原始動機在於回應蓋提爾難題。請回顧蓋提爾依據他的分析，雖然「老王有一輛那家廠牌的車子或者老陳現在人在巴黎」這個選言命題為真，但其實這是由於「老陳現在人在巴黎」為真，經由邏輯演算，才推導出該選言命題為真的。然而「老陳現在人在巴黎」之為真，並未與老張的信念有任何因果關聯。

知識因致論要求所知的事情因致該信念的出現。事實與信念之間的因果關聯

有直接的，例如自己親自知覺到該事實。這種因果關聯也有間接的。這種間接的方式有兩種：推論以及證詞。請回顧第五章第五節和第六節的說明。就推論方式來說，某件事實 p 因果上產生另一件事實 q，q 的發生進而使得老王相信 q。接著老王基於他原先所擁有的一些背景訊息，推論出 p 是件事實，進而相信 p 是有發生的。就證詞方式來說，老王知覺到某事實 p，再轉告給老張。轉告的過程中當然還要涉及老張自己知覺的運作（老張得聽到老王發出的聲音、讀到他寫的文字，或者看到他記錄的影像）。葛德門將經由這些方式獲得的知識稱為「第一種型態」的知識。

事實與信念之間的因果關聯還有第二種型態，涉及所謂的共同因。所謂的「共同因」，顧名思義，就是說兩個事件的發生來自於同一個原因。一個簡單的例子是一群人同時在某家餐廳吃午飯，但同時都出現上吐下瀉的症狀。該餐廳提供給他們的食物是不清潔的，是造成這些人都腹瀉的共同原因。當然，嚴格來說，每個人自己吃下的食物是不同的。對於個別的每一個人來說，造成他上吐下瀉的是他自己吃下的不清潔的食物，所以還不能算是真正的共同因。若追根究底，應該進一步追查，造成所有這些食物不清潔的，例如廚房的髒亂、廚師的不良衛生習慣，或者所購買的菜肉本身是不清潔的，才是真正的共同因。

葛德門所說的第二種型態的因果關聯，就是指這種共同因的狀態。假設老王相信 p。如果，q 是同時造成 p 發生的原因，也是產生老王關於 p 的信念，則 q 就是這兩者的共同因。在這種情形下，老王關於 p 的信念仍然是被因致的。

不過，僅僅有因果關係將信念以及被相信的事實連結在一起，是不夠的。葛德門進一步主張，要使得認知主體的信念構成為知識，還必須認知主體能夠滿足「正確重構」這項要件。簡單說，認知主體必須能夠正確的重構造成其信念的因果連結。葛德門並不要求認知主體必須能將所有因果連結的過程鉅細靡遺地重構出來，但他要求認知主體至少必須將重要的環節重構出來。葛德門之所以增加「正確重構」這項要件是有理由的。假設老王相信 p，而且他的信念確實是從 p 因果上連結產生的（上述的第一種型態，或者第二種型態）。但是老王僅僅是在猜測有出現這種從 p 到信念 p 的因果連結而已。在這種情形下，我們不願意承認老王具有關於 p 的知識。「正確重構」這項要件就是用來排除認知主體關於其信念的因

果連結有這種不恰當的理解。

請讀者留意，儘管葛德門的知識因致論一般公認是知識外在論的學說，但他提出的「正確重構要件」使得他的理論並不是純正的知識外在論。

知識因致論最大的貢獻在於它是一套完全與傳統知識論迥異的思考方式。首先，傳統知識論將「證立」視為知識的要件，但是知識因致論不再將「證立」當作知識的要件。其次，知識因致論改提出對於「知識」的理解必須考量外在因素。後續知識論的發展能夠另闢新徑，葛德門功不可沒。

第二節　知識區辨論與製程可靠論

葛德門終究放棄了知識因致論。為什麼呢？在他的理論發展中，遇到了底下這個例子（本書做了一些調整）：

假穀倉案例

假想老王開車載老張在鄉間小路行駛，附近都是稻田、農舍和放養的雞鴨。他們兩個一路上聊天，偶而還對路邊的景物感到好奇。（兩個都市佬！）老王看到路邊一座建築物說：「那是一座穀倉。」一路上他們看到了兩三個跟剛剛看到的穀倉非常類似的建築物。老王不知不覺對著老張說：「你看那裡又有一座。」手指著右前方不遠一棵大樹旁邊的建築物。在這之後他們再也沒有看到任何類似穀倉的建築物了。

可是老張和老王並不知道，某大導演正在這附近拍電影。在這附近到處都是假的穀倉，是拍電影用的道具，用保麗龍和三夾板簡單搭起來的。假穀倉混雜在真穀倉之間，設計得很好，從路上開車的角度來看，絕對不會拆穿。可是不知為什麼他們兩人運氣真好，他們兩人一路上看到的那兩三個居然都是真的穀倉，他們不曾看到任何道具穀倉。

請問：老王知不知道右前方不遠那棵大樹旁有座穀倉？

按照知識因致論的分析，「那棵大樹旁有座穀倉」為真，老王相信那是真的。尤

其，老王的視力正常，當時風和日麗，那座穀倉距離老王並沒有太遠，視野相當清楚。最後，那座真穀倉確實是因果上引發老王這項知識的事物，而且老王確實可以正確重構出這因果連結。所以，老王滿足按照知識因致論所提出的知識要件，他知道那棵大樹旁有座穀倉的。可是，這裡似乎有一點運氣的成分。在那附近還有許多道具穀倉，老王只是運氣好，遇到的都是真的穀倉，並沒有碰到任何道具穀倉。如果老王碰巧遇到的是假穀倉，他那項信念就不構成為知識了。

　　這個故事想說的是，即使我們的知覺系統一切正常，即使知覺的環境條件（光線、距離等）一切正常，即使所知覺到的確實是事實，即使其信念是由該事實在因果上引起的，仍然不表示我們真正獲得了知識。葛德門的分析認為，這其中的關鍵在於應該多一項要求：我們必須能區辨當時的知覺情境，尤其我們能實際上對於各種相干選項做出區辨。

> **知識區辨論**
>
> S 對於 p 具有知覺知識，若且唯若，
>
> ⑴ p 為真；
>
> ⑵ S 相信 p；
>
> ⑶ S 關於 p 的信念是由可靠的知覺機制產生的；
>
> ⑷ 不存在其他與 p 相干的選項（無相干選項要件）。

知識區辨理論的第三項要件主張：產生信念的認知機制或心理製程（主要是知覺機制）必須是可靠的。這是葛德門後來發展可靠論的開始。第四項條件要求不存在有相干選項造成損壞，稱為無相干選項要件。假想在某個情境中，認知主體 S 事實上相信了 p。但在該情境中同時另外有一命題 q 為真，而且 q 之為真會影響 S 是否相信 p（無論 p 是否實際上為真）。換句話說，如若 S 相信 q，則 S 必當不再相信 p❶。此時，q 就是一項與 p 相干的選項。只有在沒有相干選項存在時，才能說主體擁有關於 p 的知識。如果有相干選項存在，但認知主體 S 在這情境中無法區辨 p 與 q 兩個命題，S 沒有關於 p 的知識。在上面「假穀倉」的例子裡，

---

❶　此處是用如若條件句來表示的。

除了真穀倉之外，事實上還有許多道具穀倉在附近。「有假穀倉在附近」就是一個相干的選項。如若老王和老張相信附近有假穀倉，則在他們看到那棵大樹旁邊那座建築物時，他們必當不會出現那棵大樹旁的建築物是（真的）穀倉的信念——除非他們作進一步的確認，也就是進行區辨的工作。由於在故事裡，對於老王來說，還多出了「附近有些假的道具穀倉」這個選項，因此不能說老王知道那棵大樹旁有座穀倉。

　　知識因致論與知識區辨論當然有很大的限制。首先葛德門這兩套理論只侷限在與知覺直接有關的知識，可是我們有許多知識不是直接與知覺有關的。如果我們有關於未來的知識，則由於我們不可能觀察到未來，葛德門這兩個理論自是有問題的。即使否認我們擁有關於未來的知識，仍然還有許多類型的知識不是靠知覺提供的。例如，我們知道所有老鷹都會飛。這種涉及「所有」的全稱命題不是靠知覺就能夠獲得的，畢竟沒有人能夠知覺到所有的老鷹。例如，科學家有關微觀世界的命題，不是靠知覺能夠直接獲得的。「微觀世界」就是不可觀察的世界。歷史知識也是一個例子。我們不可能知覺到項羽火燒阿房宮當時的情景。當然，有關微觀世界的知識以及歷史知識，終究來說，還是會涉及到知覺的作用，只是這裡免不了還涉及到知覺以外的認知機制或者認知方法的運作。最後，還有一種類型的知識也是與知覺無關的，例如邏輯知識和數學知識。葛德門的理論也無法說明這種類型的知識。（不過，葛德門提出這兩理論的時候，本就無意觸及最後這類型的知識，所以我們也不必過於苛求。）

　　另一方面，葛德門的知識區辨論在後續知識論的發展中有兩項重大的貢獻：第一，這理論首先將「可靠」概念以及認知機制的運作，引進對於「知識」的理解。第二，這理論首先提出「無相干選項要件」。對於許多知識論學者來說，這一項要件在提出對於懷疑論的反駁時，有關鍵的作用。簡單說，這些知識論學者認為，懷疑論所提的假設其實是不相干的選項，可加以排除。除了知識因致論以外，葛德門後續的知識理論（包括第九章介紹的證立可靠論在內）都是以「可靠心理製程或者認知機制」作為核心概念（其次則包括可靠的方法），所以他自己和一般知識論文獻都將他的研究進路統稱為「製程可靠論」❷。

---

❷　請參閱 Goldman (1986: 52)。

> **製程可靠論**
>
> S 知道 p，若且唯若，
>
> ⑴ p 為真；
>
> ⑵ S 相信 p；
>
> ⑶ S 關於 p 的信念是由可靠的心理製程 M 所產生的；
>
> ⑷ 這個心理機制（方法）M 如果是獲得的，而不是先天的，那麼獲得 M 的二階心理機制必須具有二階可靠性。

此處所說的「二階心理機制」是指使得我們獲得（學得）初階心理機制或者方法的那些心理機制。

第三節　索真論

　　哲學家諾其克提出另外一種知識外在論的學說 ❸。他的理論仍然保留傳統知識論的前兩項知識要件。他和葛德門一樣，不接受傳統知識論的「識知證立」要件。諾其克認為獲得知識是一種索真的過程，因此知識的成立必定要滿足「索真」要件，也就是下列的要件⑶以及要件⑷：

> **索真論**
>
> 主體 S 知道 p，若且唯若，
>
> ⑴ p 為真；
>
> ⑵ S 相信 p 為真；
>
> ⑶ 如若 p 不為真，則 S 必當不相信 p；
>
> ⑷ 如若 p 為真，則 S 必當相信 p。

要件⑶和要件⑷合稱「索真」要件。這是由於兩者指出：S 之相信 p 與否與 p 之真假具有共變的關係。由於共變關係是可靠的，諾其克的索真論可被歸類為可靠

---

❸　關於諾其克的學說，請參閱 Nozick (1980)。

論的一種。

　　嚴格來說，在要件(2)中，我們應該補充，S 是透過何種認知機制而相信 p 的。在要件(3)和要件(4)中，p 之真假與 S 之相信 p 與否，兩者之間的共變關係究竟是不是成立，必須是針對相同的認知機制來說的，否則索真要件就會失去作用。換句話說，諾其克並不允許在要件(3)中的認知機制不同於要件(4)中的認知機制。

　　索真論非常關鍵的地方在於：索真要件是以如若條件句的方式陳述的。方才我們就已經遇到葛德門以如若條件句來說明「無相干選項」。此處如若條件句仍有其重要的功能。讓我們稍停，先看看與如若條件句有關的一些議題。

　　初步來說，條件句分為直敘條件句以及如若條件句。借用英文文法所謂的「語態」，直敘條件句以 "If it is the case that p, then it is the case that q" 表示，如若條件句以 "If it were the case that p, then it would be the case that q" 表示（姑且不論其時態）❹。由於中文沒有適當的文法來分別兩者，本書以「若 p，則 q」表示直敘條件句，以「如若 p，則必當 q」表示如若條件句。

　　以下是一些典型的如若條件句的例子：

　　　· 如若德國先發展出原子彈（並用於戰場），則德國必當贏得二次大戰。
　　　· 如若飛機尚未發明，則從臺灣到美國必當要耗費兩個月以上的時間。
　　　· 如若三顧茅廬的是曹操，則孔明必當是曹操的軍師。
　　　· 如若我是超人，則我必當會飛。

這些條件句的前件都「設定」為不符合事實的，因此以「假想語態」的文法來表達。

　　表面來看，條件句的區別似乎只是英文（以及其他一些語言）的文法而已，沒有什麼重要，不過事實上，條件句的區別既有其邏輯意義，亦有其哲學功用。哲學家對於如若條件句之所以產生興趣，可從科學哲學看到它的重要性。

　　科學理論是由科學假設與科學定律構成的，科學定律為真，而且具有必然性。我們一般人認為自然界（物理界）本身的運作有其必然性，例如在常溫常壓下（攝氏 25 度，一大氣壓），將水加熱至攝氏 100 度，則水沸騰❺。這是所謂的物理必

---

❹　究竟如若條件句與反事實條件句是否相同，仍有爭議之處，本書不討論。

然性。(當然，物理必然性與邏輯必然性是不同的。)對一般人來說，科學定律就是掌握、描述了物理必然性的陳述，因此也可稱為自然律。邏輯經驗論在不承認物理必然性的基本哲學立場下(此立場源自休姆)，如何說明科學定律的必然性成了他們必須面對的課題。休姆否認物理必然性，改以心理習慣來說明為什麼我們會認為科學定律是必然的。邏輯經驗論與休姆一樣，否認物理必然性，但他們不接受休姆訴諸心理習慣的說法，而是企圖將科學定律轉換成相對應的如若條件句。邏輯經驗論的嘗試因為遇到難以克服的困難，終告失敗。儘管如此，就目前科學哲學界的氛圍來看，哲學家大致上同意科學定律是「受到如若條件句支持的」，亦即科學定律蘊涵與其相對應的如若條件句❻。看起來，不論是邏輯經驗論還是現在科學哲學界的主流思維，如何理解如若條件句都是必須解決的哲學課題。

　　如何說明如若條件句的真假值及其意義❼?哲學界已經出現一些重要的理論，此處簡單介紹史托爾內克的可能世界語意學❽。

　　史托爾內克以 "$p>q$" 來表示如若條件句「如若 p，則必當 q」。他認為不能將如若條件句理解為實質條件句。實質條件句就是以邏輯的真值表來定義的條件句。以邏輯來說 ，"$p>q$" 和 "$p\supset q$" 的語意性質和邏輯性質是不同的 ；後者是真值函數，前者不是。接著，史托爾內克引進所謂「選擇函數」f，以某個世界 W_i 和 p 為輸入值，以可能世界 W_j 為輸出值：$f(p, W_i)=W_j$。"W_j" 表示的是與 W_i 最相似的世界。史托爾內克藉此定義了如若條件句的真假值：$p>q$ 在 W_i 為真，若且唯若，q 在 W_j 為真。用一般的話來說，$p>q$ 在 W_i 為真，若且唯若，在 p 為真的而且與 W_i 最相似的 W_j 世界中，q 為真。假設 "W_s" 是經由某選擇函數挑選出來的，

❺　哲學界所說的「物理界」一般來說，是廣義的，包括自然界的一切，簡單說，包括物理學、化學、天文學、地質學、生物學、生理學等等，所研究的物體與現象。

❻　最近十餘年來，澳洲哲學界主張確實有物理必然性，並且引入傾性概念來試圖理解科學定律的必然性。

❼　這些年哲學界關於條件句的研究有許多重大的進展，請參閱 Edgington (1995) 的解說。國內王文方教授對於條件句有深入的探討與獨到的見解 ，本書會注意到假想語態條件句的重要性，係受到王教授的啟發。

❽　請參閱 Stalnaker (1968)。

與實際世界 $W_@$ 最相似的可能世界。史托爾內克主張，$p>q$ 在實際世界為真，若且唯若，在 p 為真的可能世界 W_s 中，q 也為真。

上述對於史托爾內克理論的介紹過於專技，舉個例子會比較清楚。你現在正在考歷史。你看到第七題時，不曉得答案是什麼，你很肯定答案就在課本的第三十九頁，但是偏偏你考前只複習到第三十八頁。你很懊惱，心裡怨嘆著：「要是考前有複習到第三十九頁就好了！」你的怨嘆可以改用如若條件句表示：「如若我考前有複習到第三十九頁，則我必當會正確回答第七題。」這個如若條件句依常識判斷顯然為真。依據史托爾內克的理論，假想一個情境（世界），跟實際情境幾乎一模一樣，唯一的差異是你真地考前有複習到第三十九頁，亦即 p 為真。在這假想的情境中，「我正確回答第七題」應該為真，亦即 q 為真。所以史托爾內克的理論符合我們常識的判斷。

上述的介紹當然過於簡化史托爾內克的理論，也沒有討論到這個理論的困難及其後的發展。不過既然我們關注的是諾其克的索真論，就讓我們暫時介紹到這裡。

借用史托爾內克的可能世界語意學，諾其克索真論的要件⑷「如若 p 為真，則 S 必當相信 p」可以如此理解❾：在最近似實際世界的 p 為真的可能世界裡，「S 相信 p」為真。他的要件⑶「如若 p 不為真，則 S 必當不相信 p」可以如此理解：在最近似實際世界的 p 不為真的可能世界裡，「S 不相信 p」為真。所以，如果在最近似實際世界的 p 為真的可能世界裡，「S 相信 p」為假，則 S 沒有滿足要件⑷，S 沒有關於 p 的知識。同樣地，如果在最近似實際世界的 p 不為真的可能世界裡，「S 不相信 p」為假，則 S 沒有滿足要件⑶，S 沒有關於 p 的知識。

在第二節曾經舉過「假穀倉」的案例。讓我們用這個例子來看看諾其克的索真論如何分析。在「假穀倉」的案例中，常識的判斷是：儘管老王看到的右前方不遠那棵大樹旁那座建築物是真穀倉，老王不知道右前方不遠那棵大樹旁有座穀倉。根據諾其克的索真論，老王的情境違反了要件⑶：如若 p 不為真，則 S 必當不相信 p。假想一個跟實際情境幾乎一模一樣的情境（所以同樣有某大導演在附近放了很多逼真的道具穀倉），唯一的差異是，老王看到的右前方不遠那棵大樹旁那座建築物並不是真穀倉。在這假想的情境中，老王仍然會相信右前方不遠那棵

❾　請將「S 相信 p」當成史托爾內克理論中的 "q"。

大樹旁那座建築物是真穀倉，畢竟老王仍然無以分辨真穀倉和假穀倉。以 "p" 表示「右前方不遠那棵大樹旁那座建築物是真穀倉」，"q" 表示「老王不相信右前方不遠那棵大樹旁那座建築物是真穀倉」。在這個 p 不為真的假想情境中，q 為假。因此，根據諾其克的索真論，老王不知道右前方不遠那棵大樹旁那座建築物是真穀倉。

　　雖然諾其克的索真論看起來相當不錯了，他的理論面臨一項無法克服的困難。他的理論會承認下列情形：我知道某個連言命題 $p \wedge q$，但我卻不知道其中的連言項 p（或者 q 也可以）。在知識論裡，有所謂的「識知分配原則」（"$\ni$" 是「邏輯蘊涵」的意思）：

　　識知分配原則

　　$K(p \wedge q) \ni (Kp \wedge Kq)$

諾其克的索真論將會使得這條原則不成立。但這情形是荒謬的。我怎麼可能知道一個連言命題，卻不知道其中的一個子命題？舉例來說，如果我知道〈老張是學生而且王五是老師〉，我怎麼不可能知道老張是學生？

　　或許這項困難不出在於諾其克的索真論，反而是與我們如何分析如若條件句有關。是否能夠提出一套適當的有關如若條件句的理論，同時又能辯護索真論呢？

第四節　資訊知識理論

　　資訊知識理論係將數學中的資訊理論（亦稱「溝通理論」）帶入對於「知識」的分析。本節先介紹一些基本概念，再來解說資訊知識理論❿。

　　首先，我們以 x 和 y 表示任何事件，以 $P(x)$ 表示 x 的機率值。定義條件機率為：在 y 成立的情形下，x 成立的機率值（以 "$P(x/y)$" 表示）：

$$P(x/y) = df. \frac{P(x \wedge y)}{P(y)} \qquad \text{其中 } P(y) \neq 0$$

---

❿　請注意，此處的「溝通」係數學意義的，與一般所說的「溝通」意思不同。

當 $P(x/y)=P(x)$ 時，x 和 y 是「機率獨立」的；當 $P(x/y)≠P(x)$ 時，x 和 y 兩者不是機率獨立的，兩者之間具有依附的關係。

數學的資訊理論

數學的資訊理論研究事物本身所帶的資訊量以及介於兩事物之間的資訊通道所傳遞的資訊量。任何事件所帶的資訊量與其發生機率成反比。因此，發生機率低的事件所帶的資訊量，比起發生機率高的事件所帶的資訊量要多。數學的資訊理論將任何事件 E 所帶的資訊量定義為 $\log_2 1/P(E)$，單位為「位元」。舉例來說，丟擲一枚（正常的）硬幣，「有字的一面朝上」這事件 (E) 發生的機率 $P(E)=.5$。這事件帶的資訊量為 $\log_2 1/.5=1$ 位元。丟擲一顆六面骰子，其「一點」那面朝上的機率 $P(E)=1/6$，所以這事件所帶的資訊為 $\log_2 6$ 位元。

事件發生的機率雖然與其所帶的資訊成反比例，不過在極端的情形下則另有考量。如果 E 是必然不發生的，E 當然不帶有任何資訊。如果 E 是必然發生的，則 E 發生的機率 $P(E)=1$，因此 E 所帶的資訊為 $\log_2 1=0$ 位元。

所謂「資訊通道」其一端是訊號發送器（發訊器 s），另一端是訊號接收器（收訊器 r）。資訊管道所帶的資訊量稱為「相互資訊」，表示在收訊器發生的事件或收訊器狀態的變化（亦即發出某種訊號），依附於在發訊器發生事件或狀態變化（接受或者記錄訊號）的程度。如果在收訊器 r 發生的事件在機率上依附於在發訊器 s 發生的事件，亦即 $P(r/s)≠P(r)$，則 r 和 s 之間有溝通的管道，收訊器 r 擁有關於發訊器 s 發生事件的資訊。如果收訊器 r 和發訊器 s 之間是機率獨立的，則兩者之間不存在任何資訊。

如何將數學的資訊理論引入對於「知識」的討論呢？在哲學界最常舉的例子是水銀溫度計。水銀溫度計的刻度是用以反映室內溫度的，其水銀的高低反映室溫的變化。哲學家說，水銀所達到的刻度表徵了室內的溫度。人類也是一樣。人的各個知覺系統即是資訊的收訊器，外在世界即是資訊的來源。人所獲得的知覺知識即是人的知覺系統蒐集並擷取外在資訊的結果。更具體來說，外在世界的事物發出的聲波、移動的方式、釋放的味道、三度空間的呈現方位……，都是外在世界的物體所發出的訊號。人的視覺神經系統、聽覺神經系統等等，則是收訊器，

記錄所收錄的資訊。(請回顧第五章曾經介紹過人類的認知構造。)

　　資訊知識理論的主張當然不是這麼簡單。還有至少四點必須進一步說明：㈠數學意義的「資訊」與知識論所研究的命題知識，仍有基本的差異。這差異必須從語意學來瞭解。㈡數學的資訊理論為資訊知識理論提供了可靠論研究進路的依據。㈢為使得數學意義的「資訊」概念可用於資訊知識理論，我們必須採取客觀機率理論，不能採取主觀機率理論。㈣資訊知識理論可以是知識內在論的立場，也可以是知識外在論的立場。以下分別敘述。

資訊與信息

　　數學的資訊理論所研究的「相互資訊」是純粹機率意義的，並不處理那些訊號的語意性質。嚴格來說，水銀溫度計的水銀高度與室溫的變化，兩者之間是物理關係，不是語意關係，而且這種物理關係可以用數學量化。舉個類比來看，會清楚得多。當你開車遇到十字路口的紅燈亮的時候，遵守交通規則的你會停下車來。但其實「紅燈亮」只是一個物理現象，不具有語意的性質。只有在人類約定將「紅燈亮」代表「停車」時，「紅燈亮」的事件才具有語意的性質，亦即它的意義是「停車」。同樣地，水銀溫度計的水銀高度與室溫的變化，兩者之間純粹是物理關係，一直到我們將其變化以刻度劃出來，並給予華氏或者攝氏的表示法，這兩者之間才產生了語意的關聯。人類的手勢或者擺出來的身體姿勢，本身只是一種「樣子」、一種「形狀」。但是，當我們約定什麼樣的手勢或者身體姿勢表示什麼意思之後，這些手勢和身體姿勢就具備了語意的性質❶。基於這個緣故，我們必須區別事件或者訊號所帶有的資訊與其所帶有的語意性質。事件或訊號所帶有的語意性質是它的語意內容，也稱為信息。我們可以這麼說：數學意義的「資訊」與「信息」是不同的，資訊知識論需要的是「信息」概念❷。

---

❶　當然，並不是所有的手勢或身體姿勢所表達的意思都是刻意約定的，有一大部分是無意中形成，然後流傳開來的。

❷　在日常生活中我們並不特別注意到這兩者的差別，中文的 「資訊」 以及英文的 "information" 的用法也沒有特別加以區別。就現況來說，「資訊」一詞其實已經是「信息」的意思。在哲學討論中，「資訊」一詞同樣是「信息」的意思。這是為什麼「資訊

　　事件如何帶有信息呢？（事件如何具備語意性質呢？）從剛剛舉的溫度計的例子和交通號誌的例子可以看出，它們之具有語意性質是來自於我們人類的成文的與不成文的約定。我們使用的語言也是如此。哲學家將它們的語意稱為「衍生的」，因為它們的意義來自於它們表達了人類的想法。可是，人類的想法本身也是具有語意性質的。人類思想的語意性質從何而來？這個問題正好建立了語意學與知識論的關聯。當我們擁有命題知識時，為我們所知的命題是有語意內容的。如果你對我說：「老王的車子是紅色的。」如果我因而相信了這件事，我的信念內容是〈老王的車子是紅色的〉。我的聽覺系統當然接收到你所發出的聲波，你的聲波當然帶有資訊，但更重要的，你的聲波帶有信息，其內容是〈張三的車子是紅色的〉。我的認知系統就是從所接收到的聲波當中擷取了其中的信息。借用當代哲學家的「表徵」概念：我的信念表徵了〈張三的車子是紅色的〉這件事。從這個角度來看，知識論在研究人的命題知識時，勢必要瞭解人的信念是如何表徵外在世界的，亦即，信念的語意性質是如何決定的。

　　當代哲學家已經發展了許多套表徵理論，不是本書能一一解說的，此處順著本節的脈絡，簡單介紹資訊語意學的基本主張❸。卓斯基區別「自然意義」與「功能意義」，後者又區分為「自然功能意義」與「人為功能意義」。「自然意義」是指純粹發生於大自然的規律性的連結。例如，遠處森林冒著的濃濃黑煙，其意義為該處著火了。「人為功能意義」是指類似上述溫度計的水銀柱的刻度與室溫變化之間的關聯。溫度計的功能就是用以表徵室溫的變化，其功能則是人類藉諸水銀遇熱膨脹的物理原理來確定的。我們人類所處的信念狀態則具有「自然功能意義」。人的認知系統具有功能，能反映外在世界的現象，其反映的方式則是人的認知系統所處的狀態（亦即人的各種信念）與外在世界的狀態具有共變的關係。換另一個方式來說，人的認知系統的功能在於擷取外在世界的資訊（信息）。至於人的認知系統為何會具有這種功能，卓斯基引進演化理論來說明。為免偏離主題，此處

　　知識論」以及稍後介紹的「資訊語意學」仍然沿用「資訊」一詞的緣故。讀者從行文脈絡應可區辨「資訊」的數學意義及其日常表示「信息」的意義。

❸　此處介紹的是卓斯基的資訊語意學，請參閱 Dretske (1980)。資訊語意學還有另一個不同的版本，是佛德提倡的「反對稱依附表徵論」，請參閱 Fodor (1990)。

就不多談。

顯然知識的成立要件在於認知主體與外在環境的互動，「證立」並不構成知識的要件。只要所擷取的資訊是正確的，則認知系統所產生的信念就構成為知識。這是卓斯基所提倡的資訊知識理論。

資訊管道的可靠性

按照剛剛的敘述，似乎數學意義的「資訊」並沒有在資訊知識理論扮演什麼角色，畢竟哲學家真正需要的是具有語意的「信息」概念，不是數學意義的「資訊」概念。其實不然。剛剛定義的數學意義的「相互資訊」在資訊知識理論中是非常重要的。這是由於資訊知識理論必須回答一個問題：既然以「發訊器」和「收訊器」等概念來說明人對於外在世界的認知，這認知過程就是一種資訊通道。資訊通道所帶資訊量的定義使用了「條件機率」概念，亦即收訊器的狀態依附於發訊器狀態的程度是某個機率值。資訊知識理論對於這個機率值的要求是多少呢？

換個方式來說，一個經常故障的溫度計是不可靠的，即使它偶而有正確的時候。使用這種不可靠的溫度計，即使在使用當時碰巧測得正確的室溫，我們也不認為使用者當時真地知道室溫。回顧第二章的「掛鐘案例」，其表達的也是相同的要點。其實一個經常說謊的人，或者一個經常改變主意，讓人無所適從的人，即使說了真話，我們也不會在聽到他說的話之後，就因而擁有他所說那件事的知識。「狼來了」的故事，在知識論上的教訓是：「可靠」乃是知識成立的重要條件。基於這個緣故，資訊知識理論屬於知識可靠論的一個支脈。

可是，要多可靠才足以使得我們的信念成為知識呢？卓斯基主張，資訊通道的運作只有在機率值為百分之百時，只有在資訊通道的運作是十足可靠時，認知主體所產生的信念才足以構成為知識。如果這機率值低於百分之百，即使所擷取的資訊是正確的，認知主體的信念仍然不構成知識。機率值過低自然是不可靠的。然而為什麼會要求百分之百這麼嚴格的條件呢？要求如此高的機率值，豈不是使得我們大多數的信念都不足以構成知識？卓斯基另有考量。他接受「知識連言原則」：認知主體 S 之知道 p 且知道 q，蘊涵 S 知道（p 且 q），以符號記述為：

知識連言原則

$(Kp \land Kq) \supset K(p \land q)$

（請讀者留意：這個原則與先前介紹的證立連言原則不同。）假設我們主張資訊通道的機率值 x 不需要為百分之百，亦即允許 $x<1$，就使得我們的信念足以構成為知識。這主張將會違背知識連言原則。例如，我們要求 $x \geq .6$ 即足以使得任何信念構成為知識。我之知道 p 表示，關於 p 的資訊通道其機率值 $P(p)$ 達到 .6，同樣地，我之知道 q 表示，關於 q 的資訊通道其機率值 $P(q)$ 達到 .6。關於 $(p \land q)$ 的資訊通道其機率值 $P(p \land q) \leq .6$❹。如此一來，就有可能出現知道一件事，但是關於那件事的機率值 <.6 的情形，與原先 "$x \geq .6$" 之規定不符。卓斯基基於知識連言原則，因而要求資訊通道的機率值必須為 100%，才使得我們的信念足以構成為知識。

現在我們可以看出，為什麼如何理解「機率」的問題對於資訊知識理論是重要的。資訊知識理論第三項必須交代的就是它關於「機率」這概念的理解。這是很自然的理論要求，畢竟「機率」是這理論非常核心的概念。對於「機率」概念究竟要理解什麼事呢？此處關注的不是機率的數學性質，而是「機率是一種什麼性質？」這個哲學問題。如果採取主觀機率論，使用「理由」、「證據」等概念來理解「機率」，再使用「機率」概念來定義「知識」，則資訊知識理論將是循環定義的。因此，資訊知識理論必須採取客觀機率論才行。

本章解說的葛德門的知識因致論、知識區辨論、以及諾其克的索真論，都是「知識外在論」的立場。資訊知識理論通常也視為知識外在論的一種。不過，根據卓斯基的說法，資訊知識理論未必非得採取知識外在論的立場不可。資訊知識理論對於知識成立的要件，除了要求上述資訊通道的可靠性之外，也可以同時承認「證立」（有妥適理由或證據）作為知識成立的另一要件。（當然，「真」以及「信念」仍然是知識的要件。）這種資訊知識理論屬於知識內在論的研究進路。

不過，資訊知識理論通常只要求資訊通道的可靠性作為知識要件，並無意另增對於「證立」的要求。由於所謂的「資訊通道」係指外在世界與知覺系統之間的關聯，資訊知識理論特別適用於知覺知識。反過來說，這也是資訊知識理論不

---

❹　這是使用了機率連言律：$P(x \land y) \leq P(x)$。

足之處。畢竟我們的知識並不侷限於知覺知識。我們還有許多知識是透過刻意的推論（例如科學知識、比較複雜的數學證明）而獲得的。第五章提到各種知識的來源，感官知覺的運作只是其中之一而已。那些經由刻意推論而獲得的知識，既然是刻意的，勢必涉及認知主體的思考與反省，認知主體所抱持的理由或者證據必定有其作用。因此，對於這類知識，似乎知識內在論是比較可信的。葛德門的知識因致論與知識區辨論，以及採取外在論立場的資訊知識論，對於這些類型知識的解說顯有不足。

───────────────────────────────── ● 重點回顧 ● ───

- 知識外在論 knowledge externalism
- 製程可靠論 process reliabilism
- 無相干選項要件 no relevant alternatives condition
- 實質條件句 material conditional
- 資訊 information
- 條件機率 conditional probability
- 訊號 signal
- 信息 message

第十一章　科學知識

　　對於人類的科學活動進行哲學的探討，乃是科學哲學的專屬領域，有許多的哲學議題值得討論。基於本書的性質，本章將僅考量與知識有關的一些議題，包括科學研究的性質與方法、歸納法的困難、科學定律與科學理論、科學解釋、以及科學假設的核驗。

第一節　科學方法論

　　科學研究是我們獲得知識的重要管道，即使我們自己不是研究科學的，科學研究的成果經由科學家的記錄與報導，一般來說，都是相當可靠的證詞，讓我們在沒有進行科學研究的情形下，依然可以獲得科學知識。科學研究有其方法，有其目的，因而使得科學研究與其他人類的心智活動不同，如文藝活動、宗教活動、政治軍事活動等。科學研究是人類知性活動的一種。廣義來說，所謂的「科學」包括「形式科學」，以及不是形式的科學研究，稱為「經驗科學」。形式科學指的是邏輯學與數學。形式科學所提供的知識乃是先驗知識，會在下一章解說，此處先略過。經驗科學一般區分為自然科學與社會科學。物理學、化學、天文學、地質學、生理學、生物學等等，都是自然科學；經濟學、心理學、人類學、政治學、社會學等等，則是社會科學。

　　自然科學的研究提供我們關於大自然的種種知識，社會科學的研究以人類活動為研究的對象，使得我們瞭解人類活動的一些重要現象和特徵。通常對於「科學」這概念的瞭解莫不以自然科學為範例，尤其是物理學的研究方式，定立了科學研究的基調。當然社會科學之引入詮釋學和現象學等，發展所謂的「質性研究」，已經在這種趨勢之外，另闢一個新的思維。礙於本書的性質，將略過這方面

的解說❶。

　　所謂方法，是要達到某個目的的。科學方法是要達到科學研究的目的。那麼，科學研究的目的是什麼呢？科學的認知目的在於獲得科學知識，包括描述大自然的規律、解釋發生的現象（尋求其原因）、提供預測。科學活動主要包括觀察、實驗、測試假設、提供釋模、建立理論。

　　科學研究的成果大多使用量化的數據，以數學化的公式來表示。當然，像天文學和經濟學是不作實驗的，生物學也不完全是量化的。以是否作實驗、是否有量化來作為評斷一門學術是不是科學的標準，太過草率❷。從科學研究的方法來瞭解科學以及科學知識的獲得應是最好的途徑。

　　大致來說，科學研究的過程是從遭遇未解的現象開始、形成研究問題（「為什麼會發生如此這般的現象？」），進入構思假設、蒐集資料（觀察與實驗）、核驗假設的階段。如果提出的假設經恰當核驗的結果能讓人信服，則該假設進一步納入科學理論之中，否則即遭到修改甚至放棄。科學研究的成果會進一步發表在學術會議或者學術刊物，其目的在於透過同儕專業的相互檢驗，以減少錯誤或者帶動新的發展議題。當然，科學的不斷發展、資料的不斷蒐集、新實驗的設計、舊實驗的重新檢驗、新假設的不斷形成，在這些情形下，即使原先通過核驗的假設仍有可能需要重新翻修，甚至後來還是放棄。

　　在這過程當中，哲學家注意到的議題很多，本章解說 「歸納法」、「科學解釋」、「科學核驗」三項與科學知識的獲得密切相關的概念。

第二節　歸納法的難題

　　歸納法的基本架構在第五章已經做過說明，此處不再重複。歸納推論在日常生活和科學研究中使用得相當頻繁，我們通常也認為歸納推論是我們獲得知識的重要方法。歸納法有兩個用途，一是在建立通則、形成假設；另一是在核驗的過

---

❶　源於德國的「精神科學」（或「文化科學」）的思潮，並不認為自然科學是科學的典範。有關社會科學以及質性研究的議題，讀者可參閱胡映群譯 (2007)，《社會科學哲學》。

❷　如何區別科學與偽科學是二十世紀自邏輯實證論以來就非常關心的核心問題。

程中扮演關鍵的角色。通則是對於現象和現象之間關聯的描述。科學家藉由不斷的觀察和實驗，以及理論、猜想的指引，來找出可能的關聯，然後再試圖找出形成此關聯的要素（通常是所謂的「隱藏變數」），進而形成關於該關聯的理論說明。尋找現象之間關聯的步驟就需要使用歸納法以及其他的方法論。

不過，歸納法有兩個哲學難題，目前並沒有獲得清楚的解決：休姆難題和歸納新謎。

休姆難題

歸納推論面臨十八世紀英國哲學家休姆的強烈質疑。他的質疑非常有力，是哲學史上有名的「哲學醜聞」，意指歸納推論是如此常用、是人類對之倚賴甚重的思考方式，但哲學家對於如何解決休姆難題竟然無能為力。在哲學界休姆難題又稱為歸納（舊）難題。

究竟休姆提出的難題是什麼呢？他指出：我們沒有任何道理使用歸納推論，我們沒有任何方式可以辯護歸納推論是恰當的、好的、合理的推論思考方式；簡單說，歸納法是沒有證立的。但是我們日常生活當中仍然一直在使用歸納推論，科學研究仍然必須倚賴歸納推論。因此，歸納推論的使用是不理性的、獨斷的、沒有依據的。

休姆難題能成立嗎？休姆指出要辯護歸納法只有兩種方式：從演繹的角度來辯護，以及從歸納的角度來辯護。但這兩種方式都不可能提出令人信服的辯護。首先，從演繹的角度不可能用來辯護歸納法。從演繹的角度來看論證時，一項基本概念是論證的「有效性」。一個推論是有效的，若且唯若，不可能出現「前提全部為真而且結論為假」這種情形。

從演繹的角度之所以不能用以辯護歸納推論，即在於最好的歸納推論還是有可能出現「前提全部為真而且結論為假」的情形；接受其所有前提並否認其結論，並不是不可能的。既然如此，當然就有可能在接受一個歸納推論的全部前提時，不接受它原本的結論，而改接受其他的結論。這不合剛剛說的演繹邏輯以「有效性」作為接受一個推論的標準。

既然只有兩種辯護歸納法的方式，其中演繹的角度不足以做到這件事，就只

有從歸納的角度來辯護歸納推論了。但這當然是行不通的。畢竟，我們想知道的是究竟有沒有恰當的理由來辯護歸納法。

或許還有一個辯護方式：過去數千年來數不盡的人使用歸納法非常成功，科學研究藉著歸納法也都有非常好的成果，這麼好的紀錄應當足以辯護歸納法了。類比來說，如果某家公司過去製造的手機幾乎是零故障，該公司長期以來信譽良好，應當足以讓我們肯定該公司今年的新產品也是非常好的。可惜這樣的辯護仍然是有缺陷的。依據歸納法過去使用的成功情形，並不足以辯護歸納法，因為這個思考方式本身就是再一次使用歸納法。

歸納推論面臨休姆難題，迄今難解，我們卻仍然繼續使用歸納推論來建立知識。這或許是人類知性活動中的不理性成分吧！

歸納新謎

休姆的歸納難題至今尚未有滿意的解決，在 1954 年卻又出現了另外一個困難。哲學家古德門提出了著名的歸納新謎，又稱為翡翠悖論❸。古德門以翡翠為例，做如下的枚舉歸納法：

> 第一個已觀察到的翡翠是綠色的。
> 第二個已觀察到的翡翠是綠色的。
> 第三個已觀察到的翡翠是綠色的。
> ⋮
> 第 n 個已觀察到的翡翠是綠色的。
> - [r]
> 下一個會被觀察到的翡翠是綠色的。

所有這些前提，不論有多少，構成了支持結論的證據。這個歸納推論的結論也可以通則來表示：所有翡翠都是綠色的。

古德門接著造了一個新字 "grue"（音譯成「古魯的」❹），是一個形容詞：任

---

❸　請參閱 Goodman (1954)。

❹　這個英文字是將 "green" 和 "blue" 截頭去尾合併而成的。另外一個字 "bleen" 也是從這

何在現在之前被觀察到是綠色的事物或者在現在之後被觀察到是藍色的事物，都可以用 "grue" 這個詞來形容。另外一個字 "bleen" 有類似的作用，就不再說明。古德門進一步指出，剛剛例子的前提裡提到的那些翡翠，由於都是現在之前已觀察到是綠色的事物，符合「古魯的」這個詞的定義，所以都可以改用「古魯的」來形容。重新使用枚舉歸納法：

> 第一個已觀察到的翡翠是古魯的。
> 第二個已觀察到的翡翠是古魯的。
> 第三個已觀察到的翡翠是古魯的。
> ⋮
> 第 n 個已觀察到的翡翠是古魯的。
> = [r]
> 下一個會被觀察到的翡翠是古魯的。

同樣地，所有這些前提，不論有多少，構成了支持結論的證據。而且這個歸納推論的結論也可以形成通則：所有翡翠都是古魯的。

問題出現了。相同的觀察證據，相同的思考方法，卻得到不同的歸納通則。「所有翡翠都是綠色的」以及「所有翡翠都是古魯的」這兩個不同的結論都獲得相同的支持，究竟哪個通則才是恰當的呢？我們依據什麼來認定「所有翡翠都是綠色的」是應該接受的結論，「所有翡翠都是古魯的」卻不是？由於哲學家不知道如何可以滿意地解決這個困難，「歸納新謎」（或者「翡翠悖論」）成了歸納法的另一個著名的難題。

或許有人會立刻反駁，「古魯的」只不過是刻意造出來的形容詞，毫無接受這個詞的道理。從形上學來說，「綠色的」這個詞是有真正談到性質的，「古魯的」這個詞並沒有談到任何真正的性質。

然而事情沒有那麼簡單。請思考這個想像的故事：假設事實上英文有 "grue" 和 "bleen" 兩個字，但根本沒有 "green" 和 "blue" 兩個字。仿照剛剛的作法，使用 "grue" 和 "bleen" 兩個字刻意造出 "green" 和 "blue" 兩個字。所有原本使用

兩個英文字合併出來的另一個字。由於是刻意創造的新字，無中文可譯，故以音譯。

"grue" 做出來的歸納通則，都可以改用 "green" 來重新做出不同的歸納通則。就這假想故事來說，相同的觀察證據，使用相同的方法，依然得到不同的歸納通則。

問題的關鍵顯然不在於造了新字，而在於如何決定 "green" 是有表達性質的，"grue" 這個字卻沒有。更進一步來說，問題的關鍵是形上學的：為何〈綠的〉是一個性質，而〈古魯的〉卻不是一個性質？這些問題已經超乎知識論的討論，只得就此打住。

對於知識論的研究來說，歸納推論的兩大難題造成的結果，是一般人以及科學家之以歸納法獲得的信念，都是沒有證立的，進一步來說，科學研究當中那一大部分建立在歸納法的科學知識是獨斷的。這是很讓哲學家困窘、難堪的處境。難怪休姆將歸納難題稱為哲學界的醜聞。

第三節　科學定律與科學解釋

姑且不論哲學家什麼時候可以解決上述兩個歸納推論的困難，我們所擁有的很重要的科學知識是關於科學定律的知識：自由落體定律、理想氣體定律……。不過，有一個難題需要克服：如何區別科學定律與一般性的通則（稱為偶真通則）？換個方式來問：為什麼自由落體定律是個科學定律，「所有烏鴉是黑的」卻不是？

這個問題其實就是在找出科學定律應具備的特徵。韓培爾提出了他的看法。他認為科學定律除了為真之外，應該還有一些特徵：㈠任何科學定律都具備普遍性。例如，自由落體定律不能只對於石頭有效，對於木頭卻是無效的。表達科學定律的語句因此具備邏輯學家所謂「全稱語句」的形式：如果任何一個東西具有性質 F，則那個東西具有性質 G。但是這個條件是不夠的，例如「所有汽車都有引擎號碼」雖然是全稱的語句，並不是科學定律，這是因為這個全稱語句的使用範圍受到限制。所以科學定律的第二個特徵是：㈡表達科學定律的全稱語句不應該有使用範圍的限制。然而即使如此，仍舊不夠。例如「所有圖書館裡的所有書都有編號」這語句也是全稱的，它的使用範圍不侷限在哪一間圖書館，但是它依然不是科學定律。所以韓培爾要求科學定律應具備第三項特徵：㈢科學定律的描

述不應涉及某個特定的個體，包括不應該限制在某個特定的時空。這應該是可以接受的。重力加速度定律不應該是在美國有效，在歐洲無效，也不應該在十年前有效，在現在無效。

當代科學哲學界對於科學定律還主張至少兩項重要的特徵，是偶真通則沒有的：㈠科學定律可受到與其相對應的如若條件句支持，亦即可推導出與其相對應的如若條件句。這一點先前已經說明過，不再贅述。㈡科學定律能夠統合經驗資料，其統合的方式則在於能對經驗資料提供解釋，並建立一套具有解釋融貫性的系統。

解釋的類型

每一件解釋不論是科學的，還是科學以外的，都包含三個基本要素：解釋項、受解釋項，以及每一項解釋必定預設的參考類。「解釋項」顧名思義就是用來進行解釋的事物，「受解釋項」就是被解釋的事物，「參考類」則決定了解釋的論域。基於需要解釋的事物類型的不同，解釋有幾種型態，科學定律在其中都有一定的作用：

對於已發生的現象找出促使其發生的原因，稱為「原因解釋」（why 的解釋）❺。在原因解釋中，待解釋項是某個已經發生的現象，解釋項是用來說明促成該現象發生的原因。例如，某溪流的魚突然大量死亡，經研究發現其原因是有人在它的上流傾倒有毒廢棄物。

找出事物如何運作的機制，稱為「機制解釋」（how 的解釋）。例如人的心臟是如何促使血液循環的？這涉及到心臟的運作方式是一種幫浦機制。

找出一事物本身的性質和結構，或者找出事物與事物之間存在規律的解釋，稱為「本質解釋」（what 的解釋）。例如，化學告訴我們水就是具備 H_2O 這種分子結構的物質，這是有關本質和結構的解釋；例如氣體的體積與其壓力成反比，這是有關規律的解釋。（通常，我們比較傾向於說這是對於事物本質或者規律的「描

---

❺　科學哲學界自韓培爾始，試圖對於「科學解釋」提供釋模。他的演繹－律則釋模以及歸納－統計釋模是非常聞名的。他的研究引起哲學家的興趣，並有重大的進展，其發展佼佼者莫過於薩爾曼的統計－相干研究進路，最為精緻。

述」，並不將這種類型的知性活動視為解釋。）

通常一般人在尋求解釋時，大都習慣問：「為什麼？」但這種問法是相當含混的。有時候，「為什麼？」問的是原因，有時候「為什麼？」問的是理由（當然也有時候問的是機制的運作）。原因和理由是不同的：原因是物理現象，發生在某個特定的時空當中；理由是具有概念內容的命題，是人心中的信念。藉此我們也可以區分自然科學與社會科學。自然科學的解釋與描述針對的是物理現象，問的是「原因」意義的「為什麼」；社會科學的解釋與描述針對的是人類的意向活動，問的是「理由」意義的「為什麼」❻。因此，就「解釋」這點來看，自然科學提供的知識是「原因」層面的知識；社會科學提供的知識是「理由」層面的知識❼。

第四節 科學核驗──演繹邏輯研究進路

一般來說，科學定律源自好的、可被高度接受的科學假設。當然，使用歸納法建立的通則或者假設，不會就因此構成為科學定律；科學定律的提出也不盡然純粹只靠著觀察實驗與歸納推論就能成立的。究竟科學定律的建立還需要哪些要素不是容易回答的問題。不過至少可以確定一點：可被接受的科學假設是建立科學定律與科學知識的重要關鍵。那麼，在哪種條件下可以接受科學假設呢？簡單回答：當一個假設有「足夠」證據支持的時候，就接受那假設，反之就不接受。這樣的回答雖然清楚，卻沒有幫助，因為我們不但想知道證據如何支持假設，我們也想知道如何才算是「足夠」的支持。

證據與假設之間的關係是知識論的關係。說某件事支持了某個假設，就是說那件事「核驗」了該假設；說某件事否定了某個假設，就是說那件事「反核驗」了該假設。如果既沒有核驗關係，也沒有反核驗關係，則那件事與該假設是不相干的。大致上「核驗」概念相當於我們一直在使用的「識知證立」概念，其差別在於㈠「核驗」概念特別與科學假設有關，而不是用在日常一般人所具有的信念

---

❻ 這樣的說法依然不精確，但已經超過本書範圍，不再解說。

❼ 這說法當然是初步的，社會現象的發生仍然有其原因，只是這種「原因」與一般說的「原因」有一些差別。

的證立。㈡隨著「核驗」理論的不同，對於「核驗」的理解會比「證立」要複雜得多❽。這個差別說來話長，只有等接續解說過幾種核驗理論之後，會比較清楚。

對於「核驗」的探討有兩種進路：演繹邏輯的研究進路，在本節說明；機率論的研究進路，在下一節說明。

假設演繹核驗

哲學傳統對於「核驗」概念，最常見到的說法是所謂的假設演繹核驗❾。假設演繹核驗理論的基本架構是從擬進行核驗的假設 H 以及相干的輔助假設 A，在初始條件 I 發生的情形下，有效推導出預測的可觀察現象。因此，核驗是一種演繹邏輯的關係。

　　H：受核驗的某項假設
　　A：某些相干的輔助假設
　　I：初始條件之描述
──────────────────────────── [r]
　　E：描述某組被預測會發生之觀察現象的語句

無論是作實驗還是採取儀器進行觀察，如果發現 E 所描述的現象確實發生，則 E 核驗了該假設 H；否則，我們即說 E 反核驗該假設。

請參考這個例子。讓我們暫時將理想氣體定律作為受核驗的假設 H。某氣體的體積經測量為一單位，其壓力經測量從一單位上升至二單位，但溫度沒有變化。依據邏輯，我們可以從這些資訊有效推論出該氣體的體積會降低到二分之一單位。如果經測量發現該氣體的體積確實降低到二分之一單位，則這件事核驗了 H。此時，測量到的該氣體的體積、初始壓力、後來的壓力、測量到的溫度等，就是所謂的「初始條件」。輔助假設呢？在這例子中，為了測量該氣體的體積、溫度、壓

---

❽　「核驗」概念與「證立」概念在知識論裡，大致上是相同的。不過，有些知覺心理學家引進貝氏核驗論來說明知覺機制的運作。啟動知覺機制運作的各種刺激是「證據」，知覺機制的運作結果就是被核驗的「假設」。就這點來看，「核驗」當然不是「證立」。

❾　請參閱 Ayer (1936) 關於假設演繹核驗理論的發展。

力，我們都必須採用一些測量工具，這些測量工具之所以能很可靠地提供我們相關的資訊，是基於另外一些物理學定律的緣故。

剛剛說過，如果預測的 E 為真，則 E 核驗了 H；否則 E 反核驗 H。純粹從邏輯角度來看，如果一個有效論證的結論為假，則它至少有一個前提為假。至於是哪一個前提為假，邏輯不足以決定。因此，當 E 為假時，從邏輯角度不足以讓我們確定假設 H 被反核驗了；其他的可能性包括：某個輔助假設是錯誤的，或者我們對於某些初始條件的描述有誤。因此，當 E 為假時，未必要即時放棄受核驗的假設，而可考慮修改其他的前提。這種情形在科學史上最有名的，大概就是以牛頓物理學預測天王星的軌道時發生錯誤，但科學家並非立即放棄牛頓物理學，反而是提出新假設，並因而發現了海王星。

為簡化以下的討論，讓我們將 H 以外的其他前提統稱為「背景資訊」，以 D 表示。由於在 E 為假的情形下，純粹從邏輯角度無法決定 H 是否要放棄，亦或要修改 D，大多數哲學家接受核驗整體論的主張，認為假設的接受與否涉及到的是整體的科學理論（因為對於 D 的修改又會涉其他的理論）。這是有名的杜恩—蒯因論理。

在實務上，一般來說，科學家進行觀察實驗時，目標在於測試其刻意提出的假設，並將其輔助假設視為已經可接受的背景資訊。如果對於輔助假設有疑慮，自然會另外作測試來考慮受到質疑的輔助假設。如果對於其刻意提出的假設始終未能測試成功，則或者修正、放棄該假設，或者增加輔助假設，或者轉而質疑輔助假設。究竟怎麼作，涉及的因素複雜，包括其他領域科學理論的發展、新數學概念的出現、科學社群的壓力、競爭假設的提出、支持研究的資源受限……。因此，對於科學假設的測試結果會引發的後續發展是什麼，科學知識最終如何建立，並不是單單靠著核驗理論就能回答的。本書亦將略過這個問題。

我們現在將假設演繹理論的主張陳述如下：

假設演繹核驗

在設定 D 成立下，E 核驗 H，若且唯若，

(1) $H \wedge D$ 邏輯蘊涵 E；

(2) $H \wedge D$ 是邏輯一致的；

(3) D 不邏輯蘊涵 E。

（為什麼要增加要件(2)和要件(3)呢？其理由何在？這問題不難回答，請讀者自行思考。）

假設演繹理論面臨一個重大的難題，稱為附加難題，屬於相干難題的一種型態。附加難題分為兩種：

首先，在邏輯上有所謂的強化律：如果 p 蘊涵 q，則 $p \wedge r$ 蘊涵 q。依據這條定律，如果要件(1)成立，則可以推導出「$H \wedge D \wedge X$ 邏輯蘊涵 E」成立，其中 X 為任意命題。不過，X 之加入仍然要維持所有前提是邏輯一致的，而且 X 本身並不蘊涵 E，$X \wedge D$ 也不邏輯蘊涵 E。即使如此，具有強化作用的 X 可以是一項全然不相干的命題。

第二種附加難題源自於邏輯的添加律：如果 p 蘊涵 q，則 p 蘊涵 $q \vee r$。依據這條定律，如果 $H \wedge D$ 邏輯蘊涵 E，則 $H \wedge D$ 邏輯蘊涵 $E \vee X$，其中 X 為任意命題，而且 D 並不蘊涵 $E \vee X$。這樣做造成的困難同樣在於 X 可以是一項全然不相干的命題。

證據無定難題

假設演繹理論還面臨另外一個有名的重大難題，稱為證據無定難題，又稱為他項假設難題：任何一組證據 E 原則上都可以核驗任意多個假設，但我們無從決定依據該組證據，應該接受哪一個假設。底下是經常舉來說明這個難題的方式：

假想我們將收集到的資料 a、b、c 以點標示在座標圖如下：

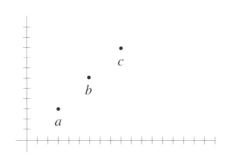

原則上有任意多條線（每條線代表一個假設）可以通過這三個點。即使再繼續收集資料，增加 d、e、f，原則上仍然有任意多的線可以通過這六個點。依此類推，不論收集多少資料，原則上都存在有任意多條線通過這些點。簡單說，不論我們收集多少資料，都不足以讓我們決定究竟要接受哪一個假設。

「證據無定難題」是所有核驗理論都必須設法解決，但卻似乎是無解的。一般傾向於採用精簡原則來回答如何選擇假設的問題。對於同一組證據，任何兩個預測力與解釋力都相同的假設，選擇比較精簡的那個假設。然而如何決定哪個假設比較精簡，並不容易❿。同時這也意味著，在考量證據與假設之間的關係時，除了其間的知識論關係之外，我們引進了其他非屬知識論的因素。我們可以這麼說，如何核驗假設的問題與如何選擇假設的問題，是兩個不同的問題。

讓我們擱置證據無定難題，繼續解說其他的核驗學說。

尼可－韓培爾的個例核驗論

另外一個從演繹邏輯的角度來探討「核驗」的是法國哲學家尼可，但在韓培爾手上才有了具體的理論發展⓫。尼可首先指出一個全稱假設可用下列邏輯式表達：

$$H: (x)(Fx \supset Gx)$$

只要找到一個個體確實具有該假設的前件以及後件，則這個體核驗了該假設⓬。

---

❿　包括理論精簡以及存有論的精簡兩種。

⓫　請參閱 Nicod (1923; 1970) 以及 Hempel (1945)。

⓬　嚴格來說，尼可此處「前件」、「後件」的用語並不恰當，因為 H 是個述詞邏輯的全稱語句，不是條件句。在全稱量限詞之後的語句函數才是一個具有條件句型態的式子。

這個主張稱為「尼可要件」。滿足該假設前件與後件的個體稱為該假設的個例。如果找到一個個體滿足前件，但沒有滿足後件，則這個體反核驗了該假設。韓培爾增補一點：如果某個體沒有滿足前件，則該個體與該假設不相干。由於尼可要件談的是個例對於假設的核驗，因此這套理論亦稱為「個例核驗論」。（此處所謂的「核驗」是增量義的，在下一節解說後，再請讀者回顧本節的核驗理論。）

韓培爾的主張也是個例核驗論，不過他發現「尼可要件」有一些困難。最簡單一點莫過於尼可只考慮到全稱命題式的假設，其主張無法用到存在命題式的假設。另一個困難是這樣的：

考慮四個個體 a、b、c、d，而且 a 同時具有 F 和 G 兩個性質，b 具有 F 性質但沒有 G 性質，c 沒有 F 性質但有 G 性質，d 兩個性質都沒有。依據尼可要件，a 核驗了 H，b 反核驗了 H，c 和 d 對於 H 是不相干的。韓培爾接著考慮底下這個假設：

$$H^*: (x)(\neg Gx \supset \neg Fx)$$

依據尼可要件，由於 a 沒有滿足 H^* 的前件，故 a 對於 H^* 是不相干的；由於 b 滿足 H^* 的前件但沒有滿足其後件，故 b 反核驗了 H^*；由於 c 沒有滿足 H^* 的前件，故 c 對於 H^* 是不相干的；由於 d 滿足 H^* 的前件和後件，故 d 核驗了 H^*。以上的說明呈現如下表：

a		b		c		d	
F	G	F	G	F	G	F	G
✓	✓	✓	✗	✗	✓	✗	✗
H: ✓		H: ✗		H: —		H: —	
H^*: —		H^*: ✗		H^*: —		H^*: ✓	

✓表示核驗，✗表示反核驗，—表示不相干。

然而，在初階邏輯裡，H 和 H^* 是邏輯等值的。個體 a 和 d 都是核驗了其一，對

___

但為了免除行文的繁瑣，本書的解說從簡，仍然沿用「前件」、「後件」的用語，直指 "$\supset$" 這個符號前後的語句函數。

於另一則是不相干的。韓培爾認為這是有問題的。他因此提出「核驗」必須滿足下列要件：

> **等值要件**
>
> 對於任何兩個邏輯等值的假設，如果有一組證據足以核驗其中一個假設，則該組證據足以核驗另一個假設。(同樣地，任何反核驗其一者，反核驗另一。)

依據等值要件，上述的 a 既然核驗了 H，則 a 必須也核驗了 H^*。同樣地，既然 d 核驗了 H^*，則 d 必須也核驗了 H。

韓培爾還增加了另外一些要件：

> 蘊涵要件 (EC)：如果 E 邏輯蘊涵 H，則 E 核驗 H。
> 特殊結論要件 (SC)：如果 E 核驗 H_1，且 H_1 邏輯蘊涵 H_2，則 E 核驗 H_2。
> 反向結論要件 (CC)：如果 E 核驗 H_1，且 H_2 邏輯蘊涵 H_1，則 E 核驗 H_2。

蘊涵要件主張，只要某命題能邏輯蘊涵某個假設，則該命題核驗該假設。特殊結論要件是說，如果某命題核驗某個假設，則該命題核驗任何可以從該假設邏輯推導出來的結論。反向結論要件是說，如果某命題核驗某個假設，則該命題核驗任何可以推導出該假設的命題。

反向結論要件在尼可的理論中是成立的。讓我們假想 D 和 I 皆成立，E 核驗 H_1，而且 H_2 邏輯蘊涵 H_1。既然 E 核驗 H_1，依據尼可的理論，H_1 邏輯蘊涵 E。因此，H_2 邏輯蘊涵 E。依據尼可的理論，E 核驗 H_2。尼可的理論是否能接受特殊結論要件呢？請讀者自行思考。

這三項要件個別來看，似乎相當合乎我們的直覺。可惜的是，共同接受這些要件會導致荒謬的理論結果：任何命題可以核驗任何假設！這絕對是無法接受的❸。為了避免這個荒謬的結論，大多數哲學家拒絕了 CC。以下是簡單的證明。

令 ⊥ 表示邏輯矛盾、O 表示任何命題、H 表示任何假設。

1. O 邏輯蘊涵 O。
2. 依據 EC，O 核驗 O。（將 EC 中的 E 和 H 都改用 O 代。）
3. ⊥ 邏輯蘊涵 O。
4. 所以，依據 CC，O 核驗 ⊥。
5. ⊥ 邏輯蘊涵 H。
6. 所以，依據 SC，O 核驗 H。

由於 O 和 H 都是任意的命題，所以我們推導出「任何命題可以核驗任何假設」。為了免除這個荒謬的結果，多數哲學家放棄了 CC。當然，純粹從邏輯角度來看，放棄 CC 不是唯一的出路，或許也可以選擇放棄 EC 或者放棄 SC。不過，EC 和 SC 似乎蠻合乎我們一般人的想法，因此我們將不選擇放棄 EC 和 SC。另一方面，在這證明中提到了矛盾句是可被核驗的，這一點大概不會有人願意接受。因此，可能有人認為這個證明到了第四步就已經不恰當了。事實上，韓培爾注意到了這點，他因而進一步提出一項新的要件：

邏輯一致要件
任何用以核驗一假設的命題，只要本身是邏輯一致的，則該命題與受其核驗的假設邏輯相一致。

如此一來，韓培爾的理論將不容許證明的第四步，進而不至於導出上述荒謬的理論結果。韓培爾還提出另外一個跟這要件相近的要件：

特殊一致要件
如果某命題核驗了某假設 H，則該命題不會核驗任何與 H 邏輯不相容的假設。

---

❸　請參閱 Salmon, *et al.* (1992)。

依據這個要件，韓培爾同樣可以拒絕上述推論。

可惜，他的回應沒有用處。本書另舉一個更簡單的證明，不但無須用到矛盾句，甚至證明中根本無須使用 SC❹。以 T 表示邏輯真理：

1. O 邏輯蘊涵 T。
2. 依據 EC，O 核驗 T。
3. H 邏輯蘊涵 T。
4. 所以，依據 CC，O 核驗 H。

這個證明沒有違背邏輯一致要件。此外，在這個證明中，就連 SC 都用不到。換句話說，單單接受 EC 就足以使得我們放棄 CC。再者，邏輯真理可被任何命題核驗，乃是哲學家可以接受的。（此時我們說，邏輯真理是空核驗的，亦即不需要任何經驗證據的。）

烏鴉悖論

前面提到韓培爾的「等值要件」。其實這項要件可以從特殊結論要件推導出來（請自行證明）。所以，就理論的精簡來說，似乎無須另將等值要件列出。不過，科學哲學界有一項眾所皆知的「烏鴉悖論」（又稱為核驗悖論、韓培爾悖論）是韓培爾在 1965 年提出的❺。在推導該悖論的過程中，等值要件可以直接派上用場。試考慮這個假設：

R_1：所有不是黑的都不是烏鴉。

依據韓培爾的個例核驗論，被我們觀察到的那朵紅玫瑰即足以核驗 R_1。此時的證據就是「那朵玫瑰是紅的」這個觀察命題，因為那朵紅玫瑰滿足 R_1 的前件（「不是黑的」）以及後件（「不是烏鴉」）。接著再考慮這個通則：

R_2：所有烏鴉都是黑的。

---

❹　Moretti (2003) 也證明了這點。

❺　請參閱 Hempel (1965)。

根據邏輯，「所有烏鴉都是黑的」這命題邏輯等值於「所有不是黑的都不是烏鴉」，亦即 $R_2 \equiv R_1$。依據等值要件，用來核驗 R_1 的證據，可以用來核驗 R_2。因此，「那朵玫瑰是紅的」可以用來核驗「所有烏鴉都是黑的」，那朵紅玫瑰是「所有烏鴉是黑的」的證據。又是一個難以置信的理論結果！

這個荒謬的說詞必定來自某些不當接受的前提或者隱藏預設。我們從三個方向來思考：

首先，上述的 R_1 和 R_2 根本就不是科學定律或者科學假設；尤其類似「所有不是黑的都不是烏鴉」這種前件和後件都是否定的通則，更難被承認是科學的假設。因此，「核驗」概念在此派不上用場。既是如此，我們無法建立烏鴉悖論。

這個回應還需要再思考，畢竟我們確實會經由歸納推論建立全稱的經驗通則。我們仍然要考量究竟這類偶真通則是否可接受的問題。既是如此，烏鴉悖論還是會推導出來的。

其次，儘管 R_1 和 R_2 兩個通則是邏輯等值的，如果換個真正科學假設的例子，還會出現邏輯等值的情形嗎？別忘了前面提到科學哲學界試圖區分科學定律與偶真通則，其中一項重要的方式就是主張科學定律是可受到與其相對應的如若條件句支持的，亦即可從科學定律推導出與其相對應的如若條件句。例如，H 表示「如若 F，則必當 G」。若是如此，我們必須注意，以初階邏輯來理解如若條件句，在哲學界並沒有獲得太多的支持。由於一般來說，換位換質律對於如若條件句並不適用 ❶，「如若 F，則必當 G」與「如若 $\neg G$，則必當 $\neg F$」並不是邏輯等值的。若是如此，我們仍然無法建立烏鴉悖論。

這個回應牽涉較廣，但大致上並沒有成功。儘管如若條件句不能理解成與其相對應的初階邏輯式子，對許多哲學家來說，卻蘊涵該邏輯式子。亦即，「如若 F，則必當 G」蘊涵 "$F \supset G$"。如果有個個體 a 既是 F 也是 G（亦即 $Fa \wedge Ga$），則根據韓培爾的個例核驗論，a 這個個例核驗了 "$F \supset G$"。由於 "$F \supset G$" 邏輯等值於 "$\neg G \supset \neg F$"，依據等值要件，a 這個個例核驗了 "$\neg G \supset \neg F$"。由於「如若 $\neg G$，則必當 $\neg F$」蘊涵 "$\neg G \supset \neg F$"，依據反向結論要件，a 這個個例核驗了「如若 $\neg G$，則必當 $\neg F$」。所以，儘管「如若 F，則必當 G」與「如若 $\neg G$，則必當 $\neg F$」並不

---

❶　換位換質律：$p \supset q \equiv \neg p \supset \neg q$。

是邏輯等值的，同樣一組證據如果核驗了其中一項假設，則核驗了另一項假設。烏鴉悖論依然可以推導出來 ❶。從這點來看，要解決烏鴉悖論，放棄反向結論要件是可行的作法。

最後，烏鴉悖論預設韓培爾說的「等值要件」。如果放棄等值要件，就不會推導出烏鴉悖論了。由於等值要件可從特殊結論要件推導出來，因此要解決烏鴉悖論就得放棄特殊結論要件。然而，特殊結論要件似乎是應該接受的。如果從某前提 p 有效推論出 q，而且我們接受 q，為什麼不能接受 p 呢？

第五節　科學核驗——機率論研究進路

前一節留下一些問題有待進一步釐清。為了思考這些問題，讓我們轉向機率論的研究進路。在韓培爾之外，還有另一個重要的核驗理論，是卡那普提出的。他的理論考慮了機率的概念。在他之後，有更多的學者引進機率概念來思考「核驗」的性質。後續的發展由於引進貝氏律並採取主觀機率論，對於「核驗」的性質有更為細膩的數學說明，稱為核驗貝氏論。本節將省略卡那普的學說，直接進入這個研究進路。

增量核驗、絕對核驗、檢定核驗

卡那普認為韓培爾混淆了「核驗」的增量義與絕對義。韓培爾的蘊涵要件 (EC)、特殊結論要件 (SC)、以及特殊一致要件適用於「絕對核驗」，但是他的反向結論要件卻只適用於增量核驗。(或許在上一節思考烏鴉悖論的過程中，我們也有類似的混淆？請讀者試著從這方向進行檢討。)

什麼是增量核驗呢？所謂 E 增量核驗 H，意思是說，E 之為真提升了 H 為真的機率值。所謂「絕對核驗」，意思是說，$P(H/E)$ 大於某個門檻值，至於門檻值如何決定，要看提出理論的學者考量哪些因素。

---

❶　這裡的關鍵顯然在於是否要接受如若條件句蘊涵與其相應的實質蘊涵句，亦即是否要接受「如若 F，則必當 G」蘊涵 "$F{\supset}G$"？由於這個論點已經遠離本書範圍太多，將略過。

此外，在上一節介紹假設－演繹核驗法時，提到輔助假設以及初始條件，這些背景資訊統稱為 D，是在考慮證據核驗假設時，不可或缺的。因此，我們現在可以定義「增量核驗」如下：

> **增量核驗**
>
> 在 D 成立下，E 增量核驗 H
>
> 定義：$P(H/E{\wedge}D)>P(H/D)$。

如果 $P(H/E{\wedge}D)<P(H/D)$，則我們說在增量義下，E 反核驗 H。如果兩者機率值相等，則 E 與 H 是不相干的。

增量核驗以及絕對核驗考慮的方向相同，都是在思考有證據 E 支持以及沒有證據 E 支持兩種狀況下，假設 H 為真的機率。

另外一種思考方向不一樣，考慮的是證據的真假與假設之間的關係。這個思考方向建立了檢定核驗概念，其機率式子如下：

> **檢定核驗**
>
> 在 D 成立下，E 檢定核驗 H
>
> 定義：$P(H/E{\wedge}D)>P(H/{\neg}E{\wedge}D)$。

「增量核驗」考慮的是從沒有證據到發現證據時，假設的機率值變化的情形；「檢定核驗」考慮的是證據為真與證據為假時，假設的機率值變化的情形。兩者的思考方向顯然不同，計算出來的機率值亦未必相同。

邏輯蘊涵與增量核驗

現在我們回頭來看看假設－演繹核驗理論以及韓培爾提出的幾項要件。（以下我們假定 E 和 D 都為真。）

首先，假設－演繹核驗論主張，如果 $H{\wedge}D$ 邏輯蘊涵 E，E 核驗 H。從增量核驗的理論來看，這主張可以理解為：如果 $H{\wedge}D$ 邏輯蘊涵 E，則

$P(H/E \wedge D) > P(H/D)$，此時限制 $0 < P(H/D) < 1$，而且 $P(E/D) < 1$。（為什麼要提出這兩條限制？請讀者試著自行證明，解答在本節最後。）

韓培爾的個例核驗論，依據卡那普的批評，蘊涵要件和特殊結論要件屬於「絕對核驗」，因此使用「增量核驗」的定義來重看他的理論並不適當，反而是必須為韓培爾的理論增加對於門檻值的說明。

不過話說回來，即使是在「增量核驗」的角度下，我們最好還是接受「特殊結論要件」。在機率算學裡有一條定理：如果 x 邏輯蘊涵 y，則 $P(x) \leq P(y)$。如果拒絕「特殊結論要件」，韓培爾的核驗理論就無法排除違背這條定理的可能性。我們可以這樣思考：

假設 E 核驗 H_1（我們省略背景資訊的考量），而且 H_1 邏輯蘊涵 H_2。依據「增量核驗」的說法，E 提高了 H_1 的機率值。由於 H_1 邏輯蘊涵 H_2，$P(H_1) \leq P(H_2)$。既然 $P(H_1)$ 因為 E 而提高了，我們必須允許 $P(H_2)$ 有提高的可能性。如果韓培爾的核驗理論拒絕承認 $P(H_2)$ 有提高的可能性，就有可能出現 $P(H_1) > P(H_2)$ 的情形，因而違背了上述的機率定理。因此，為了避免理論上出現這個漏洞，韓培爾的核驗理論最好是接受「特殊結論要件」。

在「增量核驗」的定義下，反向結論要件就未必成立了。設 E 核驗 H_1，且 H_2 邏輯蘊涵 H_1。依據「增量核驗」，E 提高了 H_1 的機率值。但這不表示 H_2 的機率值因而隨之提高。因此，E 未必核驗 H_2。韓培爾若要主張反向結論要件，勢必還得提出好的理由。

最後，我們還可以進一步作兩種比較的工作：

第一種比較：如何比較兩組證據 E_1 和 E_2 對於同一個假設 H 的支持？設 $H \wedge D$ 邏輯蘊涵 E_1，也邏輯蘊涵 E_2。如果在 D 成立的情形下，E_1 的機率低於 E_2 的機率，則 E_1 比起 E_2 更核驗 H。亦即，E_1 提高的 H 機率值大於 E_2 提高的 H 機率值。以式子表示：$P(H/E_1 \wedge D) > P(H/E_2 \wedge D)$，限制 $0 < P(H/D) < 1$。此外，由於 $H \wedge D$ 邏輯蘊涵 E_1，也邏輯蘊涵 E_2，所以 $H \wedge D$ 邏輯蘊涵 $E_1 \wedge E_2$。依據機率算學，可以推論出 $E_1 \wedge E_2$ 比起單獨其一（例如僅僅只有 E_1）更為核驗 H。以式子表示：$P(H/E_1 \wedge E_2 \wedge D) > P(H/E_1 \wedge D)$，限制 $0 < P(H/D) < 1$。

第二種比較：在同一組證據 E 下，如何比較其對於兩個不同假設 H_1 和 H_2 的

支持？簡單說，E 比較支持 H_1，若且唯若，E 提高 H_1 的機率值大於 E 提高 H_2 的機率值，亦即，$P(H_1/E \wedge D) > P(H_2/E \wedge D)$。不過，這樣的說法不夠精確，此處由於有兩個彼此競爭的假設，對於 $P(H_1/E \wedge D)$ 以及 $P(H_2/E \wedge D)$ 兩個數值的計算，我們必須作更為細膩的考慮。

在機率算學中有一條定理，稱為「貝氏律」。設 $X_1, X_2, ..., X_n$ 窮盡所有可能性，且兩兩互斥，$P(X_i), P(Y) > 0$。

貝氏律

$$P(X_k/Y) = \frac{P(Y/X_k)P(X_k)}{\sum_{i=1}^{n} P(Y/X_i)P(X_i)}$$

有些哲學家認為貝氏律可用以描述證據與假設之間的核驗關係。這種主張稱為「貝氏核驗論」[18]。試考慮某組證據 E，以及 n 個假設 $H_1, H_2, ..., H_n$ 窮盡所有可能性，且兩兩互斥，$P(H_i), P(E) > 0$。在證據 E 為真下，某假設 H_k 為真的機率如下（將 E 代入上述的 Y，H_1 代入上述的 X_1，H_2 代入上述的 X_2……）：

$$P(H_k/E) = \frac{P(E/H_k)P(H_k)}{\sum_{i=1}^{n} P(E/H_i)P(H_i)}$$

因此，當有兩個以上的假設彼此競爭時，必須使用上述公式來計算它們的機率值，然後才能進行比較。

定性研究與定量研究

對於「核驗」的研究又可分為定性的研究進路以及定量的研究進路。儘管對於「絕對核驗」、「增量核驗」以及「檢定核驗」的定義使用了機率，兩者都屬於定性的研究進路。前一節解說的假設－演繹核驗以及個例核驗同樣也是屬於定性的研究進路。要瞭解這點，最好的方式是瞭解什麼是定量的研究進路。

定量的研究進路對於「核驗」的定義使用「信念程度」這個概念[19]。信念程

---

[18]　哲學界對於貝氏律是否適合用來描述證據與假設之間的關係，有些爭議，本書略過不談。

度是一個數值。但是，在「增量核驗」的定義中，某個假設是否有被核驗，只看其機率值是否增加，並不考慮其增加的量。其他「絕對核驗」以及「檢定核驗」也是一樣，不再說明。

分別針對「增量核驗」以及「檢定核驗」，搭配「差值」以及「比值」等不同思路，目前大致上有下列四種理解（計算）「信念程度」的方式。以 $d(H, E, D)$ 表示，在背景資訊 D 下，證據 E 成立時，對於假設 H 的信念程度。

㈠「差值」：

就「增量」義來看，$d(H, E, D)=P(H/E \wedge D)-P(H/D)$。

就「檢定」義來看，$d(H, E, D)=P(H/E \wedge D)-P(H/\neg E \wedge D)$。

㈡比值：

就「增量」義來看，$d(H, E, D)=P(H/E \wedge D)/P(H/D)$。

就「檢定」義來看，$d(H, E, D)=P(H/E \wedge D)/P(H/\neg E \wedge D)$。

㈢概然比值意指，在假設為真時，證據為真的機率，以及假設為假時，證據為真的機率，兩者的比值：$d(H, E, D)=P(E/H \wedge D)/P(E/\neg H \wedge D)$。

㈣贏面比值意指，在同一組證據下，假設為真的機率與假設為假的機率，兩者的比值：$d(H, E, D)=P(H/E \wedge D)/P(\neg H/E \wedge D)$

這些理論發展相當複雜，礙於篇幅以及本書的性質，不再解說。這一節和前一節解說了好幾種對於「核驗」的不同說法。這當然使得我們不得不思考，究竟哪種「核驗」概念才是恰當的？抑或是針對不同類型的狀況，我們使用不同的「核驗」定義，所以每個「核驗」概念都有一些限制？這些問題哲學家都還在努力之中，本書不再討論。

---

❶⓭ 英文為 "degree of belief" 或者 "degree of confirmation"，兩者不作區分。

問題：如果 $H \wedge D$ 邏輯蘊涵 E，則 $P(H/E \wedge D) > P(H/D)$，此時為何要限制 $0 < P(H/D) < 1$，而且 $P(E/D) < 1$？

證明：使用歸謬證法。設 $P(H/D) = 0$，亦即在 D 成立下，H 為真之機率為 0。因此，任何 E 之為真皆不可能提高 H 的機率。依據「增量核驗」的定義，H 將是不可能被核驗的。設 $P(H/D) = 1$，亦即在 D 成立下，H 為真之機率為 1。如此，則不可能會有任何證據 E 可以提高它的機率。設 $P(E/D) = 1$，亦即在 D 成立下，E 為真之機率為 1。因此，E 之為真與 H 無關。

● 重點回顧 ●

· 核驗 confirmation

· 休姆難題 Hume's problem

· 歸納難題 problem of induction

· 古德門 Goodman, Nelson (1906–1998)

· 歸納新謎 new riddle of induction

· 翡翠悖論 emerald paradox

· 韓培爾 Hempel, Carl Gustav (1905–1997)

· 假設演繹核驗 hypothetico-deductive confirmation

· 核驗整體論 confirmation holism

· 杜恩—蒯因論理 Duhem-Quine thesis

· 附加難題 tacking problem

· 強化律 strengthening

· 證據無定難題 problem of underdetermination

· 他項假設難題 problem of alternative hypothesis

· 空核驗 vacuous confirmation

· 核驗悖論 confirmation paradox

· 韓培爾悖論 Hempel's paradox

- 卡那普 Carnap, Rudolf (1891–1970)
- 貝氏律 Bayes' theorem
- 主觀機率論 subjectivist theory of probability
- 貝氏論 Bayesianism
- 增量核驗 incremental confirmation
- 檢定核驗 probative confirmation
- 概然比值 likelihood ratio
- 贏面比值 odds ratio

第十二章　先驗知識

在前面幾章解說的都是經驗知識以及經驗證立。這一章將解說先驗知識。哲學傳統上將命題知識再分類為先驗知識以及後驗知識，後驗知識就是常說的經驗知識（但「先」、「後」與時間無關）。一般來說，使用感官知覺系統獲得的知覺知識、透過觀察實驗等方法建立起來的科學知識，例如物理學、天文學、生物學、地質學……，都屬於經驗知識。數學和邏輯所提供的，則屬於先驗知識。形上學原則，例如「物理現象和現象之間具有因果必然性」，如果為真，也是先驗知識。還有一種知識也是先驗的，例如，我們知道沒有任何東西既圓又方。

確切來說，此處知識論的爭辯主要有兩大議題。這兩大議題最遠可以追溯到柏拉圖，近一點則可以追溯到近代哲學史上經驗論與理性論之爭❶。

㈠有所謂的「先驗知識」嗎？表面看來，承認先驗知識似乎是違反常識的。要獲得數學知識和邏輯知識，必定要用眼睛看到數學和邏輯符號，必要時還要在計算紙上演算證明。怎麼可能數學知識和邏輯知識不涉及感官知覺經驗呢？要知道沒有任何東西既圓又方，當然要先知道圓形和方形。如果不使用感官知覺，如何可能知道東西的形狀呢？

㈡由於命題知識是由概念構成的，因此一個相關的問題是：概念是如何獲得的？我們是先天就擁有概念，還是靠感官知覺的經驗來習得概念的？

在第一個議題上的對立，本書沿用知識論學界通用的「知識經驗論」與「知識理性論」這組名詞。至於在第二個議題上的對立，本書沿用知識論學界使用的「概念經驗論」與「概念先天論」這組名詞。

既然柏拉圖的知識學說開啟了對於「先驗」以及「先天」的探討，讓我們從

❶　由於經驗論的主要人物都是英國人，因此他們的思潮也稱為「英國經驗論」；理性論的主要人物都是歐洲大陸的哲學家，因此他們的思潮也稱為「歐陸理性論」。

他的知識學說開始吧！

第一節　米諾悖論

　　一般人通常都相信，經由探究（亦即學習）可以使得我們獲得知識。柏拉圖卻在他的一篇對話錄《米諾》中指出，「探究」是不可能的，因此學習是不可能的，因此知識必定是先天的。他的討論造成了有名的米諾悖論。

　　米諾悖論的大意是說：如果我們知道我們在探究的是什麼事，則探究是沒有必要的。因為「探究」的目的就是要獲得知識，如果已經知道了被探究的事，何需再進行探究？如果我們不知道我們在探究的是什麼事，則探究是不可能的。結論：探究（學習）或者是不必要的，或者是不可能的。然而，基於我們擁有知識這件事實，如果探究（學習）是不必要的，如何說明我們是如何擁有知識的？如果學習是不可能的，如何說明我們實際上確實擁有知識？柏拉圖的想法是這樣的：既然我們確實擁有知識，既然探究和學習無法說明這件事實，我們的知識想必都是先天的，與生俱來的。但這怎麼可能？我們知道太陽的體積比地球大，我們知道臺北市在臺灣北部，我們知道牛是草食動物，我們知道隔壁的小明下個月就要讀大學了。這些知識怎麼會是與生俱來的？

　　柏拉圖的主張源自他對於解決米諾悖論的嘗試。如果米諾悖論本身是有問題的，我們當然未必要接受柏拉圖的學說。米諾悖論的思考過程有問題嗎？這涉及到何謂「探究」？柏拉圖可能混淆了「進行探究的知性活動」與「獲得探究的結果」兩件事。我們即使知道在探究的是什麼事，探究的知性活動仍然是必要的。「探究」指的只是「想知道」這種求知狀態呈現出來的知性活動。但是從「想知道」到「知道」當中仍有一段知性努力的過程。柏拉圖的「米諾悖論」在思考上似乎是有瑕疵的。

　　儘管如此，柏拉圖會有這種異於常人的知識學說，不是偶然的。這得先從他的形上學說起。簡單來說，柏拉圖認為我們感官知覺的物理世界是不真實的，由於知識蘊涵真理，所以我們不會有關於經驗世界的知識。對柏拉圖來說，只有他所謂的理型以及數學事物才是真實存在的，因此我們的知識必定是關於理型的知

識以及關於數學事物的知識。但是這兩種知識都是有關抽象事物的，我們感官知覺的運作，不會使得我們獲得這兩種知識。因此，柏拉圖必須說明我們怎麼會有這兩種知識。他的答案來自於他的靈魂說以及知識回憶說。

根據柏拉圖，我們同時有靈魂與身體，靈魂是永恆不滅的，並一直就有上述兩種知識。就這點來說，我們與生俱有上述兩種知識，知識是先天的。不過由於靈魂進入了身體之後，受到身體的禁錮，使得我們無法明白本來就擁有的這兩種知識，因而必須靠著某些方式，亦即所謂的蘇格拉底法，促使我們「回憶」、「取出」這兩種知識。由於這兩種知識的取得不是來自於感官知覺的學習，與感覺經驗無關，而是以先驗的方式知道的，因此這兩種知識是先驗的。

什麼是蘇格拉底法呢？柏拉圖在《米諾》中說了一個小故事：蘇格拉底要他的朋友叫來一位沒有受過教育的童奴，當面「教導」他如何證出畢氏定理。但蘇格拉底並不是真地在「教導」他，因為他並沒有告訴那位童奴任何事情，他只是提問，等童奴確定自己的答案之後，他再提問下一個問題，如此持續不斷的反覆提問。蘇格拉底以提出適當問題的方式誘導那位童奴思考，直到那位童奴終於自己完成了證明畢氏定理的過程，進而知道了畢氏定理❷。

那位童奴是沒有受過教育的，沒有聽過畢氏定理，因此表面來看，我們不能說他一開始時就已經擁有該項知識。但是那位童奴最終卻知道畢氏定理，而蘇格拉底在提問的過程中並沒有刻意告訴他任何知識，所以柏拉圖結論道，那位童奴有關畢氏定理的知識一定是他原本就有的，蘇格拉底只是藉由適當提問的方式將他原本就擁有的知識引發出來而已。

柏拉圖推論出知識是先天的過程可以下列論證表示（「t_1 時」表示蘇格拉底與那位童奴的對話開始的時間，「t_2 時」表示兩人對話結束的時候）：

柏拉圖的先天知識論證

1. 假設：在 t_1 時之前，童奴沒有關於畢氏定理的知識。
2. 在稍晚的 t_2 時，童奴擁有關於畢氏定理的知識。

---

❷　證明畢氏定理只是個例子而已，只要是數學知識以及關於理型的知識，都可以作類似的論證。

3. 介於 t_1 時與 t_2 時之間，沒有人告知童奴任何與畢氏定理相干的知識。

4. 所以，假設是錯誤的，童奴在 t_1 時之前就已經擁有關於畢氏定理的知識。

5. 但是，童奴在 t_1 時之前沒有受過教育，亦即沒有學過任何關於畢氏定理的知識。

6. 因此，童奴關於畢氏定理的知識是與生俱來的，亦即天生的。

　　蘇格拉底真地沒有「教導」知識給那位童奴嗎？表面來看，他只是不斷提問問題而已，他並沒有告知那位童奴任何命題知識。藉由引導那位童奴進行思考，蘇格拉底協助他將他本有的知識引發出來。不過，這裡似乎有些疑問。儘管蘇格拉底只是提問而已，他的提問卻是有具體方向的，似乎已有「暗示」什麼才是正確答案的作用。比如說，當蘇格拉底發現那位童奴對他的提問回答錯誤時，他會回頭先提問淺一點的問題，等那位童奴回答正確之後，再重新提問原本回答錯誤的問題。所以，蘇格拉底的提問似乎還是有「暗示」什麼是正確答案的成分。當然，柏拉圖還是會說，在對話錄裡，終究還是童奴自己給出正確答案之後，蘇格拉底才會繼續提問，蘇格拉底其實並沒有真正給過答案。

　　儘管如此，我們還是可以質疑：或許上述論證能推導出不同的結論，例如那位童奴並不是天生就有關於畢氏定理的知識，他與生俱有的只是推論能力而已。蘇格拉底的提問只是在幫助他建立適當的推論，使得他終究推論出畢氏定理。童奴的推論使得他獲得了關於畢氏定理的知識，但這並不表示他這項知識是天生的。

　　在第五章曾經說明「純粹推論」——一種前提都不是經驗命題的演繹推論。那位童奴之推論出畢氏定理的過程就是一種純粹推論。所以，即使他關於畢氏定理的知識是經由推論獲得的，柏拉圖仍然可以問：那位童奴關於前提的知識是如何來的呢？既然所有純粹推論的前提都不是經驗命題，這些前提的建立不能來自於感官知覺的運作，因此只能是經由純粹推論而來。依此類推，似乎只剩下一種可能：一定有一些純粹推論的前提是不再依靠推論而建立的，而且我們知道這些前提。我們又是如何擁有關於這些前提的知識呢？至此，柏拉圖仍然可以建立他的主張：關於這類前提的知識是先天的。又由於蘇格拉底並沒有教導那位童奴如

何進行推論（他並沒有教導任何推論規則），那位童奴顯然是自己就在使用他的推論能力，因此似乎可以說，他的推論能力也是天生的。如果放寬一點來說，純粹經由先天知識推論出來的知識也是先天的，則在柏拉圖的學說裡，所有知識都是先天的。總結來看，柏拉圖至少企圖建立兩項主張：㈠有些知識是先天的，剩下的其他知識都是推論出來的；而且廣義來說，這些推論出來的知識也是先天的。㈡這種推論能力也是先天的。他所謂的「知識回憶說」只不過是這兩項主張而已，而且我們毋須將「靈魂」概念加進他的學說之中。

　　請留意：按照前面的敘述，在柏拉圖的知識學說裡，㈠知識既是先天的，也是先驗的；㈡所有知識都是如此，並不是某些知識才如此。他的立場相當特殊。自近代哲學史開始，理性論與經驗論兩種立場都沒有如此極端。尤其，這兩點是源自柏拉圖形上學的結果。如果不考慮類似的形上學，對於後世的哲學家來說，依據「所有」、「先天」、「先驗」三項要素，原則上可以有八種不同的可能立場（請讀者自行列舉）。哪種立場最能掌握我們對於「知識」的理解呢？

　　柏拉圖試圖建立知識是先天的主張，他對於「概念」的看法又如何？在另一篇對話錄《費多》中，柏拉圖提出另一個論證主張概念是先天的，稱為不完美論證❸。我們所處的這個物理世界是不完美的，我們知覺的運作更不會完美地提供我們關於外在物理世界的資訊，因此我們的概念絕對不可能來自於感官知覺經驗。例如，我們有「圓」概念，但是我們日常遇到的有太多的圓形都不足以顯示完美的圓。即使使用再精密的儀器畫出來的圓，也依然不是完美的圓。（所謂「完美的圓」就是符合幾何學定義的圓。）既然我們擁有「圓」概念，但依感官知覺的運作無法使我們從經驗世界獲得「圓」概念，我們的「圓」概念必定是天生就有的。另一方面，柏拉圖僅承認理型以及數學事物的存在，我們的概念乃是關於這些抽象事物的，既然這些事物都是抽象的，不是感官知覺的對象，我們關於這些抽象事物的概念想必是先驗的，也只能是先天的。至此，柏拉圖建立了哲學史上首度出現的概念先天論。

　　柏拉圖認為知識和概念都是先天的，也都是先驗的。不過，必須釐清一個關鍵。精確來說，柏拉圖的知識學說應該分開為四項主張：知識是先天的、知識是

❸　請參閱 Plato, *Phaedo*: 73c–78b。

先驗的、概念是先天的、概念是先驗的。因此，在反對柏拉圖的學說時，應該留意是針對他的哪些主張來作討論。

第二節　先天與學習

在近代哲學史上，經驗論和理性論主要是在「是否有先驗知識」以及「是否有先天概念」兩個問題起了爭議，儘管他們的論述同時摻雜了「是否有先天知識」的問題以及「是否有先驗概念」的問題。請留意：概念、信念（知識）、能力是不同的。「信念」是有命題內容的，具有真假值；「能力」不具有內容；「概念」通常認為是構成信念內容的要素。第四章對於「信念」以及「概念」已經有相當多的解說，此處不再贅述。

在概念的議題上，概念經驗論的基本主張是：所有概念都是直接或者間接透過感官知覺的作用習得的。概念先天論則主張有些概念是先天的，不必透過任何感官知覺的作用即擁有的。隨著當代認知科學的發展，對於人在認知方面有哪些成分是先天的，這些年有相當實質的研究成果。

儘管非常多的經驗論哲學家同時也主張，所有知識都是直接或間接經由感官經驗而得到的，概念經驗論跟知識經驗論並不是相同的哲學立場，兩者也沒有彼此相蘊涵的理論關係。同樣地，儘管非常多的理性論哲學家既主張概念是先天的，也主張知識是先驗的，概念先天論和知識經驗論不是相同的哲學立場，兩者也沒有彼此相蘊涵的理論關係。這是由於「先驗」與「經驗」這組詞是用來說明信念具備識知地位的方式；「先天」和「後天」（亦即「學習」）是用來說明人獲得概念以及信念的方式。

「先天」這個詞已經用了很多次，究竟如何理解呢？洛克在《人類悟性論》主張，「先天」這個概念是沒有意義的，因此人的心智不可能有所謂先天的成分。他有兩項理由。首先，假設「x 是先天的」意指「從出生時人的心智就具有 x」。這表示從人出生到生長成熟，x 都具有相同的功能或者扮演相同的角色。但洛克指出，那些所謂先天的 x 並沒有出現在嬰兒或者「智能較低」的人身上。其次，假設所謂「x 是先天的」，意思是說，「人在出生時，人的心智潛在具有 x」。若如

此，對於在人的心智發展時已經顯現出來的所有事物當中，我們需要一套標準來決定哪些是先天的，哪些是習得的。但是，由於先天的事物在出生時是潛在的，因此我們沒有方法可以決定哪些已經顯現的心智事物是先天的，哪些不是。

在當代對於「先天」這一概念的瞭解自然要從生物學著手。在生物學裡，如果某項特質是先天的，則該特質具有「族類普遍性」，亦即該族類的每個成員都有那項特質——除非有些成員的成長是不正常的❹。至於這些特質何以是人類天生的，則多半進一步訴諸演化理論來說明。

洛克的兩個反對先天性的理由其實是建立在「族類普遍性」之上。可惜他對於「族類普遍性」的瞭解過於粗略。即使嬰兒和「智能較低」的人沒有將他們先天本有的事物顯現出來，這並不表示不存在先天的事物。先天具有的事物往往需要個體歷經一段發展的時期才能顯現出來。洛克並沒有考慮到個體發展的因素。再者，對於先天論的哲學家來說，從「這類人先天本有的事物沒有顯現出來」這件事實不足以推斷出沒有先天的事物。對他們來說，「為何這類人先天本有的事物沒有顯現出來？」是一個可以探究的問題。

儘管如此，「族類普遍性」仍然不是對於「先天性」很好的說法。我們可能有一些信念是普遍的，但不會是先天的。例如，關於「我是會站立的」這信念可能是心智正常發展的人類都會有的。這信念具有族類普遍性，但不是我們先天就有的信念——我們得知覺到自己會站著才行。除了「族類普遍性」之外，底下讓我們借用認知科學目前的研究進展來補充兩點說明。

「先天」與「學習」是相對的觀念。這個說法我們前面已經看到，從柏拉圖就開始了。所謂「學習」意指透過感官知覺的運作以及不純粹推論以獲得概念和信念（請參考第五章關於知識來源的說明）。因此，說「x 是先天的」（x 指概念、信念、能力或認知機制），意思是指個體不透過學習就具有 x。在柏拉圖主張靈魂存在並擁有概念時，概念不是個體透過感官知覺和不純粹推論學習來的，因此概念是先天的。在近代哲學史以及當代哲學界，概念先天論主張有些概念都是先天的（強調「有些」）❺。概念經驗論主張所有概念都是直接或間接透過感官經驗獲

---

❹　此處的「族類」指的是整個人類，不是個別的人種，也不涉及文化社會意義的「族類」。

❺　不過，也有極端的立場，主張所有概念都是先天的，例如當代知名的哲學家佛德，請

得的（強調「所有」）。所謂間接獲得一個概念，主要是說這個概念是複雜的，是由直接靠經驗獲得的概念經過複合之後產生的。(其次則是說這個概念是來自於他人的教導，但這不是此處的要點。) 概念經驗論否認有所謂的先天概念，知識經驗論否認有所謂的先天信念與知識。洛克知名的主張「心靈如一空板」，意思是說，人類的心智並沒有先天的任何概念和信念（或知識）❻。當然經驗論仍然得承認有些認知機制或者能力是先天的，但人類的心智能力使得人能夠知覺到外在的物理世界，並經由連結、歸納推想等心智運作，學得外在世界的規律。簡單說，人類的所有概念和信念都是經由這些心智的運作以及個體與外在世界的互動而產生的。概念和信念都不是先天的。

這當然不表示「有無先天知識」的問題是不恰當的。關鍵在於：如果承認知識是先天的，由於知識的先決條件是信念，因此必定得承認信念是先天的，而且這些先天的信念本身就足以構成為知識。但是如此一來，承認知識是先天的學者勢必要說明兩點：

㈠信念因何是先天的？除非我們接受柏拉圖式的形上學，否則我們得承認我們擁有關於外在物理世界的信念，例如相信老虎是食肉動物等。然而這些具有經驗內容的信念，這些關於經驗世界的信念（簡稱「經驗信念」），怎麼會是先天的呢？依據上述生物學的說法，顯然我們有許多經驗信念不是先天的，因為不見得所有正常成長的人類都擁有那些信念。涉及感官知覺的信念不會是先天的，例如相信眼前那隻青蛙正伸出舌頭吃掉一隻蟲子。涉及社會文化與制度的信念也不會是先天的，因為社會文化與制度有很大的時空差異性。例如相信張三開了一間工廠。正常成長的人類各有其不同的涉及社會文化與制度的信念。

那麼，我們究竟有沒有任何先天的信念？似乎是有的。似乎所有正常成長的人類都相信外在的物理世界是存在的！似乎所有正常成長的人類都相信外在的物理現象具有因果關聯！有趣的是，這些都是經驗信念，卻似乎都是先天的。

㈡即使承認至少有一些信念是先天的，如何說明先天的信念能構成為知識？信念雖然是知識的先決條件，卻不是唯一的條件，至少這些信念都必須為真。我

參閱 Fodor 有關「思維語言」與「心理表徵」的多篇著作。

❻　「空板」譯自拉丁文的 tabula rasa（英譯：blank slate）。

們憑什麼認為先天的信念都為真呢？換個方式來問，如果所有先天的信念都為真，則所有假信念都不是先天的。亦即，所有假信念都是後天習得的結果。這個理論結果恐怕還待進一步的探討。另一方面，在前面幾章曾經解說過幾門知識學說。知識的要件除了「信念」與「真」之外，哲學家各自補充了一些不同的要件。依據他們的學說，先天信念即使為真，仍然必須滿足其理論提出的知識要件。這似乎是不太容易做到的。以融貫論來說，融貫的信念系統才是有證立的。然而我們憑什麼認為我們的先天信念構成為一個融貫的系統呢？(請讀者不妨自行使用某個知識理論仔細思考一遍。)

補充一點：「先驗概念」不是一個恰當的語詞。與「經驗概念」相對的有兩種：「經驗概念」與「抽象概念」，以及「經驗概念」與「先天概念」。

當哲學家使用「經驗概念」一詞時，意指該概念的內容關涉到經驗世界的對象或性質，例如〔紅色〕概念和「紅色」語詞的內容是〈紅色〉性質，或者所有個例化〈紅色〉性質的事物；〔老虎〕概念和「老虎」語詞的內容是〈老虎〉性質，或者〈老虎〉類，或者所有個例化〈老虎〉性質的動物（亦即個別的每隻老虎）❼。紅色和老虎都是經驗知覺的對象。與「經驗概念」相對的是「抽象概念」，其關涉到的是抽象的事物。例如〔質數〕概念和「質數」語詞，其內容或者為〈質數〉性質，或者是所有質數構成的集合。質數是抽象的，不是經驗知覺的對象。

另一方面，「經驗概念」亦與「先天概念」相對。如前所述，這組對立概念考量的是人類如何擁有概念的問題。概念經驗論主張所有概念都是經由知覺與非純粹推論（例如相似性量度的心智運作）而形成的。概念先天論反對概念經驗論，主張至少有一些概念是先天的。有哪些概念是如此呢？抱持概念先天論的哲學家提出的例子包括：〔因果〕概念、〔物體〕概念（那是個東西）、〔等同〕概念（這本書就是我剛買的那本書）、〔在〕概念（張三人「在」這裡）……。套用前述生物學家所謂的族類普遍性，這些概念都是正常成長的人類都具有的。

當代認知科學家和哲學家將先天論和經驗論的爭議刻畫得更為細膩。他們的關注已經從「是否有先天的概念和信念」這問題，轉移到「人的認知構造有多少

❼　此處為了辨別概念、語詞以及性質，分別使用了中括號、引號和角號。

成分是天生的」這個問題。先天論和經驗論的爭議其實不僅是在於有無先天的概念、先天的信念、先天的認知結構。這兩種立場都同意人類有一些先天的認知構造，他們的爭議在於人的認知構造該如何說明。經驗論走向的學者主張，我們的認知構造幾乎是由各種普論域的機制構成的。由於人的認知構造是普論域的，不會有哪些概念和信念是先天的，所有概念和信念都是經由這些普論域的認知機制對於來自外在資訊的處理而產生的。先天論的學者則主張我們的認知構造中有許多機制是特定論域的。「論域」是指認知機制能處理的資訊種類。說一個認知機制是普論域的，是說這個機制能處理的資訊類型沒有限定，例如通常我們認為推論機制是普論域的。相對地，一個特定論域的機制只能處理某種特定類型的資訊，例如視覺只能處理來自光線的資訊，聽覺只能處理來自聲波的資訊。

在二十世紀中期，著名的語言學家瓊姆斯基提出了普遍文法假設，以解釋人類的語言學習與發展。「普遍文法」是天生的能力知識（不是命題知識）。在一九九○年代發展出所謂的演化心理學，試圖建立人類某些類型的推論型態（例如義務推想）乃是天生的認知機制。其他還有很多研究，不再引述。先天論的學者認為這些機制都是特定論域的，都是先天的。另外，認知科學家從個體的認知發展來探索哪些認知機制、認知能力、概念和信念很有可能是先天的。他們建立的發展學證據，甚至已經是來自對於剛出生四十二分鐘的嬰兒所做的實驗觀察。另外一個方向來自認知人類學的研究，探討不同人種、生存於不同自然環境的人類，是否有相似的認知表現。（顯然這是從 「族類普遍性」 的角度來思考 「先天性」 的。）照目前的趨勢，對於先天論的主張獲得頗多經驗科學的支持。

先天論和經驗論的爭議雖然是哲學的，科學研究的結果儘管不足以裁定哲學的爭論，這項哲學爭議卻從科學研究的成果獲得寶貴的第一手資料。其實早期經驗論與先天論爭議時，兩邊的哲學家也是從他們對於人類心智構造的粗淺認識作為哲學思考的出發點。就這點來看，經驗科學的研究對於解決哲學爭議當然是有重大意義的，對於知識論的研究更有其貢獻。

第三節 先驗知識的對象

在知識的議題上，知識經驗論的基本主張是：所有知識都來自於感官知覺的運作，以及對於理性的經驗使用。知識理性論認為並不是所有知識是像經驗論所說的，都是來自於感官經驗或者理性的經驗使用。相反地，有些知識來自於理性的非經驗使用。例如他們主張我們知道因果關係具有必然性，而且這項知識是先驗的。簡單說，經驗知識必定直接或間接涉及人類感官知覺的運作，先驗知識則並不涉及感官知覺經驗。

再一次強調：儘管絕大多數經驗論哲學家同時都抱持知識經驗論與概念經驗論，理性論的哲學家同時都抱持知識理性論與概念先天論，原則上知識經驗論與概念經驗論之間並無理論蘊涵的關係，知識理性論與概念先天論同樣亦無理論蘊涵的關係。換句話說，同時接受知識經驗論與概念先天論，並不是矛盾的；同時接受知識理性論與概念經驗論，也不是矛盾的。

在第三章曾經提到三組區別：先驗知識與經驗知識（知識論的區別）、分析命題與綜合命題（語意學的區別）、必真命題與偶真命題（形上學的區別）。這三組區別之間的關係是什麼呢？茲將傳統知識論的主張列舉如下：

　(1)分析命題都是必真命題；有些必真命題不是分析命題。
　(2)綜合命題都是偶真命題；偶真命題都是綜合命題。
　(3)先驗知識的對象只有分析命題與必真命題。
　(4)經驗知識的對象只有綜合命題與偶真命題。

這些傳統的看法在現代哲學受到很大的挑戰。第(1)項和第(2)項在第三章做過解說，此處不重複。接下來幾節讓我們逐一分析檢視與「先驗」有關的種種問題。我們從兩個方向來進行探討：第一個方向是有關先驗知識對象的問題，亦即第(3)項和第(4)項的問題。第二個方向是有關劃分先驗知識與經驗知識的方式，亦即如何定義先驗知識的問題。

經　驗

　　讓我們先簡要釐清「經驗」一詞在知識論裡的意義。最廣義的「經驗」是指「意識經驗」。在這意義下，經驗的範圍不僅包括各種知覺經驗，更包括一切我們意識到的當下的心理活動。不過，這說法未免過於寬容，不符合知識論的需求。因為在這意義下，所有知識的證立都必定會涉及到經驗，因此都會是後驗的，即使像數學和邏輯這類公認的先驗知識也不例外。當一個人在作數學或邏輯證明的時候，他也是意識到他當下作證明的心理活動，具有這種做證明的意識經驗，但知識論傳統裡並不因此將這種從作證明所獲得的知識當作是經驗知識。

　　在知識論裡相當常見的說法是：「經驗」指的只是感官知覺經驗，也就是由五官知覺產生的經驗。基礎論所謂的「經驗知識」是來自於由這類感官經驗對於基礎信念所提供的經驗證立；可靠論則認為如果感官知覺系統或機制是可靠的，則由感官系統所產生的信念具有經驗證立。

　　然而，這個說法卻使得「經驗」的意義略失狹隘。例如，「我很高興」是一個可經由內省而獲得的經驗知識，但是這知識的證立卻與感官知覺系統不相干。

　　為了能夠涵蓋知識論學者接受的各種經驗知識，「經驗」一詞可類同於當代心與認知哲學所謂的感質，包括感官知覺經驗、身體感覺、情緒、感受等，各種非概念性的心理狀態。經驗知識或者源自這些心理經驗或心理機制，或者就是關於這些心理經驗的。

　　至於「經驗知識」這個語詞，概略來講，有兩種用法。第一種指的是所知的乃是經驗命題或經驗真理（有經驗內容的真命題）。經驗真理描述了經驗世界，也就是我們實際生存的這個世界，例如太陽系有八大行星、鯨是哺乳動物、水具有 H_2O 的化學結構、那間教室有三十套桌椅、我的身高一百八十公分、月球的引力小於地球的引力、水的沸點是攝氏 100 度、狗能聽到人類聽不到的聲音……。要知道這些事，就必定直接間接依靠感官知覺的運作。「經驗知識」的另一種用法，指的是這類知識的證立方式必定涉及到認知主體的經驗。這也是我們現在的主題。相對的，「先驗知識」則是指其證立沒有涉及到認知主體經驗的知識。

先驗與分析

傳統知識論的一個立場是分析命題可以成為先驗認知的對象。這道理不難明白。一項命題之所以是分析真的，是純粹由其意義決定的，不需經驗的探究就能決定其真假。因此，分析真的命題是先驗可知的。然而，如果將先驗認知的對象侷限於分析命題未免過於狹隘。

首先，有太多的數學真理與邏輯真理都不是康德與佛列格意義下的分析命題，因為它們之為真並不是來自於所使用概念之間的關聯。

其次，形上學原則也都不是分析命題，例如，「任何事件的發生都是因果上必然的」，但如果形上學原則為真，它們是先驗可知的。再者，類似「任何東西不可能既是方的又是圓的」這種命題也不是康德與佛列格意義下的分析命題。但這類命題如果為真，也是先驗可知的。看來，先驗認知的對象既包括分析命題也包括綜合命題。其實，康德不僅早就已經在探討非分析的命題，亦即綜合命題，是否有可能是先驗可知的，他更進一步關心要如何說明先驗綜合知識。他指出幾何命題是綜合的，但是對於幾何命題的知識是先驗的。既是如此，從「分析命題／綜合命題」的區分來瞭解先驗認知的對象並沒有太大的幫助。

先驗與必真

是否可將必真命題作為先驗認知的對象呢？康德認為必真命題都是先驗的。對佛列格來說，先驗可知的命題既然只有邏輯真理與數學真理兩種，而且這兩種都是必真的，因此先驗認知的對象都是必真命題。有鑑於傳統公認數學真理與邏輯真理這類必然真的命題是先驗認知的對象，再加上所有分析真的命題皆可經由同義概念的替換而轉換成為邏輯真理，乃至於上述關於沒有既方又圓的事物這類命題以及形上學原則也都被視為必然真理，似乎我們可以將先驗認知的對象限定在必真命題❽。

這個立場在當代受到極大的質疑，其中最有名的莫過於克理普奇提出的挑戰。克理普奇指出有些偶真命題是先驗可知的。一件東西的長度是如何決定的？我知

---

❽　其實康德早就指出先驗知識與必然真理之間的關聯 (Kant, 1787; 1998: B4)。

道牆上那幅畫長一公尺。「牆上那幅畫長一公尺」是一項偶真命題，而且這項知識是經驗知識，因為這項知識的成立必定涉及感官知覺的運作：至少要有人用尺丈量才能知道這命題。不過，我還知道藏在巴黎的那根鉑銥棒長一公尺。「藏於巴黎的那根鉑銥棒長一公尺」也是一項偶真命題。我這項知識是經驗的還是先驗的呢？由於鉑銥棒的長度是用來定義「一公尺」的，這項知識一定是先驗的 ❾。

克理普奇還指出有些必真命題是經驗可知的，他指的是涉及專名的等同句。例如「太白星＝長庚星」這個命題是必真的，但卻需要天文學的研究才能知道；「孫文＝中山樵」這命題是必真的，但需要歷史的考證才能知道。另外哲學家奇邱也提出論證指出：必然性不蘊涵先驗性。從存在有必真命題以及它們是可知的，不能有效推論出它們是先驗可知的。不僅如此，先驗性也不蘊涵必然性：從一命題是先驗可知的，無法有效推論出該命題是必然真的。簡單說，有些先驗可知的命題不是必真而是偶真的 ❿。必真命題並不是先驗認知的唯一對象。

解說到這裡，不僅先驗性與分析性沒有對應的關係，先驗性與必然性也同樣沒有對應的關係。先驗認知的對象可說是分別橫跨「分析／綜合」的區別以及「必真／偶真」的區別。哲學傳統之主張這三組區別有對應的關係，顯然是錯誤的。我們不得不重新檢討，從知識對象的類別來理解先驗知識與經驗知識的區別恐怕不會有實質的收穫。

哲學傳統上，儘管對於先驗知識與經驗知識的劃分正好與「分析／綜合」以及「必真／偶真」的區別相對應，畢竟這劃分並不是一種針對知識類型做的區別，而是一種針對證立方式做的區別。康德和佛列格都已經指出，「先驗」與「經驗」指的是兩種不同的成立知識的方式，或者兩種不同的證立知識的方式。接下來就讓我們來看哲學傳統是如何說的。

---

❾　國際度量衡局在 1889 年製作了三十支截面是 X 形的鉑銥棒，並於 1927 年定義該鉑銥棒在攝氏零度時，兩端刻線間的距離為一公尺。在 1983 年國際度量衡大會重新定義「一公尺」為光在真空中 1/299,792,458 秒之間所行走的距離。這種改變有其物理學以及物理哲學的重要意義，但還好不影響此處的哲學要點。

❿　請參閱 Kitcher (1983: 28–35)。

第四節　「先驗性」的傳統看法

　　哲學傳統對於「先驗」和「經驗」這組概念的說法主要有兩點：區別知識（信念）的肇因與證立，以及以「經驗的絕對獨立性」來說明先驗知識。

肇因與證立

　　「先驗／經驗」這組概念並不從因果概念來理解，並不是用來區別知識產生的源頭和過程，不是用來說明我們如何「學到」知識的。這組概念是用來說明證立的類型。要學到數學和邏輯知識，當然必須要用到我們的感官知覺系統，我們要看到文字、圖形、符號，必要時還要用紙筆來輔助我們的思考。要學到任何東西都不可能同時既圓又方，我們當然要知道圓形和方形。這些都是從因果概念來說，在產生知識的過程中所涉及的因素。

　　無疑地，所有知識都起因於經驗，沒有經驗就不可能產生知識。我們人類所有的知識，先驗的以及經驗的，都必定涉及感官知覺的作用。感官知覺的運作是知識的產生源頭與過程，這一點是無法否認的。誠如康德所說，所有知識都起自於經驗。但這並不表示所有知識的證立都來自於經驗，並不表示對於先驗知識的否定。

　　哲學家區分知識（信念）的「肇因」以及知識（信念）的「證立」，前者指的是產生信念的源頭，後者是指可以理性接受某信念的恰當理由或證據。產生信念的方式很多，但並不是每個產生出來的信念都是有恰當理由或證據支持的，例如盲目的相信一些事，就不是有證立的。不過，區別知識的肇因與知識的證立並不因而排除某些知識的肇因本身也可能恰好構成這些知識的成立條件或證立。例如「我知道我聞到香味」的肇因（「我聞到香味」這件事）正好也是這項知識的證立項。

經驗的絕對獨立性

　　康德對於「先驗」提出了哲學史上非常知名的說法。所謂一項知識是先驗的，意思是說，對於那項知識的證立是「絕對獨立於所有的經驗」。康德強調「絕對」的用意在於指出：先驗的證立並不是只獨立於這項個別經驗，或者那項個別經驗

而已,而是獨立於任何個別的經驗**⑪**。

　　剛剛已經說過,感官知覺經驗是產生任何知識的必要起因。康德在《純粹理性批判》中指出,「先驗／經驗」係對於命題(或信念)證立方式的區分**⑫**。所以康德說的「獨立」於任何感官經驗,不是因果意義的,而是「證立」意義的。那麼,到底所謂「獨立於任何個別經驗」又是什麼意思呢?史溫本從康德的討論中抽取出三種關於「先驗」的不同含意**⑬**:

　　第一種含意:一命題是先驗可知的,若且唯若,該命題是必真的,而且其必然性可被認知。這種從認知對象來說明先驗性的立場及困難已經在前一節談過,此處不再贅述。

　　第二種含意:一命題是先驗可知的,若且唯若,該命題可被一完全沒有經驗的認知主體所認知。先驗知識是一種完全沒有感官知覺的個體也能擁有的。對於這種個體來說,由於他根本沒有任何感官知覺,所以他的知識一定是絕對獨立於所有經驗的。這個說法符合康德的主張。

　　然而,這個主張或者是錯誤的,或者是不相干的。前面借用康德的話已經指出:所有知識皆起自於(肇因於)經驗。因此,一個完全沒有經驗的認知主體,即使可能存活,也不可能產生任何知識。當然這裡的認知主體指的是我們人類。如果這裡所謂的認知主體指的是超越人類的某類存有,其存在方式與人類非常相異,就像科幻小說描述的那種沒有形體的存在物,或者神鬼等,或許這類超越存有可以在完全沒有經驗的情形下,仍然擁有知識。因此在第二種含意下,他們擁有的知識是先驗的。然而這是不相干的,超越人類的存有是否具有先驗知識並不是知識論的討論重點。畢竟哲學家關心的問題是與我們人類有關的知識論裡的種種問題;「有沒有先驗知識」這個問題是針對我們人類自己來詢問的。我們人類不

---

⑪　請參閱 Kant (1787; 1998: B2)。

⑫　「先驗／經驗」這組概念同時也用來區別兩種認知的方式;認知的方式不同,所獲得的知識類型就不同。透過經驗方式認知到的,稱為「經驗知識」;透過先驗方式認知到的,稱為「先驗知識」。人如何能先驗的認知到一些事物是認知科學的研究議題,超出本書範圍,就不多談。

⑬　請參閱 Swinburne (1975: 185)。

是沒有知覺經驗的認知主體，我們所有的知識都必須起因自感官知覺系統的作用。所以，第二種含意並不適用於我們人類。

　　另外要補充一點：即使組成一命題的概念是經驗的，並不表示該命題就不是先驗可知的。一命題若是先驗可知的，其先驗性不受到其組成概念是不是經驗概念的影響。這一點常常被大多數人所忽略。究其因在於一般對於先驗知識的探討往往只著重在數學與邏輯等形式科學的領域。但是，別忘了自康德以降，「先驗分析」的知識幾乎不曾被否定過。像「任何東西不可能既圓又方」等一般承認為先驗知識，都是使用了經驗概念的命題。即使要擁有這項知識必須要擁有「圓形」和「方形」等概念，即使要擁有這兩概念必須要有感官知覺的運作，即使要看過圓形和方形的東西才能擁有這兩概念，這項知識仍然是先驗的。同樣地，「任何東西的表面不可能同時既是紅的又是藍的」這個真理雖然用到了「紅色」和「藍色」這兩個經驗概念，這個真理仍然是先驗可知的。即使構成真理的概念是經驗的，並不表示那真理就不是先驗可知的；它的先驗性不受到其組成概念是不是屬於經驗概念的影響。

　　最後，第三種含意是將先驗性等同於經驗之不可駁斥性。一命題是先驗可知的，若且唯若，該命題可被認知主體認知，並且該認知主體對於該命題的知識宣稱是經驗上不可駁斥的，也就是說，不可能存在任何經驗真的命題使得對於該命題的知識宣稱為假。

　　「經驗之不可駁斥性」的說法確實適用於數學與邏輯知識上。例如，我們知道任何三角形的內角和都是等於 180 度。這項知識是先驗的，因為這項知識滿足了「經驗之不可駁斥」要件，也就是說，沒有任何經驗真理可以反駁這件事。在黑板上畫了一個三角形，用尺量它的三個內角，相加之後發現其總和是 179.9 度。儘管這是事實，這也確實是必須使用感官知覺經驗才能獲得的知識，但這卻不足以反駁我們關於三角形內角和等於 180 度的知識。因為這項知識是使用平面幾何學的定義與公設證明出來的，不是用量角器來決定的。

　　儘管如此，第三種含意對於如何理解先驗性仍有缺乏。首先，數學與邏輯真理本來就是非關經驗世界的命題，這類知識都是抽象的。既然這類真理不具備經驗內容，對於它們的知識宣稱自然不會被任何經驗命題所駁斥。更重要的是，「經

驗之不可駁斥」這概念只能作為先驗知識的必要條件，不足以構成它的充分條件。史溫本指出，的確存在有經驗不可駁斥的命題，但卻是經驗可知，而不是先驗可知的。這個命題是：經驗是存在的❶。如果有任何人宣稱他知道這命題，則他這個知識宣稱不可能被任何經驗真的命題駁斥。但是對於這個命題的證立顯然是經驗的，而不是先驗的；對於這項知識的證立來自於認知主體自己擁有經驗。又例如，「我存在於此時此刻」似乎也是一個經驗不可駁斥的命題，但卻不是先驗可知的。

可證明性

佛列格跟康德一樣，認為先驗性與證立的方式有關，與肇因無關。他對於「先驗性」這概念著墨不多，但他的說法亦頗值得參考。佛列格主張一命題是先驗（證立）的，若且唯若，對於該命題的證明僅僅使用到再也無須證明的通則性定律。至於最根本的、無須證明的定律（亦即邏輯系統的公設），其之所以為真則是自明的，因此也是先驗的。相對地，一命題是經驗（證立）的，若且唯若，其證明訴諸事實，涉及到某些特定的事物。

由於佛列格關注的是理想語言（一套邏輯公設系統），他很自然地從「證明」的角度來看待證立的方式。佛列格的主張可分析為三點：㈠先驗知識（命題）有兩類，可被證明的以及自明的（毋庸證明即可接受的）。但是，從以上康德三種先驗性的說法來看，康德的主張不會出現先驗知識（命題）分為兩類的理論結果。㈡從知識論的角度來看，佛列格對於先驗知識採取的是基礎論的立場。㈢最值得注意的是，「先驗性」在佛列格的主張裡，是一個二元的關係，不是內有的性質，這特別是指第二類的先驗命題，這些命題是先驗的，因為它們可被其他命題證明出來。這是他的主張與康德的學說，乃至於當代許多有關先驗性的學說，最大的差異。

對於數學和邏輯知識來說，佛列格主張對於公設的知識是先驗的，因為是自明的；其他的知識之所以是先驗的，則是由於對於它們的證明使用了關於公設的知識。這個想法受到理性論的支持。邦究爾認為溫和理性主義可以說明先驗性的問題。先驗證立來自於我們所擁有的理性洞見。理性洞見又分為㈠立即的、非論

---

❶ 請參閱 Swinburne (1975: 185)。原文是：There are experiences。

思的運作方式，以及㈡展論式的、受理由主導的運作方式❶。後者是對於推論、
證明等程序的先驗認知，其實就是佛列格所主張的第二類先驗知識。邦究爾和佛
列格一樣，對於先驗知識是採取基礎論的觀點。邦究爾還指出，所謂一個命題是
自明的，是說單單從該命題的內容本身，就足以讓理解其內容的認知主體判定或
相信該命題為真，這就是我們對於這些命題的立即理性洞見❶。

　　佛列格關於先驗性的主張似乎過於狹隘。一般公認「沒有東西的形狀是既圓
又方」是先驗的，可是不符合佛列格的主張。當然，這批評對他不太公道，畢竟
佛列格關心的是數學和邏輯，我們無須太過苛刻。

第五節　經驗對稱性

　　從以上的探討，本書整理出幾條線索來幫助思考先驗性的問題：

　　㈠經驗是產生知識的必要肇因。

　　㈡先驗知識與經驗知識的劃分不在於知識對象類型上的不同，而在於證立方
式的差異。

　　㈢所謂一知識是先驗的，是說它是以絕對獨立於任何經驗的方式而證立的。
所謂一知識是經驗的（後驗的），是說它的證立直接或間接來自於經驗。

　　㈣先驗證立的「絕對經驗獨立性」，意指不僅獨立於這一個別經驗或那一個別
經驗，而是獨立於任何個別經驗之外。

　　㈤以經驗之不可駁斥性來理解先驗性並不足。

　　接下來，本書建議以「經驗對稱性」來理解「先驗性」。

> **先驗性**
> 命題 p 是先驗可知的，若且唯若，證立命題 p 的方式是對稱於認知主體
> 可能擁有的任何經驗。

---

❶　請參閱 BonJour (1998: 102)。

❶　邦究爾的說法跟齊生所謂的 「對認知主體 S 是公設的」 這說法類似。請參閱 BonJour
　　(1998: 112) 以及 Chisholm (1989: 28)。

這個想法基本上來自於奇邱的觀點❶。奇邱指出，所謂一知識是先驗的，是指從假想語態的方式來看，即使認知主體具有完全不同的經驗，他仍然能以相同的方式來證立該知識❶。

本書藉由奇邱的說法，進一步闡述「經驗對稱性」。首先，認知主體 a 自有生命開始，到現在 t 時為止的時間，稱為 a 的「實際生命史」。他實際擁有的一切經驗 e_1、e_2 … 等所構成的集合稱為 a 的「實際經驗史」，以 $E_@$ 表示，$E_@=\{e_1, e_2 …\}$。在維持 a 的認知能力固定不變的條件下，假設在 a 的實際生命史中，e^* 是 a 實際不曾擁有但可能擁有的一項經驗。令 $E^*=\{e^*, e_1, e_2 …\}$，E^* 稱為 a 自有生命到現在 t 時為止的一個「可能經驗史」。繼續作類似的假設，對 $E_@$ 增補或移除某些經驗，我們可以建立 a 的其他可能經驗史 E^{**}、E^{***}，依此類推。下列是對於「經驗對稱性」的說明：

> **經驗對稱性**
>
> 所謂一命題 p 的證立是對稱於 a 可能擁有的任何經驗，是說到 t 時為止，在維持 a 認知能力不變的條件下，固然在 a 實際擁有 $E_@$ 的情形下，a 對於命題 p 的認知是有證立的，即使 a 實際擁有的經驗不是 $E_@$，而是 E^*（或是 E^{**}，或是 E^{***}……等），a 對於命題 p 的認知仍然是有證立的。

為何會有「維持 a 認知能力不變」的但書呢？這是因為兩項顧慮：第一，如果不維持 a 的認知能力不變，這理論將會允許出現 a 變成認知能力高超到近乎神一樣程度的可能性，使得 a 對於 p 的認知不再需要他自身擁有的經驗。（請回顧上一節史溫本所說的第二種含意的先驗性。）第二，有些先驗證立的命題是由經驗概念組成的，例如「沒有任何東西的表面有可能同時既藍又紅」這命題使用了顏色概念。如果 a 的認知能力沒有維持不變，這理論將會允許出現 a 沒有這些顏色經驗的可能性，進而沒有相應的顏色概念（例如天生的瞎子可能缺乏顏色概念）。若

---

❶　莫哲所編的論文集收錄了八種關於先驗知識的理論，本書傾向於接受奇邱的觀點，此處也以他的說法為依據來發展。請參閱 Moser (1987) 以及 Kitcher (1980)。

❶　請參閱 Kitcher (1980: 190–191; 197–198)。

如此，*a* 不會認知到他在實際世界原本可認知到的命題。

以「經驗對稱性」來理解先驗性相當符合前面蒐集的幾條線索。例如，經驗對稱性的說法並不否定經驗是產生或因致知識的因素。這個觀點只是不承認產生或因致某項知識的經驗必定構成該項知識的證立。再例如，經驗對稱性的說法使得命題的先驗證立確實是獨立於個別經驗之外的，因為即使認知主體具有不同的經驗史，仍然可以證立該命題。再例如，經驗之不可駁斥性既不蘊涵經驗對稱性，經驗對稱性也不蘊涵經驗之不可駁斥性。依據「經驗之不可駁斥性」的說法，會不當地將對於「經驗是存在的」這命題的證立當作是先驗的。但依據「經驗對稱性」的說法，這命題的證立不會是先驗的，因為對於這命題的證立並不具有經驗對稱性。關於這一點，只要假想認知主體自有生命起到現在 t 時為止，一直都在做夢，由於夢中的一切經驗都虛幻不真（即為假），因而該命題為假，認知主體自然無法以他自己之擁有經驗來證立該命題。或許有人會反駁說，做夢本身也是認知主體的經驗，因此經驗是存在的。認知主體之正在做夢正足以證立該命題。這個反駁忽略了一點：由於已假想認知主體一直在做夢，因此認知主體並不能察覺到他正在做夢，因而不可能以他之具有做夢這項經驗來證立他對於該命題的證立。

經驗對稱性的主張說明了邏輯與數學知識的先驗性，也說明了「沒有任何東西有可能既圓又方」這一類的命題如何能夠是先驗的，更說明了所謂基礎真理（有關公設的知識）的先驗性。

●　重點回顧　●

· 先驗 *a priori*

· 後驗 *a posteriori*

· 先天的 innate; inborn

· 米諾悖論 Meno's paradox

· 蘇格拉底法 Socratic method

· 普論域的 domain-general

· 特定論域的 domain-specific

- 瓊姆斯基 Chomsky, Noam (1928–)
- 普遍文法 universal grammar
- 義務推想 deontological reasoning
- 感質 qualia
- 奇邱 Kitcher, Philip (1947–)
- 史溫本 Swinburne, Richard (1934–)
- 經驗之不可駁斥性 empirical irrefutability

第十三章　人類認知的困境

　　兩千多年前柏拉圖在《米諾》篇討論知識時，指出了一項困難，就是前面提到的「米諾悖論」：如果我們已經知道「知識」是什麼，我們就不必研究知識了；如果我們不知道「知識」是什麼，即使已經找到了知識，我們怎麼知道我們找到的確實是知識？這是所謂的規準難題。這一章會介紹這個難題以及齊生的討論。但是規準難題還不是造成人類認知困境的最大困難。在知識論史上，懷疑論的出現困擾了哲學家相當久。在大約西元前三百年哲學家皮羅及其門人質疑我們人類是否真地能夠擁有知識。這主張後來稱為皮羅主義。在當代，則有許多哲學家借用笛卡爾的討論，將懷疑論發揮得淋漓盡致。如果懷疑論是對的，我們人類是沒有知識的，甚至我們人類是不可能擁有知識的。這確實是令人難以置信的哲學立場，但懷疑論的論證卻又是那麼具有信服力。我們人類的認知真地處於困境之中嗎？

第一節　規準難題

　　有些時候我們真地知道一件事，有些時候我們只是誤以為知道一件事，並不是真地擁有知識。如何區別呢？用以區別真地擁有知識與誤以為擁有知識的原則稱為「知識的規準」。我們不可能在沒有知識規準的情形下研究知識。然而我們在一開始研究知識的時候，所接受的知識規準本身是否是有證立的？如果我們對於這些規準的認可不是有證立的，當然不該據之以研究知識；如果對於這些規準的認可確實是有證立的，我們似乎已經知道什麼時候一項主張是有證立的。知識論學者面臨的規準難題是這樣的：就前者來說，我們無從開始對於知識的研究，因為我們缺乏恰當的規準；就後者來說，我們似乎已無必要研究知識，因為在還未

研究知識之前，我們已經有了用以區別什麼是真知識的規準。

這個知識規準的難題大致可以回溯到柏拉圖在《米諾》這篇對話錄的討論。齊生是對於知識的規準難題用力最深的哲學家。在每一個個別的情境中，我們要依據什麼規準來決定我們是否知道一件事？在三月的某一天，公園池塘邊那棵魚木樹開花了，老王來到池塘邊，看著那棵開花的樹。老王知道他面前有一棵樹嗎？要如何回答這問題呢？我們的回答依據的是什麼規準呢？

齊生指出對於這個難題的解決有兩個不同的進路：方法主義與特殊主義。方法主義的解決方式是先提倡一套方法或規準，再藉之以決定在個別情境下的知識宣稱是否為真，處於某個別情境下的認知主體是否真地知道某命題。特殊主義則主張我們確實擁有許多個別的知識，例如關於我們自身的知識、關於我們周遭看得到、聽得到、觸摸得到的環境的知識等。我知道我的身高（因為量過）、我知道我家的大門是木頭的 （因為看到）、 我知道我買的那件大衣很柔軟 （因為觸摸過）……。我們擁有很多像這樣的個別知識。特殊主義主張：我們從日常這些我們承認的個別知識開始，經由抽象通則化的過程即形成知識的規準。

齊生接受的是特殊主義的進路。他做了兩項預設：第一，我們確實擁有知識；第二，在日常生活中，每一項我們直覺上認定是知識的情況，一定都會符合所發現的知識規準。第一項預設當然是懷疑論不能接受的。就第二項預設來看，齊生主張我們的知覺與內省的實際運作都能讓我們擁有知識，除非有理由質疑在某情境下其運作是有問題的。例如，一般來說，當某人在某時某地看到眼前藍色的窗簾時，我們會承認他當時知道眼前的窗簾是藍色的——除非我們發現他已經喝醉了，或者嗑了藥，而處於意識不清的狀態。如果沒有這些情況，通常我們願意承認當時當地的知覺運作會給我們知識。這些我們在各個情境下願意承認的個別知識就構成我們思考知識規準的材料。在形成知識規準之後，進而用在其他新的情境，藉以判斷在新情境中的主體是否擁有知識。

剛剛提到，齊生的第一項預設是懷疑論不能接受的。懷疑論的主張是什麼呢？有哪些理由支持懷疑論呢？

第二節　皮羅主義

懷疑論很早就出現。所謂的古代懷疑論有兩個流派，其一是皮羅主義，另一是學院懷疑論。學院懷疑論源自西元前三世紀到西元前一世紀之間的柏拉圖學院，主張真理是不可能掌握的。一般都將皮羅當作始祖，但恐怕應以塞克斯特斯為主要人物。他在《皮羅主義綱要》一書中指出，懷疑論者就是探究哲學問題，但不做判斷、懸置意見的人，因為懷疑論者認為存在有各種相對立的主張或立場是我們不可能解消的 ❶。

皮羅主義哲學家收集了許多例子，並分成了十類，以探求隱藏在這些例子背後與知識有關的重要因素。底下是一些例子：

· 不同的物種對於這個世界有不同甚至對立的知覺和觀點。例如，有羽毛的動物和有鱗甲的動物對於這個世界的知覺是不同的。
· 不同的個體對於這個世界有對立的知覺和觀點。
· 不同的感官對於這個世界有對立的知覺和觀點。例如，看起來平滑的表面摸起來是粗糙的。
· 不同的情境會造成對於這個世界有對立的知覺和觀點。例如生病的人知覺到的世界和健康的人是不同的。
· 從不同位置、不同距離、不同地方知覺到的世界是不一樣的。例如，筷子在插進水裡之前是直的，但是筷子插進水中之後，看起來是彎的。

這個世界對於不同的人會呈現出不同的面貌，相同的事物對不同的感覺系統會產生不同的感官知覺經驗，甚至對於相同的感官知覺系統，在不同的時刻也會將外在世界呈現出不同的面貌。例如，筷子在插進水裡之前是直的，但是筷子插進水中之後，看起來是彎的。筷子究竟是直的還是彎的？我們憑什麼認為「筷子是直的」這說法是正確的？又例如，將冰冷的右手放進 30 度的水會感覺溫熱，將烘烤取暖的左手放進去卻會覺得冰涼。水究竟是溫熱的還是冰涼的？皮羅主義哲學家在分析這些例子之後，認為我們沒有明確的方法來決定，在每類例子裡，究竟哪

❶　請參閱 Sextus Empiricus, *Outlines of Pyrrhonism*.

種呈現方式才是正確的，哪些則是不正確的。皮羅主義這種懷疑論的主張就是來自於這個基本想法。

可惜，皮羅主義哲學家舉的許多例子並不足以建立他們的結論。許多皮羅主義哲學家對其引用例子的分析都嫌粗糙。將冰冷的右手放進 30 度的水會感覺溫熱，將烘烤取暖的左手放進去卻會覺得冰冷。這是沒錯的。然而如果你的思考細膩一點，你會發現這個例子誤導了許多人，因為「水究竟是溫熱的還是冰冷的？」是一個錯誤的問題。恰當的問題應該是：「你的右手此時感覺溫熱嗎？」「你的左手此時感覺冰涼嗎？」當我們這樣問時，我們當然能夠做判斷。只要將問題問得清楚，就不會出現這種錯誤。

皮羅主義哲學家主張：原則上對於任何現象都有無限多可能的解釋，然而我們卻沒有任何理由足以支持我們知道哪項解釋是正確的，因為不同文化、不同地區的人提出來的解釋不一樣。這種文化上的相對性使得沒有任何人能夠主張哪一種文化提供的解釋才是正確的，哪一種則是錯誤的。

儘管如此，皮羅主義的說法仍然有不恰當的地方。基於某事物事實上有文化或地區的差異，而主張該事物是相對的，這種思考過於草率。差異性未必導致相對性，從差異性也不能推導出相對性。另一方面皮羅主義提到的，原則上對於任何現象都有無限多可能的解釋，這一點雖然是可以接受的，但並不因此表示不存在有正確的解釋，要推導出這個結論，還需要更強的理由。

姑且不論皮羅主義哲學家對於所舉例子的分析，他們依據的原則倒是值得思考的。他們認為我們沒有明確的方法來決定，究竟這個世界的眾多呈現方式之中，哪些是正確的，哪些是不正確的。皮羅主義指出了「辨別錯誤」對於知識的重要性，更點出了我們人類可能沒有辨別錯誤的能力。「辨誤原則」在後來懷疑論的發展中佔有相當關鍵的地位。這是皮羅主義的重要貢獻。

第三節　懷疑論的類型

懷疑論在哲學裡是非常重要的知識論立場。就它的主題來看，懷疑論一般區分為知識懷疑論以及證立懷疑論。知識懷疑論主張我們人類沒有知識，甚至不可

能擁有知識。但是它並不排除我們的信念有被證立的可能。證立懷疑論則否定我們的信念有被證立的可能。因此，可以有人抱持知識懷疑論，但不接受證立懷疑論。另一方面，如果有人不認為證立是知識的必要條件，則可以有人抱持證立懷疑論，但不接受知識懷疑論。姑且不論是哪一個懷疑論，我們可以分別從「範圍」以及「強度」兩個面向，對於懷疑論的立場做更深入的瞭解。為方便說明，底下只以知識懷疑論來解說，但是所有解說的內容稍做修改之後，都適用於證立懷疑論。

全域懷疑論與在地懷疑論

先從範圍來看。懷疑論可以區分為全域的以及在地的。全域懷疑論是針對所有的知識領域抱持否定的立場。不論是知覺知識、科學知識、道德倫理知識、數學知識、他心知識、歷史知識、對未來的知識等等，全部都抱持懷疑論的立場。相對地，在地懷疑論只是針對某個或某些知識領域抱持否定的立場，並沒有對所有知識領域加以否定。例如，在地懷疑論者可以否定科學領域與知覺領域的知識，但不否定數學領域的知識；或者否定倫理道德領域的知識，但不否定數學領域的知識；或者否定有關未來的知識，但不否定科學領域的知識。

我們曾經提到，知識區分為「經驗知識」，就是關於外在物理世界（包含有關我們身體）的知識，以及「先驗知識」，就是形式科學知識以及某些特別的知識。現在我們可以說：全域懷疑論就是對於經驗知識和先驗知識都加以否定的一種哲學主張，而在地懷疑論則或者是對外在世界知識的否定，或者是對於數學等先驗知識的否定。在知識論學界裡最重要、討論最多的是對外在世界知識抱持否定立場的在地懷疑論。

實際懷疑論與模態懷疑論

對於懷疑論還可以從強度的面向來理解。這裡所謂的強度不是程度上的強弱，而是跟知識的可能性有關。從強度的面向來看，不論是全域懷疑論還是在地懷疑論，都可以再區分為實際的與模態的兩種。因此，懷疑論一共可以歸類為四種：實際全域懷疑論、實際在地懷疑論、模態全域懷疑論，以及模態在地懷疑論。

實際全域懷疑論的主張是：否定人類實際上擁有各種領域知識的哲學立場；

也就是否認人類實際上擁有任何知識。所謂實際在地懷疑論是指：否定人類實際上擁有某個或某些領域知識的哲學立場；例如否認人類實際上擁有數學知識，或者否認人類實際上擁有關於外在世界的知識。所謂模態全域懷疑論是指：否定人類擁有各種知識領域可能性的哲學立場，也就是說，不僅不認為人類實際上擁有各種領域的知識，甚至於認為人類根本不可能擁有各種領域的知識（強調「不可能」）。最後，所謂模態在地懷疑論是指：否定人類擁有某個或某些知識領域可能性的哲學立場；例如，不僅否認人類實際上擁有數學知識，甚至更進一步認為人類不可能擁有數學知識。

通常哲學裡的懷疑論者都是抱持極端的模態懷疑論的立場，而且主要是針對關於外在世界知識的可能性來進行懷疑。在下一節我們所介紹的幾個當代懷疑論的論證都是這種立場。

附帶一提的是，另外還有一種所謂的複知懷疑論。前面所提的懷疑論都是對於「S 知道 p」的實際性或可能性抱持否定的立場，複知懷疑論則是對於「S 知道 S 自己知道 p」的可能性抱持否定的立場。複知懷疑論並不一定否定人類擁有知識，但是複知懷疑論主張：即使我們人類擁有知識，我們不可能知道我們擁有知識。下一節所介紹的幾個重要的懷疑論論證，也適用於支持複知懷疑論的主張。

第四節　當代懷疑論論證

懷疑論究竟有什麼好理由足以讓我們否認知識？當代懷疑論主要有四大論證：羅素世界論證、夢論證、惡魔論證，以及桶中腦論證。羅素世界論證是英國羅素提出來的，夢論證與惡魔論證是笛卡爾在他非常有名的《沈思錄》裡提出來的（但笛卡爾自己不是懷疑論者），桶中腦論證是當代哲學家帕南提出來的（但他是反對這個論證的）。當代的懷疑論者通常採取比較強的模態懷疑論的立場來看待這些論證。

這些懷疑論的論證並不是直接檢討我們的信念，而是從信念的源頭，亦即產生信念的管道（包括認知機制與方法），來進行思考的。底下讓我們一一介紹。

羅素世界論證

　　羅素在《心的分析》以及《哲學問題》都提到了這個論證❷。羅素提出一個可能性：這個實際世界其實是一秒鐘前才誕生的，而且每一秒鐘都在消滅，又都在重新誕生。在這個可能性之下，所有對於過去的訊息將都是假的。例如，我們相信秦始皇統一六國，建立第一個帝國。但是在羅素世界的可能性之下，這個信念是假的。這還是有關於很多年前發生的事情。在羅素世界的可能性之下，即使是關於一秒鐘之前的訊息，都是假的。簡單說，我們沒有任何關於過去的知識。

　　請讀者留意：這裡雖然用到了「一秒鐘」這個時間單位，似乎我們有時間觀念，但要有時間觀念，似乎必須要「活得久一點」。但這是反應過度了。羅素世界論證只是想指出，不論我們有沒有「分」、「秒」、「日」、「年」等時間觀念，我們對於所謂的「過去」都沒有知識。

　　為什麼我們會沒有關於過去的知識？明明昨天我才買了一架「小摺」（摺疊式腳踏車），現在就在我眼前，我怎會不知道我昨天買了一架「小摺」？我怎會不記得這件事？這個回應仍然沒有切中問題。羅素世界論證的重點不是在質疑記憶的可靠性，而是在指出一個非常短暫的世界，幾乎連「過去」都沒有的世界。既然連「過去」都不存在，怎麼會有對於「過去」的知識呢？

　　羅素世界論證同時也用來懷疑我們關於未來的知識。道理很簡單，在羅素世界裡，不但幾乎沒有過去，也幾乎沒有未來可言，因為羅素世界的存在太短暫了。既然連「未來」都不存在，又怎可能會有關於「未來」的知識呢？

　　羅素世界論證由於只否定關於過去和未來的知識，所以是一種在地的懷疑論。再者，如果在這論證中的「不知道」是指實際的不知道，則羅素世界論證是一種實際在地懷疑論；如果在這論證中的「不知道」是指不可能知道，則這論證是一種模態在地懷疑論。

夢論證

　　夢論證和惡魔論證是笛卡爾提出來的，但他提出這兩個論證的用意並不在於

---

❷　請參閱 Russell (1921: 159–160; 1912: 19)。

建立懷疑論的主張，相反地，他的目的在於為我們人類的知識建立穩固的基礎。（請回顧第七章對於笛卡爾徹底基礎論的解說。）當代懷疑論哲學家將他這兩個論證發揮得淋漓盡致，反而用來建立我們人類沒有知識，甚至不可能擁有知識，這種極端的哲學立場。其實，笛卡爾在使用這兩個論證來建立他的徹底基礎論時，已經隱隱發現，如果他繼續闡述這兩個論證，恐怕終將推導出懷疑論的結論，但他很快轉回他思考的大架構，懷疑論的主張最終並沒有出現在他的哲學裡。

當代懷疑論將夢論證細分為兩個版本，本書稱之為「當下版」的夢論證以及「持續版」的夢論證❸。以下分別敘述：

當下版的夢論證

假想我此時此刻正在做夢（強調「此時此刻」）。當我現在「看到」紅玫瑰的時候，我其實並不是真地看到紅玫瑰，我是在做夢中夢到我看到紅玫瑰；當我現在「聽到」外面有人在叫賣臭豆腐的時候，我其實並不是真地聽到外面有人在叫賣臭豆腐，我是在做夢中夢到我聽到外面有人在叫賣臭豆腐；我現在記得早上曾經打過電話給老王，但其實我是正在做夢，夢到我記得早上曾經打過電話給老王等。如果我真地現在正在做夢，當然我不會有知識，因為夢中的一切並不是真實的，那些視覺經驗、那些聽覺經驗、那些回憶，無論如何生動，都不是真實發生的。

不過，似乎有個疑慮：在大多數情形下，夢境的確是不真實的，而是虛幻的。但是萬一夢境跟真實情境一樣呢？萬一我現在所做的夢正好就是實際發生的事呢？例如我現在夢到有個小偷正在偷我的「小摺」，碰巧事實上有個小偷正在偷我的「小摺」。

這確實是可能的，但並不影響夢論證。在前面曾經提到對於「知識」的分析有兩大流派，其一將「證立」作為知識的要件，其另一雖不接受證立要件，但提出其他的方式（例如可靠機制）。因此，即使此時此刻我現在做的夢與真實世界是完全一樣的，這頂多滿足真理要件而已，並不足以讓我擁有知識。我自己之夢到一件事並不足以證立我的信念，做夢本身也不是產生真信念的可靠機制。事實上，由於我們認為夢境通常是與真實不符的，所以當夢境與真實情境相同時，我們反

---

❸ 夢論證和莊周夢蝴蝶的故事一點關係都沒有，請別將兩者聯想在一起。

而感到非常驚訝。

不但如此，當下版的夢論證所提的做夢的可能性，是指我自己此時此刻正在做夢（強調「此時此刻正」）。既然我此時此刻正在做夢，我是無從知道我夢中的事情究竟是不是實際發生的事。純粹反省夢境本身的一切，無從讓我判別夢到的事物究竟是真實的還是虛幻的。我必須在醒來之後，假設我還記得夢裡的一切，經過比對，才有可能發現夢境與真實世界恰好相同。這正是夢境之所以只是夢境，而不會等於真實情境的一項特性。懷疑論哲學家所提的做夢的可能性，正是利用了夢的這個特性來思考我們平常所謂的「真實景象」：會不會我們平常承認的、自以為知道的真實世界到頭來仍然只是我現在正在做夢的夢中場景而已？

如果無法排除這個「我此時此刻正在做夢」的可能性，懷疑論哲學家指出，我們不得不接受這個結論：我沒有知識。當下版的夢論證不僅否定關於過去的知識，而且也否定關於未來的知識、關於外在世界的知識（包括知覺知識與科學知識）。懷疑論哲學家認為「我此時此刻正在做夢」這個可能性只能用以懷疑經驗知識，不能用以懷疑先驗知識。笛卡爾就不認為當下版的夢論證能夠用來否定數學知識。所以，這是一種在地懷疑論，它的結論精準地說：我沒有任何經驗知識。不過它所懷疑的知識領域顯然比羅素世界論證要廣。另一方面，如果在這論證中的「不知道」是指實際的不知道，則夢論證是一種實際在地懷疑論；如果在這論證中的「不知道」是指不可能知道，則夢論證是一種模態在地懷疑論。

為什麼「我此時此刻正在做夢」的說法不能用來懷疑先驗知識呢？這個問題留給讀者思考。

持續版的夢論證

剛剛說的夢論證是針對「此時此刻正在」做夢來說的。懷疑論哲學家還發展出另一個略有不同的夢論證。假想我一直都不是真正清醒的，一直都是在做夢的狀態（強調「一直」）。所以一切的訊息都是夢中的訊息，而不是真實世界的訊息。當我現在「看到」紅玫瑰的時候，我其實是在做夢中夢到我現在看到紅玫瑰；當我現在「聽到」外面有人在叫賣臭豆腐的時候，我其實是在做夢中夢到我現在聽到外面有人在叫賣臭豆腐；當我早上打電話給老王時，我其實是夢到我早上打電

話給老王；當我現在記得我早上曾經打過電話給老王，我其實是夢到我現在記得早上曾經打過電話給老王；當我去年去了一趟日本時，我其實是夢到我去年去了一趟日本……；依此類推。不但如此，科學家所建立的各種定律、所描述的各種天文現象、量子現象、生物現象等等，同樣都只是我夢中出現的內容而已。既然我一直都在做夢當中，而不曾處於清醒的狀態，我沒有任何知識。

懷疑論哲學家認為這個「我一直在做夢」的可能性不僅可用來懷疑經驗知識，還可以用來懷疑先驗知識。這是相當極端的主張，是前面說的全域懷疑論。如果這裡所說的「我們沒有知識」是指「實際上沒有知識」，則持續版的夢論證建立的是實際全域懷疑論；如果這裡所說的「我們沒有知識」是指「不可能擁有知識」，則這是一種模態全域懷疑論。

為什麼這個「我一直在做夢」的可能性可以用來懷疑先驗知識？這個「我一直在做夢」的說法，跟「我此時此刻正在做夢」的說法究竟有什麼重要的差別？請讀者思考。

惡魔論證

笛卡爾的另一個論證是惡魔論證。假想這個世界其實是由某個具有強大魔力的惡魔控制的。這個惡魔控制了我們能知覺到什麼，能思考什麼，還惡意欺騙我們的知覺以及認知系統。因此，當我現在「看到」紅玫瑰的時候，我其實是被惡魔欺騙，讓我以為我真地看到了紅玫瑰；當我現在「聽到」外面有人在叫賣臭豆腐的時候，我其實是被惡魔欺騙，讓我以為我現在真地聽到外面有人在叫賣臭豆腐；當我早上打電話給老王時，我其實是被惡魔欺騙，讓我以為我早上真地打電話給老王；當我現在記得我早上曾經打過電話給老王，我其實是被惡魔欺騙，讓我以為我現在真地記得早上曾經打過電話給老王；當我去年去了一趟日本時，我其實是被惡魔欺騙，讓我以為我去年真地去了一趟日本……；依此類推。

不但如此，科學家所建立的各種定律、所描述的各種天文現象、量子現象、生物現象等等，同樣都只是我被惡魔欺騙的結果而已。在常溫常壓下將水加溫到攝氏 100 度，水並不會沸騰；黃金並不導電等等。尤有甚者，當我「計算出」1+1 的數值時，我誤以為答案是 2，但其實真正的答案不是 2；我以為三角形內角

和等於 180 度，但其實不是的……；依此類推。總之，我所獲得的一切訊息，全部都是假的，都是被惡魔欺騙的。如果這個假想成立，我們自然不會有任何知識。

惡魔論證不僅否定關於過去的知識，而且也否定關於未來的知識、關於外在世界的知識（包括知覺知識與科學知識），乃至於數學知識，所以惡魔論證是一種全域懷疑論。另一方面，如果在這論證中的「不知道」是指實際的不知道，則惡魔論證是一種實際全域懷疑論；如果在這論證中的「不知道」是指不可能知道，則惡魔論證是一種模態全域懷疑論。

桶中腦論證

桶中腦論證是由當代哲學大師帕南在 1979 年提出來的。這個論證其實只是惡魔論證的變形，是科幻版的惡魔論證。假想有一天科學發達，我們的大腦可以單獨放在某種可以維持大腦正常生存與活動的桶子裡，不再需要四肢軀幹，就連五官也都不需要了。我們人類只是一個「桶中腦」。再假想這個大腦是由某個科學家以高科技連接到超級大電腦。這位科學家透過他的超級大電腦控制了這桶中腦所能獲得的各種資訊（這位科學家就是扮演惡魔的角色）。當我現在「看到」紅玫瑰的時候，其實是這位科學家透過他的電腦系統傳給我的錯誤資訊，讓我以為我真地看到了紅玫瑰；當我現在「聽到」外面有人在叫賣臭豆腐的時候，是這位科學家透過他的電腦系統傳給我的錯誤資訊，讓我以為我真地聽到外面有人在叫賣臭豆腐；當我早上打電話給老王時，是這位科學家透過他的電腦系統傳給我的錯誤資訊，讓我以為我真地早上有打電話給老王等等。不但如此，科學家「發現」的科學定律都是假的，牛頓三大運動定律不成立，愛因斯坦的相對論是錯誤的，所有這一切都是這位科學家透過他的電腦系統傳給我的錯誤訊息。尤有甚者，我所學的數學也全部都是這位科學家透過他的電腦系統傳給我的假數學，乃至於那些天才所「想」出來的數學理論等，都是假的。總之，我所獲得的一切資訊，全部都是假的，都是這位科學家欺騙我的。如果這個假想成立，我自然不會有任何知識。

桶中腦論證跟惡魔論證一樣，不僅否定關於過去與未來的知識，也否定關於外在世界的知識（包括知覺知識與科學知識），乃至於數學知識。所以桶中腦論證也用來支持徹底的、全域懷疑論的立場。同樣地，如果在這論證中的「不知道」

是指實際的不知道,則桶中腦論證是一種實際全域懷疑論;如果在這論證中的「不知道」是指不可能知道,則桶中腦論證是一種模態全域懷疑論。

不過從模態懷疑論的角度來看,桶中腦論證跟惡魔論證有一個哲學上的差異,這涉及到所謂的「不可能知道」當中所要求的「不可能」的強度。惡魔論證對於知識可能性的否定是指形上學的不可能;桶中腦論證對於知識可能性的否定是指律則的不可能。惡魔論證主張在所有形上學可能世界裡,人類都不會有知識。相對來講,桶中腦論證比惡魔論證要弱,它只主張在所有科學律則可能的世界裡,人類都不會有知識。為什麼會有這個差別呢?請讀者自行思考。

第五節　懷疑論的論述

表面看來,這四大懷疑論論證都只是提出一個可能性而已,所以即使承認這種可能性也沒有什麼了不起。為什麼哲學家如此重視懷疑論呢?哲學家沒有理由純粹因為一個可能性就否定了人類實際擁有知識,甚至於否定人類擁有知識的可能性。然而,對於這四大懷疑論論證的理解如果只到這種層次,就未免大大削弱了懷疑論的力量。從知識論的角度來看,這個可能性的意義是非常重大的。這四大懷疑論論證的關鍵不在於僅僅承認這個可能性而已,更在於:從知識論的角度來看,我們沒有也不可能有任何方法或原則可以將懷疑論提出的可能性加以排除。

知識懷疑論並不是指出一個邏輯可能性,例如我正居處於惡魔世界之中,就據以懷疑或否定人類知識。這一點在二十世紀初的羅素以及莫爾就已經很清楚了❹。為了方便起見,本書整理出一些對於懷疑論的誤解,加以釐清。以惡魔論證為例,下列都不是懷疑論論證的前提:

（命題一）我此時正被惡魔欺騙。
（命題二）有邏輯可能我此時正被惡魔欺騙。
（命題三）我不知道我此時正被惡魔欺騙。
（命題四）我知道我此時沒有被惡魔欺騙。

---

❹　請參閱 Russell (1921: 205),以及 Moore (1959: 224)。

　　首先，懷疑論者並不是主張「我此時正被惡魔欺騙」這命題為真。既是如此，懷疑論者沒有必要以命題一作為他論證的前提。第一個誤解就是錯將懷疑論論證當作是將該命題作為前提的。其次，命題二大概是最常出現的對於懷疑論的錯誤理解。確實，懷疑論者所提出的是比命題一更弱的命題，亦即「我此時正被惡魔欺騙」不是為真，而僅僅是有邏輯可能為真。換句話說，懷疑論者確實接受命題二為真。然而一般人卻往往因而認為這個命題是懷疑論用以推導出其主張的前提。這實在是對於懷疑論最大的誤解。懷疑論者並不是以這命題作為推導出其主張的前提。更何況，儘管該命題為真，即使該命題是懷疑論者提出的，從該命題推導懷疑論的結論乃是無效的。第三，儘管命題三為真，這命題同樣不是懷疑論者用以論證人類沒有知識的。雖然該命題為真，雖然懷疑論者也樂於接受該命題，由於沒有適當的論證以該命題為前提來推導出懷疑論的主張，所以該命題派不上用場。最後，命題四如果為真，則抱持這主張者有必要說明為什麼我們擁有關於「我此時沒有被惡魔欺騙」的知識。畢竟，我們有什麼理由接受關於「我此時沒有被惡魔欺騙」的知識呢？懷疑論者的惡魔論證所要表達的正是：即使我此時沒有被惡魔欺騙，我也不知道我此時沒有被惡魔欺騙；即使我此時正被惡魔欺騙，我依然不知道我此時正被惡魔欺騙。在處理懷疑論的時候，必須謹慎不要將懷疑論的主旨弄錯。

　　讓我們排除一項流傳相當廣的對於懷疑論的不當反駁，並藉由對此錯誤的分析，以逐步引出正確的懷疑論論證。此處僅以知覺知識以及「此時此刻正在做夢」為例，但所討論的要點在做一些調整之後，適用於其他種類的知識以及其他的懷疑論論證。

論證甲

P1　如果（S 知道 p 而且知道 p 邏輯蘊涵 q），則 S 知道 q。

P2　S 不知道他此時此刻不是正在做夢。

P3　S 知道（「他之真實知覺到桌上有本藍皮書」邏輯蘊涵「他此時此刻不是正在做夢」）。

所以，S 不知道桌上有本藍皮書。

所以，懷疑論是對的。我們人類沒有知識。

許多人認為懷疑論就是採取論證甲來支持其結論的。基於對於懷疑論的這種理解，他們進而主張未必要接受懷疑論，因為以下的論證也是成立的，但其結論反駁了懷疑論：

論證乙

P1　如果（S 知道 p 而且知道 p 邏輯蘊涵 q），則 S 知道 q。

P2*　設 S 基於其知覺運作而知道桌上有本藍皮書。

P3　S 知道（「他之真實知覺到桌上有本藍皮書」邏輯蘊涵「他此時此刻不是正在做夢」）。

所以，S 知道他此時此刻不是正在做夢。

所以，懷疑論是錯的。我們人類確實擁有知識。

究竟要接受哪個論證呢？從旁觀者的角度來看，這兩個論證勢均力敵，看來雙方是各說各話，我們無從作最後的決定。

事情沒有那麼簡單！上述兩個論證的第一項前提稱為「知識封閉原則」，是識知封閉原則的一種，下一節再來討論。此外，這兩個論證都有其不恰當的地方。論證乙是丐辭的；論證甲雖然可以作為懷疑論的論證，還需要作一些修改。

論證乙是丐辭的，因為前提二和前提三都已經預設人類擁有知識。另一方面，在論證甲中使用了前提三。若這前提為真，則由於知識蘊涵真理，「S 之真實知覺到桌上有本藍皮書」邏輯蘊涵「S 此時此刻不是正在做夢」。可惜嚴格來說，前者並沒有邏輯蘊涵後者，介於兩者之間的是概念蘊涵的關係。簡單說，由於「夢」概念蘊涵「夢中的知覺是不真實的」，如果 S 此時不是正在做夢當中，則 S 此時的知覺是真實的；反之亦然。然而如此一來，就不能在論證中直接套用前提一，因為這前提說的是邏輯蘊涵，而不是概念蘊涵。因此，在上述兩個論證中都必須將其前提中的「邏輯蘊涵」改為「概念蘊涵」。作這樣的修改確實仍然可以維持兩個論證的有效性。

然而，即使將前提一作如上的修改，論證乙依然是丐辭的。在論證乙中使用

了前提二 (P2*)。其實，單單從這個前提就可以推論出我們人類擁有知識，因為這個前提已經承認 S 擁有知識了。使用這個前提當然足以反駁懷疑論。然而，有什麼理由要接受這前提呢？這個前提所說的，不正是懷疑論所否認的嗎？既是如此，使用論證乙來反駁懷疑論是不恰當的。

最後還有一個問題。論證甲似乎是自我駁斥的，因為使用了前提三，承認 S 擁有這項知識：「S 之真實知覺到桌上有本藍皮書」概念蘊涵「S 不是正在做夢當中」。懷疑論者怎麼能在否定人類知識的論證中承認 S 擁有這項知識呢？

在破除這項流傳相當廣的對於懷疑論的誤解，並去除其反駁之不當所在之後，我們下一步的工作，就是要重新審視究竟懷疑論的論證是什麼。讓我們以比較形式的方式將所提的四大論證加以整理，並得到一個共通的懷疑論論證架構。

懷疑論論證的共通架構

首先，這四大論證都具有相類似的基本假設。羅素世界論證的基本假設是「我居處於羅素世界之中」；夢論證的基本假設是「我居處於夢的世界之中」；惡魔論證的基本假設是「我處於被惡魔欺騙的世界之中」；最後，桶中腦論證的基本假設是「我居處於桶中腦的世界之中」。（此處的「我」意指任何一位進行思考的認知主體。）

我們將這些假設統稱為懷疑論的基本假設，用 "S" 表示。另外，我們用 "p" 來表示任何命題（包括知覺命題、科學命題、有關過去的命題、有關未來的命題、或者數學命題等等）。這四大懷疑論論證具有下列共通的論證架構，稱為「實際懷疑論論證」：

實際懷疑論論證
前提一　我不知道 ¬S。
前提二　如果我不知道 ¬S，則我不知道 p。
結　論　我不知道 p。

如果討論的對象侷限於知覺知識，p 侷限在經驗命題，則構成實際在地懷疑論的

立場。如果 p 包括經驗知識與先驗知識，則構成實際全域懷疑論。至於比較強的懷疑論，則必須將「模態」概念引進論證中：

模態懷疑論論證
前提一　我不知道 $\neg S$。
前提二　如果我不知道 $\neg S$，則我不可能知道 p。
結　論　我不可能知道 p。

這些論證都是在指出：有可能我們的認知系統天生就有缺陷，使得我們無法正確知覺到外在的事物，無法進行正確的思考，無法做出正確的推論，甚至就連所謂的「理性洞見」也不會讓我們獲得先驗知識。「做夢」、「惡魔」、「桶中腦」，只不過是要凸顯這種可能性罷了！從知識論的角度來看，懷疑論所提出的這些可能性其意義是非常重大的。從知識論的角度來看，我們沒有也不可能有任何方法或原則來排除懷疑論所提出的這些可能性。

　　很多人認為懷疑論的基本假設是荒謬的，是哲學家的玄想而已。惡魔不存在、桶中腦只是科幻小說、我們也沒有在做夢、這個世界更不是每一瞬間都在消滅和再生。不過這些回應既沒有掌握到懷疑論的精髓，也沒有掌握到懷疑論四大論證的基本架構。首先，這個懷疑論的基本論證架構在邏輯上是有效的，亦即在接受前提成立的情況下，結論不得不成立。其次，從懷疑論的基本論證架構來看，「惡魔存在並欺騙我」、「這個世界是羅素世界」、「我正在做夢」，以及「我是桶中腦」等等，並不是任何一個懷疑論論證中的前提。就連較弱的主張：「惡魔可能存在並欺騙我」、「這個世界可能是羅素世界」、「我可能正在做夢」，以及「我可能是桶中腦」等等，也仍然不是這四大懷疑論論證的前提。簡單說，懷疑論並不是主張有惡魔存在，不是主張認知主體自己正在做夢，不是主張認知主體是一個桶中腦，也不是主張我們的世界是每一瞬間都在消滅與重生的。實際上作為懷疑論論證前提的，除了類似前提二的條件句之外，就只有「我不知道我沒有居處於羅素世界」、「我不知道我沒有被惡魔欺騙」、「我不知道我沒有做夢」，以及「我不知道我不是桶中腦」。

　　除此之外，懷疑論者既不要求將「我不知道我正在做夢」作為前提，更不可能要求將「我知道我不是正在做夢」作為前提（請注意否定詞的位置）。如果懷疑論的前提是「我知道我不是正在做夢」，那麼懷疑論哲學家就有必要告訴我們這個知識是怎麼來的，為什麼要接受這個前提。如此一來，懷疑論至少承認有一項知識存在，違反懷疑論的基本主張。不但如此，接受這種前提也導不出懷疑論的結論，對於懷疑論沒有幫助。這些在前面都說明過了，就不再詳述。

　　上述兩個懷疑論論證的共通架構是有效的。所以，懷疑論哲學家接下來就是要說服我們接受這兩個論證的兩個前提。是不是要接受前提一，涉及「辨誤原則」；至於是不是要接受前提二，則涉及了知識封閉原則。

第六節　辨誤原則與知識封閉原則

　　為了更精緻地展現懷疑論的威力，接下來我們以持續版的夢論證做例子，套入實際懷疑論論證的共通架構，來做一些討論。（p 表示任何命題，包括知覺命題、科學命題、有關過去的命題、有關未來的命題、或者數學命題等等。）當然，這些討論都可以用在模態懷疑論論證之中，只是必須針對其模態性多做一些說明。

　　前提一　我不知道我不是一直在做夢。
　　前提二　如果我不知道我不是一直在做夢，則我不知道 p。
　　結　論　我不知道 p。

其他的懷疑論論證都有共通的推論架構，就不再寫出來。

辨誤原則

　　有時候我們自以為知道某些事，後來卻發現自己弄錯了。例如我本來以為門前那輛車是鄰居的，後來才知道那輛車其實是鄰居親戚的。這種弄錯事情的現象是相當稀鬆平常的。此外，我們有時候為了慎重起見，也會對於自己的知識宣稱或別人的知識宣稱做檢討，然後有時候會發現自己的或別人的一些知識宣稱是錯誤的，必須加以更正。有時候科學家在描述或解釋一些現象的時候，雖然已經有

相當證據，還是會審慎做進一步的研究，以免研究結果經不起考驗。最常見的是法官在審案的時候，對於各種證詞總要詳加檢驗，以確定哪些是真實的、哪些是虛假的。這些日常都會出現的現象其實都反映出一點：一般人有時候確實是會對於知識宣稱（自己的和別人的）作反省，對其真實性提出質疑並試圖加以求證。

抱持懷疑論的哲學家跟一般人一樣，對於自己究竟有哪些事是知道的、有哪些事是自以為知道但其實是不知道的，總是會進行反省與檢討。不過跟一般人不一樣的地方是：這些哲學家的反省並沒有停留在僅僅希望確定哪些事是他知道的，哪些事是他自以為知道但其實不知道的。他更進一步自問：如果我們能夠確定哪些事是我們知道的、哪些事是我們自以為知道但其實不知道的，那麼究竟我們是如何能夠確定的？是不是有什麼方法或程序可以確保我們掌握真理、獲得知識？畢竟人是會犯錯的，我們又如何能確定我們的反省與檢討確實帶給我們知識？會不會我原先以為我知道某件事，後來我認為弄錯了，再後來卻又發現我其實沒有弄錯？究竟我如何才能確定哪一次的說法才是正確的？

假設你將筷子插進水中，雖然筷子在插進水裡之前是直的，表面看來筷子在水中是彎的。在這個例子裡，我們有方法區辨錯覺的現象與真實現象。大熱天在高速公路開車，我們「看到」前面柏油路面上有水，雖然其實前面的柏油路面是乾燥的。在這個例子裡，我們還是有方法來區辨錯覺的現象與真實現象。簡單說，只要我們能夠區辨錯誤的現象與真實的現象，我們就會知道筷子插進水裡其實不是彎曲的，我們就會知道大熱天的時候，前面的柏油路面並不是濕的。相反來看，如果對於筷子插進水裡看起來是彎曲的這個現象，我們沒有任何方法或原則能夠加以區辨，也就是說，如果我們完全沒有方法或原則來決定究竟這個現象是錯覺還是真實的，那麼我們不知道筷子插進水裡不是彎的。這就是在主張知識成立的時候，必須強調的辨誤原則。

懷疑論論證的前提一說：「我不知道我不是一直在做夢。」為什麼要接受這個前提？大多數人的直接反應是：我們怎麼會不知道我們並不是一直在做夢！同樣地，我們當然知道我們不是正在做夢，我們當然知道我們並沒有被惡魔欺騙，我們當然知道我們絕對不是桶中腦！然而，懷疑論者會反問我們：究竟有什麼方法或原則可以讓我們如此肯定？（請回顧剛剛對於辨誤原則的說明。）根據懷疑論的

主張，我們的知覺不足以用來肯定這點，我們對於往事的記憶並不能用來肯定這點，物理學、天文學、考古學、生物學、生理學等科學，也全都不足以用來肯定這點。

最主要的關鍵在於，所有一切我們藉著感官知覺作用和回憶來產生的認知結果，所有一切我們用科學實驗和理論建構所產生的認知結果，所有一切我們用「理性洞見」產生的認知結果，都跟「我一直在做夢」這個假設相容！我們似乎找不到任何方法、程序或原則，來判別認知結果的真假。

哲學家史朝德指出，不可能有這樣的一種方法或程序，因為任何方法、程序或原則都仍然無法擺脫「我一直在做夢」這假設的糾纏。他的思考是這樣的：

假設有這樣一種方法、原則，或者程序 M。我必須要知道這方法的確實施得很成功，否則我如何能依據這方法來判別我認知系統的運作是在真實情境中的，還是在夢中的？但是，我有可能知道這方法或程序實施得很成功嗎？不可能！因為仍然有可能我是在夢中夢到這方法或程序實施得很成功而已。不論是任何方法或程序，我如果要知道它的確實施得很成功，我必須要先確定我不是在夢中夢到這方法的實施，而是在真實情境中實施的。但是我如何能確定這點呢？按照目前的思路，似乎我必須找到另外一個方法 M_1，來確定我原先所找的 M 的確實施得很成功。但是我又如何能確定 M_1 的實施是成功的呢？我要如何確定 M_1 的實施是在夢境中，還是在真實情境中？依此類推，我面臨一個理論上的困境。我不可能找到任何方法來判定，我認知系統的運作是在真實情境中還是在夢中。

同樣地，我們也找不出任何原則和方法來排除「我被惡魔欺騙」以及「我是桶中腦」這兩個可能性，此處不再多說。

我們還有什麼知覺和科學以外的方法、原則或理由來將真實世界與懷疑論所說的世界加以區辨嗎？如果沒有，我們只得接受基本懷疑論論證的前提一了。

所有這四大懷疑論論證的前提一就是認為：由於我們沒有任何原則或方法來將這個世界（由自然科學與數學等所描述的世界）與懷疑論所說的羅素世界、惡魔世界、夢世界或桶中腦世界等區辨開來，所以我們不會有對於這個世界的知識。但是，為什麼我們的知覺與記憶、科學與數學等等，不可能提供我們區辨這個世界與懷疑論世界的原則或方法呢？因為羅素世界論證所質疑的正是記憶與考古學

和史學等，是不是能提供對於過去的正確訊息；夢論證正是在質疑知覺、記憶、自然科學、人文社會科學、數學等，是不是能提供我們對於外在世界的正確訊息；而惡魔論證與桶中腦論證更進一步質疑數學等形式科學是不是能提供關於數理抽象世界的正確訊息。所有這些知覺與科學活動都是我們人類的求知活動，都是我們人類獲得知識的途徑。而懷疑論證正好就是對於人類求知活動有沒有可能獲得知識抱持懷疑的立場。所以，不論我們找的方法是什麼，不論我們用什麼科學方法或理論，都必定落入惡魔論證、桶中腦論證與夢論證所質疑的範圍內。

我們還有什麼知覺和科學以外的方法、原則或理由來將這個世界與懷疑論的世界加以區辨嗎？

知識封閉原則

為什麼要接受懷疑論論證的前提二呢？對於這個問題我們可以考慮底下這個簡單的邏輯推論（S 代表懷疑論的基本假設；p 代表經驗命題）：

基本懷疑論論證前提二之推論

1.如果 S，則 p 為假。　（前提）

2.如果 p，則 $\neg S$。　（1, 換質換位律）

3.我知道（如果 p 則 $\neg S$）。　（前提）

4.如果我知道（若 ϕ 則 ψ），則（如果我知道 ϕ，則我知道 ψ）。
　（知識封閉原則；ϕ 和 ψ 表示任何命題）

5.所以，如果我知道（如果 p 則 $\neg S$），則（如果我知道 p，則我知道 $\neg S$）。　（4, 以 p 替代 ϕ，以 $\neg S$ 替代 ψ）

6.所以，如果我知道 p，則我知道 $\neg S$。　（3, 5, 肯定前件律）

7.所以，如果我不知道 $\neg S$，則我不知道 p。　（6, 換質換位律）

這個推論也是有效的，所以我們如果接受它的前提，就不得不接受它的結論，也就是懷疑論證的前提二。我們要接受它的前提嗎？

這個推論一共用到了三個前提，就是編號 1、編號 3 以及編號 4 的命題。先從編號 1 的前提來看。「如果我們所居處的世界是懷疑論的世界，則 p 為假」這

個前提顯然成立。"p" 既然是指任何描述這個世界的命題，所以如果這個世界真地是惡魔世界等等，當然 "p" 所描述的是假的。所以反過來說，如果 "p" 所描述的是真的，這個世界自然不會是懷疑論所說的世界。所以編號 2 的命題也成立。編號 3 的前提只是進一步假設我們知道了編號 2 的命題而已。

　　這裡或許有人會質疑我們是如何擁有關於編號 2 命題的知識的？也就是說，為什麼要接受編號 3 這個前提？如果不接受這前提，這個推論就推導不出結論，也就不需要接受基本懷疑論論證了。這個想法有道理在，不得不加以正視。懷疑論或許可以做這樣的回應：「如果 p 則 $\neg S$」是一項概念真理。正如剛剛對於編號 1 和編號 2 的前提所做的解說，S 之為真蘊涵 p 為假；反過來說，p 之為真蘊涵 S 為假。尤其，這個蘊涵關係不是邏輯上的，而是概念上的。這種概念蘊涵關係就跟「叔叔是男的」、「單身漢是未婚的」這類命題一樣。（請讀者回顧第四章第三節的說明。）因此，只要我們擁有「叔叔」概念，我們就一定知道「叔叔是男的」這命題為真，我們擁有關於該命題的概念知識。只要我們擁有「單身漢」概念，我們就一定知道「單身漢是未婚的」這命題為真。這兩項知識都是概念知識。同樣地，只要我們擁有「夢」概念，我們就一定擁有「如果我一直在做夢，則 p 為假」的概念知識。如果 p 代表的是經驗命題或者邏輯數學命題，則懷疑論的論證確實可用以否定我們擁有經驗知識、邏輯知識，以及數學知識。

　　在上面推論中所用到的第三個前提是編號 4 的命題，也就是知識封閉原則。這個原則是說，如果我們既知道一個條件句（若 ϕ 則 ψ），又知道它的前件 (ϕ)，那麼我們知道它的後件 (ψ)。這個原則只是我們對於邏輯規則「肯定前件律」的應用而已，似乎也看不出有什麼問題。由於上面的推論所使用的三個前提都看不出什麼問題，都應該可以成立，而它又是有效的邏輯推論，所以，我們不得不接受它的結論，也就是基本懷疑論論證的前提二。

　　根據辨誤原則以及知識封閉原則，懷疑論哲學家分別對於他們的前提一以及前提二提出了強有力的支持理由。到此，我們不得不接受懷疑論的總結論，也就是否定人類實際擁有知識，甚至否定人類有可能擁有知識。

　　有些人會反問，既然懷疑論的論證如此有力，會不會連懷疑論的主張也一併否定了？所謂「持子之矛，攻子之盾」，用哲學術語來說，懷疑論會不會是一個自我

駁斥的學說？還好，懷疑論的主張是否認任何知覺知識、任何科學知識、任何數學知識的。由於哲學學說不屬於以上任何一種知識，所以懷疑論不是自我駁斥的。

　　很多人不願意接受懷疑論，畢竟否認人擁有知識實在有違常理。如果我們不願意接受懷疑論的結論，如果我們認為至少擁有一些知識，懷疑論的思考必定有問題。那麼問題會出在哪裡呢？當我睜開眼睛看見我的書桌上有一本藍皮書的時候，我當然因而知道我的書桌上有一本藍皮書，我當然擁有關於這件事的知識。難道懷疑論哲學家看不到這麼顯而易見的事實嗎？懷疑論哲學家如果連我們這點知識都要否定，他的哲學思考恐怕真是出了大問題了。被否定的不應該是我們對於外在世界的知識，而是懷疑論的思考、懷疑論的結論！可是懷疑論的思考究竟哪裡出錯了呢？懷疑論的思考真地出錯了嗎？

●　重點回顧　●

- 規準難題 problem of the criterion
- 皮羅 Pyrrho of Elis (ca. 360–270 BC)
- 皮羅主義 Pyrrhonism
- 方法主義 methodism
- 特殊主義 particularism
- 塞克斯特斯 Sextus Empiricus (160–210)
- 全域的 global
- 在地的 local
- 複知懷疑論 iterative skepticism
- 夢論證 dream argument
- 惡魔論證 evil demon argument
- 桶中腦論證 brain-in-vat argument
- 知識封閉原則 principle of Knowledge closure
- 自我駁斥的 self-refuting
- 史朝德 Stroud, Barry (1935–2019)

第十四章　理　性

　　亞理斯多德以類差定義的方式將「人」定義為「理性的動物」，將理性視為構成人之所以為人的本質❶。自啟蒙時期開始，西方文明揭櫫理性為人性的極致與最高價值，進而提升人在世界的地位。這反映了宗教勢力在西方社會與思想界的衰微，人不再是藉諸宗教信仰或神的力量來認識世界與人類自己。人以其理性的力量自行探索世界，發現真象，進而改變自然，創造人類新的生活方式。

　　科學與工業文明可以說是人類理性力量的顛峰，也是人類自我信心的頂點。然而，過度自信與狹隘的理性觀也必須為帝國殖民主義與兩次世界大戰負起責任。哲學界對於「冰冷理性」的反動，早在尼采、叔本華與存在主義就已經開始了。

　　對於理性的重視會不會抹殺了其他非關理性的層面，例如情感、藝術等層面的發展？這種疑慮存在於許多人心中。其實這是對於「理性」的不當誤解。提倡理性並不會因而排除或抹殺了情感、藝術等個體其他非關理性的層面，因為跟「理性」相對立的是「獨斷」、「威權」、「教條」、「盲從」、「蠻橫」和「悖謬」，並不是藝術和情感。等本章解說之後，就可以清楚瞭解了。

　　對於「理性」要討論的議題非常多。本章先介紹認知科學近年對於人類理性思考的一些研究。有一些認知科學家對於人類的推論思考作了一些實驗，他們最後結論道：人類是不理性的！究竟是否如此，請讀者讀過本章之後，再繼續深思這個問題。本章接著會說明有關「理性」的幾個層面，包括「理性」這個性質的承載者的種類，「理性」的重要特徵。最後，本章將解說對於「理性」採取的手段─目的分析，以及所謂的工具理性原則。

---

❶　所謂「類差定義」意思是說，每種事物都屬於某一類，而且該種事物具有本質，使得該種事物與其他種事物不同。人屬於動物，人的本質是理性，就是亞理斯多德對於「人」提出的類差定義。

第一節　認知科學的實驗

認知科學研究人類理性近年有相當的成長，其研究著重在人類推論思考的表現，尤其是關於「條件推想」的研究非常豐富。關於「條件推想」的研究方法源自 1968 年魏森創始的選擇任務實驗研究法❷。讓我們觀察幾個實驗，其邏輯正確的答案請參本章最後一頁，本節所說的邏輯是指古典邏輯：

實驗一

有四張卡片，每張卡片的一面是英文字母（表示母音或者子音），另一面是阿拉伯數字（表示偶數或者奇數）。以下是受試者看到的（但他們看不到卡片的另一面）：

四張卡片實驗

受試者被告知下列條件句：如果卡片的一面是母音，則其另一面是偶數。
受試者要回答的問題是：哪一張卡片，或者哪一些卡片，必須翻開看另一面，才能決定該條件句的真假值？

研究結果顯示，受試者在類似實驗中的表現相當糟糕❸，只有百分之四的受試者給出邏輯正確的選擇。只選擇 A–卡的佔了百分之三十三；同時選擇 A–卡和 4–卡的佔了百分之四十六；而同時選擇 A–卡、4–卡和 7–卡的，佔了百分之七。依據卡明斯的整理，從 1968 年到 1985 年為止，十三個類似的實驗都相當一致地顯示，只有極低比例的受試者給出邏輯上正確的答案❹。

---

❷　請參閱 Evans, *et al.* (1993) 介紹不少類似的實驗。

❸　請參閱 Johnson-Laird & Wason (1970) 以及 Cummins (1996)。

❹　請參閱 Cummins (1996)。

一些認知科學家基於他們的研究結果，悲觀地斷定人類是不理性的。他們的研究還包括歸納推論，限於本書篇幅，就不介紹了❺。這個斷言當然是驚人的，引起了哲學家以及其他認知科學家的注意。有些認知科學家延續這種四張卡片的實驗法，繼續作了許多不同類型的實驗。例如實驗一屬於「抽象的直敘條件推想」的實驗。但是當實驗改成有具體內容的主題之後，實驗結果就相當不同。

> 實驗二
> 有四個信封，呈給受試者看的是（每個信封只看到其中一面）：第一個是正面有貼郵票的信封，第二個是正面沒有貼郵票的信封，第三個是反面有緘封的信封，第四個是反面沒有緘封的信封。
> 受試者被告知下列條件句：如果信封反面是已緘封的，則它的正面有貼郵票。
> 受試者要回答的問題是：哪一只信封，或者哪一些信封，必須翻開看另一面，才能決定該條件句的真假值？

類似實驗二的乃屬於「有內容的直敘條件推想」的實驗。在這類型的實驗中，給出邏輯正確回答的受試者比例明顯提高許多。在 1971 年到 1985 年之間，十二個針對有具體內容的直敘條件推想進行的實驗當中，受試者表現差異較大，受試者做出邏輯正確選擇的比例從百分之四到百分之六十二都有。但大致來說，受試者在有內容的直敘條件推想實驗中的表現，比起他們在抽象的直敘條件推想實驗中的表現是要好一些，雖然還是沒有到達令人滿意的地步❻。

以上都是對於直敘條件推想的實驗。認知科學家進一步想瞭解人類對於「義務條件推想」的表現。所謂「義務條件推想」，顧名思義，自然也是一種條件推想，只不過跟上述幾個例子有些不同之處：㈠實驗一中的條件推想是抽象的，亦即沒有具體內容的；但是義務條件推想所思考的條件句是有具體內容的，這點跟實驗二相同。㈡直敘條件推想實驗詢問的是該條件句的真或假；但是義務條件推想實驗要受試者考慮的條件句是具有規範性的規則（用到「應該」、「必須」等語

---

❺　請參閱 Kahneman, *et al.* (1982)。

❻　請參閱 Cummins (1996)。

詞），詢問的是該規則是否有被違反。以下是很有名的一個例子。

實驗三 ❼

某家酒吧裡有位警察正在查詢酒吧裡的客人是否違反政府的規定：如果
這個人喝的是酒，則他必須年滿十九歲。有四個人已知的情形如下：甲
正在喝酒。乙正在喝可樂。丙現年十六歲。丁現年二十二歲。

受試者要回答的問題是：哪一個人，或者哪一些人，是一定要經過查詢，
才能判斷是否違背政府該項規定？

從 1972 年到 1992 年為止，十四個義務推想條件實驗都相當一致地顯示，從百分
之四十二到百分之九十六，有非常高比例的受試者給出的答案從邏輯角度來看是
正確的選擇，而且其中九個實驗都是超過百分之七十的受試者給出這種邏輯正確
的選擇。照這些資料來看，人類在義務條件推想的表現上，遠比在直敘條件推想
的表現上（包含抽象的以及具體有內容的），都要傑出得太多 ❽。

　　比較這三種類型的實驗，發現兩點重要的現象：第一，受試者在有具體內容
的直敘條件推想（實驗二）以及義務條件推想（實驗三），其表現優於抽象的直敘
條件推想（實驗一）。為什麼呢？認知科學家提出所謂的內容效應（又稱為主題促
進效應）來解釋。簡單說，人類進行有具體內容的推想工作，比起純抽象的推想
工作，要容易許多。第二，受試者在義務條件推想實驗中的表現，遠較受試者在
直敘條件推想實驗中的表現為佳。為什麼呢？認知科學家觀察到，在實驗一和實
驗二中，受試者思考的問題使用了「真」和「假」的概念。但是在實驗三中，受
試者面對的是具有規範性的規則。認知科學家認為一般人對於「違反規則」比較
熟悉，畢竟這種情形在日常生活中較為常見；相較之下，一般人並不習慣對於一
個直敘條件句進行「真」或「假」的判定 ❾。

　　這兩個現象使得我們不得不重新思考「人類是不理性的」這項宣稱恐怕有待

---

❼　本實驗原為 Griggs & Cox (1982) 所做，本節所述係轉引自 Evans, *et al.* (1993)。

❽　請參閱 Cummins (1996)。

❾　其實目前認知科學家還沒有對於這兩點產生共識，因為上述對於這兩點的解釋仍有令
　　人不滿之處。

斟酌。但至少有兩點值得繼續留意：首先柯亨認為這裡所謂的「邏輯上的正確答案」是不相干的，因為從事選擇任務實驗的認知科學家在觀念上並沒有做到袪除歧義❿。這一點不僅使得我們不得不重新思考，「理性」與邏輯標準之間的關聯，也使得我們不得不思考，或許古典邏輯並不適用於評估人類的推想表現，我們可能必須引入其他的邏輯學。其次，這些哲學家和認知科學家顯然認為人類的推想表現和能力與「理性」的問題有密切的關聯。除此之外，「理性」當然還有很多層面需要思考的。讓我們繼續思考。

第二節 「理性」的幾個層面

對於「理性」的探討，第一件事是考慮「理性」承載者的問題：什麼類型的事物才會是具有理性性質的？因而我們可以說它是理性的、反理性的（或者不理性的）？從什麼類型的事物才可說是具有理性的這個方向來思考，既回答了理性承載者的問題，也使得我們能夠進一步將「理性」分類，並進一步思考「理性」是什麼樣的性質。要考慮「理性」承載者的問題，當然必須從人的思想言行著手。舉例來說，蓮霧長得跟蘋果不一樣，這不是因為蓮霧具有理性的緣故，當然也不是因為蓮霧是反理性的。蓮霧的長相與理性無關。但是，要將蓮霧種在哪裡，就涉及理性的問題了。如果有人要到玉山上種蓮霧，這絕對是很不理性的決定。「理性」跟人的活動有密不可分的關聯，「理性」是用來形容人的。

「理性」的承載者

「理性」這個概念可以用來形容的項目很多，比較重要的包括：㈠一個人、一個主體或一個認知系統。就像我們平常會說，這個人很理性，那個人不太理性。㈡人所具有的信念、所下的判斷或所接受的主張與宣稱。例如，當有人盲目相信一件事時，他的信念是不理性的。㈢人所做的決策、選擇，以及基於此而採取的行動。當然，我們不能排除還有其他事物可以作為「理性」的承載者。或許一個集體，例如一個社會、一個部落等，也可以是「理性」的承載者，也許我們可以

---

❿ 請參閱 Cohen (1999)。

說有些社會是理性的、有些社會是不理性的。「理性」的承載者至少有這四種；相應地，「理性」至少可以分類為：系統理性、知性理性、行動理性、集體理性。

　　所謂的「一個人」既可以是指認知主體或認知系統，也可以是指行動主體（行動者）。通常來講，雖然每一個人同時既是認知者又是行動者，這兩個概念畢竟是不同的。將一個人當作是認知者或認知系統，是從知識論的角度來看待這個人在知性面向上所具有的性質、所產生的認知現象，以及所進行的認知活動及其特徵等。例如，從知性面向我們可以問下列各種問題：他追求什麼樣的知性目的？他的認知可靠嗎？有效率嗎？他在認知方面的判斷有根據嗎？他的理由或證據充足嗎？他的認知結果，亦即所獲得的知識或信念，是透過對於實效程序或方法的運用嗎？這些程序或方法是理性的嗎？這些信念有融貫嗎？這些信念是理性的嗎？這些信念有證立嗎？偏見如何對於一個人的認知活動產生影響？諸如此類的問題都是關於一個人的知性面向。就知性面向來看待一個人的時候，我們就是將他看做一個認知主體或認知系統。

　　另一方面，將一個人當作行動主體，則是著眼於他的行動面向，不是他的知性面向。人的行動必定涉及到這個人所擁有的偏好、意圖、目的、欲求等，尤其是必定涉及被這些偏好和意圖等影響而做出的選擇和決策，進而由這些選擇和決策導致他的行動。選擇和決策居於中介的關鍵地位，上承人的意圖、欲求和目的，下啟人的行動，以實現或滿足人的這些意圖、欲求和目的。一個行動者其實就是一個「意圖─決策─行動」的主體。對於這樣的主體可以探討的問題也很多，例如，一個人的偏好、意圖和欲求是如何影響他的決策的？他的各種偏好、意圖和欲求相互之間是如何權衡的（其「權重」如何決定）？他進行決策的思考模式是什麼？偏見如何影響一個人的選擇？一個人做出決策的思考過程要符合什麼條件才是理性的？諸如此類的問題都是關於一個人的行動面向。就這些行動面向來看待一個人的時候，就是將他看做一個行動者，一個「意圖─決策─行動」的主體，而以「決策」為核心的概念。

　　當然，人的知性面向和行動面向經常是相互影響的。一方面，在人產生認知現象的過程當中，免不了會涉及其他非知性的面向，例如我之追求知識可能只是為了找一份高薪的工作。此外，知性的活動也會帶來非認知的結果，例如實驗室

裡的實驗成果有時會讓實驗者獲得巨大的專利。另一方面，影響一個主體行動的並不只是他的意圖、偏好、欲求而已，他的知性面向也常和他的行動有密切的關聯。為了確保行動的成功，以順利實現意圖和欲求等，通常行動者必須要對於他所處的環境有正確的認知。對於一個具體的人來講，純粹知性面向和純粹行動面向很少是單獨呈現的，原則上恐怕也不可能出現這種單單是知性面向的人，或者單單是行動面向的人。

知性理性與行動理性

在上述知性與行動兩面向所討論的這些問題中，純粹就「理性」這個概念來看，我們可以詢問：一個認知主體所擁有的信念或者所下的判斷必須具備什麼條件才是理性的？這問題是關於傳統所謂「知性理性」或「理論理性」的問題，而以具備真假值並與知識密切相關的信念或判斷作為「理性」性質的承載者。知性理性主要包括識知理性以及科學理性兩種[11]，都跟信念或判斷的真假緊密相關，因為「知性理性」係對於人類認知活動的評估，而人認知活動的結果或者是掌握到了世界的真象，因此擁有的信念或判斷為真，並構成葛德門所謂「弱形式」意義下的知識[12]；或者人認知活動的結果是掌握到了錯誤的訊息，對於世界所產生的信念或判斷為假；也或者認知活動所獲得的資訊不足，只好懸而不斷。毫無疑問的，知性理性決定了一個認知系統所處的「識知地位」。

就行動面向來看，我們問一個行動者依據什麼樣的考慮而做的決策才是理性的？這問題是關於傳統所謂的實踐理性或行動理性的問題，以決策和選擇作為「理性」性質的承載者。當然，我們雖然不必否認將人的行動也作為「理性」承載者的說法，不過行動的理性將只具有引申的意義，一項行動的理性與否，終究還是來自於肇致該行動的決策是不是理性的[13]。另一個相關的問題是，既然人的偏好

---

[11]　請參閱 Foley (1988: 139–140)。

[12]　請參閱 Goldman (1999: 23)。

[13]　本書所談的「理論理性」（或「知性理性」）跟「實踐理性」難免讓人立即聯想到康德。不過這裡並無意探討康德哲學，反而本章關於理論理性跟實踐理性的區別較接近哈爾曼的主張。請參閱 Harman (1995)。

慾望和目的影響人的選擇和決策，這些偏好、意圖和目的，是否也可以做「理性」的評估，亦即是否也可以作為「理性」的承載者？

系統理性

接下來是以主體或者系統作為「理性」的承載者。不論是知性面向還是行動面向，我們都可以直接問：在什麼意義下才能說一個人或系統是理性的？僅僅就他的知性面向就夠了嗎？僅僅就他的行動面向就夠了嗎？還是要主張必須知性與行動兩面向都是理性的，這個人或系統才是理性的？還是另有其他的說法？這一個主題所關切的是以個別的系統作為「理性」性質的承載者，亦即有關「系統理性」的問題。例如，梭沙曾經主張，「人是不理性的」是觀念上矛盾的說辭。又例如，諾其克主張：就一個系統的理性層面來看，我們可以追問：這系統是不是具備良好的探測世界的裝置（亦即知覺）？是不是具備錯誤校正、回饋、修正等程序或能力等問題？他對於系統理性的考量顯然與那種從知性理性以及行動理性的考量方式明顯不同，而且前者並不包括後兩者。迭尼特的理論主張有些情形下可以採取意向性觀點來看待一個系統，此時我們預設該系統是最佳理性的。

「系統理性」這個概念使得我們對於亞理斯多德「人是理性動物」的類差定義以及「區隔難題」可以有新的理解。「區隔難題」是指：具備理性的個體（系統）跟不具備理性的個體（系統）要如何加以區隔？除了人類之外，是否還有其他的生物也是具有理性的呢？複雜到某種程度的人造系統有沒有可能具有理性？如果將來有一天人工智能界真地製造出具備智能的機器人，「理性」概念是否適用在它們（或他們）？「理性」也許仍然是人類擁有的性質，但「理性」未必構成人類獨有的本質。畢竟，我們沒有理由排除在人類以外的生物或人造系統具有（系統）理性。若如此，亞理斯多德對於「人」的定義是錯誤的。

與系統有關的理性問題，除了上述在「系統理性」層面的問題之外，當然還有所謂的溝通理性層面上的考量。它所探討的問題是：任何兩個已承認具備系統理性的系統之間在面臨信念與判斷的不一致，或者決策與選擇的不一致時，要如何做才是理性的？簡單說，理性溝通的條件有哪些？在這個層面，系統仍舊是「理性」性質的承載者，但是對於理性的考量則必定是關係的（二位的或多位的），亦

即涉及其他主體的。溝通理性的課題超出本書範圍，予以略過。

第三節　「理性」的特徵

「理性」有哪些特徵呢？早在二十世紀初，皮爾斯的實效論就主張：任何兩個人探究相同的問題，不論思考的方式為何，不論採用的方法為何，理想上必將獲得相同的答案。布朗在陳述「理性」的古典觀時，整理了三大特徵❶：理性具有普效性、理性具有必然性、理性是規則依循的。布朗這裡所討論的「理性」是指我們人類的推論過程。一個理性的推論，其前提到結論的過程是依循推論規則的。正因為如此，理性的推論會具有普效性以及必然性。一方面，只要從相同的前提，依據相同的規則，任何人都會推得相同的結論，所以理性具有普效性。另一方面，正確的邏輯規則使得前提必然能保障結論之為真，所以理性具有必然性。

雖然上述的三點特徵是許多人會接受的，「理性」的古典觀仍有許多問題。首先「理性」的古典觀將理性看得太狹隘了，將理性侷限在演繹邏輯的思考方式，卻忽略了機率推論在日常生活中的重要性。再者，規則依循未必能保障理性的思維。在論證建構的活動中，前提跟結論之間並不僅僅只是邏輯關係而已，更是知識論意義的證立關係。最後，如上所述，「理性」有許多類型的承載者，並不是所有關於理性的評估都涉及到推論是否恰當的評斷。

「理性」的特徵

儘管「理性」的古典觀相當程度反映了一般人對於「理性」的看法，我們不得不重新檢視「理性」究竟具備哪些特徵。本書重新整理了「理性」所具備的一些特徵，不過並不是每位研究「理性」的哲學家都會接受此處所列的特徵。此處本書重新提出「理性」具有的一些性質，主要有八項：㈠程度的、㈡主體相對的、㈢時間索引的、㈣規律的、㈤可廢止的、㈥目的相對的、㈦工具性的，以及㈧觀點的❶。

---

❶　不過，布朗自己是反對「理性」的古典觀的，請參閱 Brown (1990: 3-37)。

❶　這八個特徵並不是所有研究理性的理論都同意的，此處的用意僅在於列出可能被接受

㈠理性是有程度之分的：理性是有程度之分的，這一點充分反映在日常進行理性評估的用語：有點理性、相當理性、很不理性、不太理性……等，都是我們願意接受的評估理性的方式。

㈡理性具有主體相對性：理性之具有主體相對性應該是顯而易見的，同樣的一件信念或者同樣的一項決策有可能在甲是理性的，在乙是不理性的。例如我之相信臺北市長此時正在美國紐約市訪問，是由於我看到了電視衛星直播的新聞報導，而你之相信臺北市長此時正在美國紐約市訪問，卻只是你昨晚做夢夢到的。在這情形下，即使事實上臺北市長此時確實正在美國紐約市訪問，我之擁有該信念乃是理性的，你雖也擁有相同的信念，卻是不理性的。同樣一件信念或決策究竟是不是理性的，有可能會隨主體的不同而不同。

㈢理性具有時間索引性：所謂理性具有時間索引性，意思是說，同樣的一件信念或同樣的一項決策有可能(a)在過去某時是不理性的，在此時則是理性的，也有可能(b)在過去某時是理性的，在此時卻是不理性的。在(a)的情況下，例如，從前認為人能登上月亮是荒謬的（除非吃下仙丹），現在則很多人都相信人能登上月亮（事實亦是如此）；又例如，張三在以前就認為宇宙是有限大的說法是不通的，現在學過物理學之後，他認為宇宙是有限大的說法才是對的。在(b)的情況下，例如，從前認為喝符水治病是理性的，現在的看法則恰恰相反 ❻。

再一次提醒讀者：主張理性具有主體相對性以及時間索引性並不表示接受真理相對論。真理相對論主張所有的真理都是相對的，沒有絕對的真理；同樣的命題相對於甲文化或社群來看為真，但有可能相對於乙文化或社群來看為假。這種論調似是實非，荒謬不已！舉例來說，「地球體積遠遠小於太陽體積」、「孔明就是諸葛亮」……，這些命題非真即假。但是，究竟它們為真還是為假，卻跟由哪個

的特徵，以供後續的研究。

❻ 我不得不說，即使現在已經二十一世紀了，喝符水治病在文明社會中仍然被許多人認為是理性的，而不只是在求心理的慰藉而已。更還有一些人以莫名其妙、毫無章法、歪理的言論來吸引信徒、聽眾，或欺世盜名，或詐財斂色，卻依然振振有詞。但這個社會仍然有許多人深迷不疑，奉為圭臬。這是當代人的反智主義造成的可悲結果。相較於過去時代人的無知但對於知識的尊崇，恐怕現代人還遠不如古早人來得理性。

文化社群來做判斷是無關。它們的真假值怎麼可能隨著做判斷的文化社群的改變而改變呢？一件事情的真假不可能等同於某個文化或社群所做的判斷，否則，「做判斷的文化社群可能犯錯」這種說詞是沒有意義的。

　　對於時間索引性的承認也不至於導致真理相對論。對於理性具有時間索引性的特性其實有簡單的解釋：人的知性面向是在不斷演進當中的，最主要的是人的兩種能力的不斷提升，亦即擷取資訊的能力以及推想的能力。由於這兩種能力的提升使得我們能收集新的證據、發展新的標準，並能發現過去的錯誤，進而加以校正。因此，出現上述(a)和(b)兩種理性的時間索引性現象並不足為奇。第六章已經提過，即使接受「證立」具有主體相對性以及時間索引性並不表示真理是相對的；「理性」跟「證立」一樣，此處就不再多說。

　　㈣理性具有規律性：諾其克主張對於理性的討論必依循兩個主軸：理由以及可靠性。關於這點從與「理性的」相對立的概念就可以看出來，這些和「理性」相對立的概念包括「獨斷」、「任意」、「盲從」、「無秩序」、「荒謬」、「瘋狂」、「衝動」、「迷信」……。顯然我們在追求理性或者進行理性評估的時候，我們期待不論是從前提到推出結論也好、從決策和信念到實踐行動也好，我們的信念、決策與行動不是來自於瞎猜、迷信、碰運氣而已，而是有理由支持的、可靠的。我們期待同樣的理由，在同樣的情境下，應該產生同樣的信念和決策；基於同樣的信念和決策，在同樣的情境下，應該採取同樣的行動。如果這種規律消失了，我們將無所適從，陷入一片混亂。

　　㈤理性具有可廢止性：任何一件信念或決策的理性都有可能被廢止，或者遭到損壞。舉例來說，張三相信王文方教授今天人在陽明大學。用以證立這個信念的包括張三相信他在陽明大學看到王文方教授，張三相信他聽了王文方教授一場精彩的演講。這些都足以為張三的信念提供相當強的證立。張三基於他的理由而相信這件事，因此他是理性的，他的信念也是理性的。但是這個信念的證立卻是可能被廢止的、可能被其他理由或證據損壞的。例如，張三一直錯將王五當成是王文方教授，所以他誤以為他在陽明大學看到的是王文方教授、他在陽明大學聽到的是王文方教授的演講，但其實他看到的是王五、聽到的是王五的演講。因此，只要有這個可能性存在，張三原本所具有的理性就是可被廢止的。再假設，張三

當天晚上看新聞報導的時候，發現王文方教授早就已經離開臺灣一個月了，他正準備當晚從美國紐約搭機，預計明天飛往日本。因此，張三當天看到的人、聽到的演講不會是王文方教授。此時張三發現他原先所具有的證立就被廢止、被損壞了。此時張三的信念將不再是理性的。

另外還有三項「理性」的特徵：目的相對性、工具性、觀點性。這三點都來自於對於「理性」採取手段－目的分析，在下一節會解說得比較詳盡。

第四節 「手段－目的」分析

在知識論文獻中有至少四種關於理性的理論進路：知德進路、規則支配進路、實質論進路，以及工具論進路。

知德進路就是第九章解說的知德知識論的研究進路，此處不再重複。規則支配的理論進路基本主張是：認知主體的某個信念是理性的，若且唯若，該信念的出現是受到一組規則支配的，亦即符合並遵循一組規則的。這一個理論進路認為邏輯與數學乃是人類理性的典範。值得注意的是，僅僅要求該信念的出現「符合」規則是不夠的，還必須要求它的出現是「依循」規則的，是由於受到規則支配才產生的。類比來說，開車的時候碰巧遇到紅燈、碰巧停了下來。這行為雖然符合交通規則，卻不是依循交通規則的。只有在駕駛之所以停車是「基於」他要遵守交通規則的情形下，他的行為才是受到該規則支配的。

實質論的理論進路又稱為目的決定進路；工具論的理論進路又稱為目的導向進路。兩者對於理性都是採取手段－目的分析，兩者雖然表面看來相似，其實是有根本差異在的。先讓我們看看什麼是「手段－目的分析」。

手段－目的分析

對於任何一件事物採取手段－目的的分析，此處提供的是一個後設的思考架構，或者說是一個「手段－目的分析」的套式，其基本架構如下（以 F 表示任何性質）：

手段－目的分析

一事物 x 具備 F 性質，若且唯若，如若採取 x 作為手段，必當有效達致某組目的 G 的實現。

此處先簡單帶過幾點：

㈠這條陳述是以如若條件句來呈現的。這是由於考慮到這個情形：有可能 x 確實是一個有效達致該目的的手段，但是 x 卻從來就不曾實際用來實現該目的。

㈡所謂「套式」是邏輯的術語。上述的 x、F 和 G 等符號只是代表有實質內容的事物的一個方式而已。將不同的事物、性質、目的分別置入這三個符號的位置，就可以建立具備實質內容的、對於某事物的手段－目的分析。例如，x 可以是指人、信念、認知機制、行動、鐵鎚……；F 可以代入「理性的」、「有價值的」……；G 可以代入「知識」、「成功」、「名聲地位」、「搭橋渡河」、「固定貨架」……。

㈢採取手段－目的分析的研究進路來探討 x 究竟是不是具備 F 性質，是將 F 性質當作 x 具有的外緣性質，而不是它的內有性質。所謂「內有性質」在哲學界的用法至少有四種涵義：

第一種涵義：說一性質 F 是內有的，意思是說，該性質 F 是一元的或者一位的，亦即只涉及一個主體的。將被分析的性質當成外緣的，僅僅是就這個意義來說的（與以下其他涵義無關），意指該性質是關係的，二元（二位）以上的，亦即涉及至少兩個主體的。第二種涵義：說一性質 F 是內有的，就是說該性質 F 是本質的、必然的。第三種涵義：說一性質 F 是內有的，就是說該性質 F 是物理的。第四種涵義：說一性質 F 是內有的，就是說該性質 F 是某事物本來就擁有的，而不是外加的。

㈣至於「有效手段」的意義跟邏輯論證「有效性」的觀念不相干，不可混淆。其指的是該手段是有實效而且有效率的。所謂 x 是有實效的手段，意思是說，x 手段具備因果效力，也就是說，只要採取 x 這手段，在其他條件相同下，必定能因致該目的的實現。所謂 x 是有效率的手段，意思是說，在採取 x 作為手段時，能在最短時間內以最少資源獲取相當的（極大的、甚至於最大的）效益或價值的

方式來達到該目的。

在哲學裡，採取手段－目的分析來進行研究的，分為兩個理論進路：實質論進路以及工具論進路。

實質論進路

實質論進路主張存在有所謂的「終極目的」，亦即這些目的不再是達到其他目的的手段。相對於終極目的，當然還有所謂的「中介目的」，它們一方面是別的手段所要實現的目的，另一方面它們同時也構成達到其他目的的手段❶。實質論進路進一步區分為「徹底實質論」以及「溫和實質論」。根據徹底實質論，x 這手段是不是具備 F 這個性質，必須由 x 最終能達到的終極目的是不是具備 F 性質來決定。至於 x 所能達到的中介目的是不是具備 F 性質，並不足以決定 x 是不是具備 F 性質。此外，徹底實質論還主張，如果依據終極目的而決定了 x 是具備 F 性質的，則即使 x 並不是達致終極目的的有效手段，x 即使是無效的，也不影響 x 之具備 F 性質。就這點來看，即使 x 僅僅是一種「企圖」實現目的的手段，即使 x 事實上是沒有實效的，這跟 x 是不是具備 F 性質並不相干。然而，如此一來，嚴格來說，徹底實質論主張的「手段－目的分析」跟先前的陳述不太相同，而另外主張如下：

> **徹底實質論**
> 一事物 x 具備 F 性質，若且唯若，(1) x 是企圖達致某組終極目的的手段，而且(2)該終極目的具備 F 性質。

鮮少有哲學家會接受這種徹底的實質論立場。畢竟，不具有實效的、無法實現某個目的的事物，僅僅只是企圖用以達致某目的的事物，很難稱得上是該目的的手段。

比較溫和的實質論難以贊同徹底實質論的主張，因而做了修正。溫和實質論

---

❶ 本書這裡的討論預設：凡是具備工具性的都是外緣的性質，反之亦然。因此，不會有任何終極目的是外緣的。但是，新康德學派從價值在實踐推論的功能來主張：存在有些目的既是終極的也是外緣的，例如「快樂」就是。本書略過這個相當細緻的哲學問題。

原則上仍然維持手段－目的分析的基本架構，承認有終極目的的存在，但是主張 x 這手段是不是具備 F 這個性質，除了必須依據終極目的的是不是具備 F 性質來決定之外，還必須依據 x 是不是確實能有效達致該目的來決定。

> **溫和實質論**
>
> x 具備 F 性質，若且唯若，⑴如若採取 x 作為手段，則必當有效達致某組終極目的的實現，而且⑵該終極目的具備 F 性質。

對於溫和實質論或許有人會提出這樣的反駁：在達致某組終極目的之前，還存在有許多中介目的。但是，⑴我們不知道何時才會實現該終極目的；尤其⑵即使 x 是有效的，而且該終極目的具備 F 性質，溫和實質論仍然是有缺陷的，因為它並沒有考慮到中介目的是不是也具備 F 性質。

　　這兩個反駁並不足以削弱甚至拒斥溫和實質論。首先，雖然我們通常未必知道終極目的何時才會實現，這並不構成對溫和實質論的困難。這是基於下列三點理由：第一，任何目的的實現時間涉及到實際情境的複雜程度，以及可用資源的多寡；第二，達致目的所需耗費時間與資源的多寡已經納入手段有效性的考量；第三，現在所討論的是以手段－目的分析來研究一事物是否具備 F 性質的問題，並不涉及我們如何知道哪些手段要耗費多少時間與資源才能達致目的的考量。不論我們是不是知道終極目的何時才會實現，都不會影響現在所做的「x 是否具備 F 性質」的分析。

　　至於第二點有關溫和實質論仍然是有缺陷的批評，則是誤解了溫和實質論。讓我們考慮下列手段－目的的鍊：

$$x_1 \rightarrow x_2 \rightarrow ... \rightarrow x_{n-1} \rightarrow x_n$$

假設 x_n 是某個終極目的，而且 x_n 具有 F 性質，"$x_i \rightarrow x_j$" 表示 x_i 是達致 x_j 的有效手段。在這手段－目的的鍊中的 $x_2, x_3, ..., x_{n-1}$ 就是處於 x_1 和 x_n 之間的中介目的。依據假設，x_n 具有 F 性質。不但如此，由於 $x_{n-1} \rightarrow x_n$ 成立，所以依據溫和實質論，x_{n-1} 具有 F 性質；由於 $x_{n-2} \rightarrow x_{n-1}$ 成立，所以依據溫和實質論，x_{n-2} 也具有 F 性質。

依此類推，我們推論出：在這手段－目的鍊中的每個有效手段 $x_1, x_2, ..., x_{n-1}$ 等，都具有 F 性質。所以對於溫和實質論來說，任何中介目的都具有終極目的所具有的 F 性質。

工具論進路

相對於實質論的研究進路，是工具論的研究進路，同樣接受上述有關手段－目的分析的基本架構。不過工具論的研究進路仍有強弱之別。「強工具論」反對存在有所謂終極意義下的目的，主張任何目的都僅僅是中介的，都是達到其他目的的手段。不僅如此，強工具論不在意目的本身是不是也具備 F 性質。因此，依據強工具論，x 這手段是不是具備 F 這個性質，完全由 x 是不是能有效達致該目的來決定。

比強工具論的立場和緩許多的是「弱工具論」。弱工具論與強工具論不同的唯一地方在於它不否認終極目的的存在。除此之外，兩種工具論的主張是相同的。手段 x 是不是具備 F 性質，受到該手段是不是能有效達致它的目的（不論該目的是中介的還是終極的）來決定。同樣地，中介目的或終極目的是不是具備 F 性質，不是用來決定 x 是不是具備 F 性質的。

弱工具論有一個困難。依據弱工具論，在決定手段 x 是不是具備 F 性質時，純粹考量手段 x 是不是達致某目的的有效手段，而絲毫不考慮被實現的目的本身是不是具備 F 性質。弱工具論的主張雖然適用於任何中介目的之是否具有 F 性質的解說，但是如果存在有某個終極目的，而且也具有 F 性質時，弱工具論要如何解說該終極目的之具有 F 性質呢？既然該目的是終極的，它就不是達致其他目的的事物，因此它之具備 F 性質無法採用手段－目的分析。在承認存在有終極目的的情形下，弱工具論的研究進路不足以分析終極目的所具有的性質。所以，對於終極目的所具備的 F 性質，工具論的研究進路有不足之處。

在前面提到理性的特徵當中，第㈠點到第㈤點是除了極端實質論進路之外，其他關於理性的理論進路都接受的；第㈦點是工具論進路以及溫和實質論進路接受的；第㈥點則是工具論進路、溫和實質論進路以及極端實質論進路接受的。

第五節　工具理性原則

現在我們可以將「手段—目的分析」套用在對於「理性」的分析，並進而對於「理性」的研究探討實質論的進路以及工具論的進路❸。對於「理性」採用手段—目的分析，即建立了「工具理性」這個概念。莫哲和諾其克都指出「工具理性」概念是任何理性理論的核心，即使是非工具論的研究進路也必定以「工具理性」為最核心的概念。諾其克並認為各個有關「理性」的理論，其爭議的焦點不在於要不要接受「工具理性」概念，而在於「工具理性」概念是不是完整涵蓋了對於「理性」的理解？抑或除了「工具理性」之外，所謂的「理性」還包括了其他非工具性的成分？

莫哲基於手段—目的分析，曾經提出「工具理性原則」，本書略作文字上的修改❹：

> **工具理性原則（莫哲版）**
> 某事物 M 是（工具）理性的，若且唯若，存在某個目的是某個個體（認知者或者行動者）所欲求的，而且該個體基於他實際擁有的理由或證據而相信 M 是達致該目的的最佳有效手段。

本書並不同意莫哲的看法，他已經對於「理性」採取了特定的立場，也就是認為個體實際擁有的理由和證據是不可或缺的。然而我們未必要接受這點。另一方面，佛利認為一般對於理性的判斷都是不完整的，它們的陳述都有兩點重要的特徵被省略未提：觀點以及目的。以下是本書綜合手段—目的分析，並將「觀點」納入之後，對於「理性」建立的工具理性原則套式❺：

---

❸　在哲學傳統裡抱持實質論進路的主要是承襲康德一路的學說；抱持工具論進路的主要是承襲休姆一路的英國經驗論傳統的學說。在當代諾其克本人似乎是反對工具論進路的。

❹　莫哲揭示的「工具理性原則」是以規範的方式陳述的，對於說明「理性」本質並不恰當，故而本章作了文字的修改。請參閱 Moser, *et al.* (1998: 130)。

❺　佛利原意並未要求 M 必須是最佳有效的，他只要求 M 是有實效而且不瑣碎的手段。但

工具理性原則

某事物 M 在某時是（工具）理性的，若且唯若，在其他條件相同下，存
在某目的 G 是個體所欲求的，而且從某觀點 P 來看，M 是達致該目的的
最佳有效手段。

這個原則是一個後設套式，只要將其中的符號改用具有實質內容的陳述就構成了
一套有具體內容的理性理論。

　　對於「理性」的分類是由目的的類型來決定的，不同類型的目的決定了不同
類型的理性，例如知性理性（此時 M 指的是信念、對於證據的接受、認知機制
等）、行動理性（此時 M 指的是決策或者行動）、道德理性（此時 M 指的是道德
判斷或行動）、宗教理性、經濟理性等不同的理性類型，藉由目的的類型而可做簡
單清楚的區隔。例如，如欲達致經濟的目的，則對於手段必須具有經濟理性的評
估要以該手段是否確實是有實效的來決定。又例如，某人欲求成為藝術家，則他之
決定參加藝術學校的考試，就是一個具有理性的行動或決策，是行動理性的表現。

　　就知識論來說，人類的知性目的就是求真與除錯，討論的主題是知性理性，
而不是其他類型的理性。本節以識知理性為重點，討論人類的信念如何是理性的
課題❷。前述莫哲版的工具理性原則，依據上述工具理性原則的套式來看，是關
於知性理性的一種有實質內容的原則。

　　對於上述的工具理性原則套式還有「觀點」還沒有處理。佛利指出，任何一
個研究「理性」的學說在說明手段如何才是理性的時候，固然必須提出其所應具
備的特徵，但也必須要指明是相對於哪種目的、在什麼觀點之下，該事物才是一
個達致該目的的最佳有效手段。顯然，接下來的問題是：有哪些「觀點」呢？以
下列舉五種（但未窮盡）：㈠評估者自身的觀點；㈡個體自己的觀點（佛利稱之為
「自我中心」的觀點）；㈢個體所處社群中的大多數人的觀點（佛利稱之為「社會

　　本書認為「最佳有效手段」的說法才是正確的，否則對於稍後提到的狀況⒜和狀況⒝
　　的考慮就失去意義了。基於這個緣故，底下對於佛利所提的原則中關於「M 是一實效
　　而且不瑣碎的手段」這些文字一律改為「M 是最佳有效的手段」。

❷　其他的知性目的還包括建構理論以解釋現象、尋找規律、提供預測等。

中心」的觀點）；㈣專家的觀點；以及㈤客觀，佛利稱之為「博學旁觀者的觀點」，也就是掌握到事實真象的人的觀點❷。

在上一節曾將實質論進路區分為「徹底實質論」以及「溫和實質論」。在對於「理性」的理解上，兩種實質論進路都承認：㈠存在有所謂的「終極目的」，這些目的不再是達到任何其他目的的手段；而且㈡這些終極目的是與理性相干的，亦即能夠以「理性的」加以形容。不過，徹底實質論只需對於「目的理性」提供理論說明即可；溫和實質論則必須對於「目的理性」以及「手段理性」分別提出理論說明。

徹底實質論進路有可能出現兩種狀況，導致它的理論困難：

（狀況一）某事物 M 是達致某目的的有效但非最佳手段；然而儘管如此，由於 M 的確可以達致該目的，而且該目的是理性的，因而 M 是理性的。

（狀況二）某事物 M 確實是達致某目的的最佳有效手段，但是由於該目的是不理性的，因此 M 是不理性的。

這兩種狀況似乎頗違背我們常識的想法。例如，在狀況一中，某件手段 M 雖然是有效的，但是 M 相較於其他手段所耗費的時間和資源在數千倍以上。在這情況下，即使所欲達致的目的是理性的，一般人很難接受採行 M 以實現該目的乃是理性的。另一方面，如果所欲達致的目的是不理性的，一般人也很難接受達致該目的的手段 M 是理性的這種說法。

還好，這兩種狀況在溫和實質論進路下是不可能的。溫和實質論進路既接受上述㈠與㈡的主張，也同意手段理性是引申的，尤其一件手段 M 的理性是同時受到目的理性以及它是不是最佳有效手段兩者共同決定的。溫和實質論進路會主張狀況一裡的手段 M 並不是理性的；狀況二裡的 M 也一樣不是理性的。因此，即使承認目的理性，既不表示「工具理性」概念被實質論進路否認，也未必表示可以被承認。

---

❷ 請參閱佛利諸多論文的精闢討論 Foley (1987; 1988; 1993a; 1993b)。本書作者自己提倡無觀點的主張，請參閱彭孟堯 (2006) 的討論。

　　至於工具論進路，請回顧「強工具論」以及「弱工具論」的區別。強工具論否認有所謂的終極目的，主張任何目的都還是達到其他某種目的的手段。在「理性」這個議題上，強工具論認為對於任一手段的理性評估絲毫不涉及目的理性。弱工具論進路則雖不否認終極目的的存在，但認為終極目的是無關於理性的，終極目的沒有所謂的理性或不理性可言。因此，不論是強工具論進路還是弱工具論進路都接受工具理性原則，並主張「工具理性」概念窮盡了對於「理性」的理解。

　　此處有兩項要點值得注意。首先，即使承認存在有終極目的，並不因而表示反對工具理性。其次，上述的狀況一對於強工具論進路和弱工具論進路都不會構成威脅，兩種工具論進路都會主張 M 不是理性的。至於狀況二，兩種工具論進路都會主張 M 是理性的，即使該目的是不理性的。這一點未必能說服很多人，這也是工具論和實質論的一項重大差異。

四張卡片的實驗，其邏輯正確的答案是：選擇條件句的前件，以及條件句後件的否定。

實驗一：選擇 A–卡以及 7–卡。

實驗二：選擇反面已緘封的信封，以及正面沒有貼郵票的信封。

實驗三：選擇喝啤酒的甲，以及只有 16 歲的丙。

●　重點回顧　●

· 理性 rationality; reason

· 手段—目的分析 means-end analysis

· 工具理性 instrumental rationality

· 魏森 Wason, Peter Cathcart (1924–2003)

· 選擇任務 selection task

· 內容效應 content effect

· 主題促進效應 thematic facilitation effect

· 知性理性 intellectual rationality

· 行動者；行動主體 agent

· 識知理性 epistemic rationality

· 實踐理性 practical rationality

· 迭尼特 Dennett, Daniel Clement (1942–)

· 溝通理性 communicative rationality

· 二位的 dyadic

· 多位的（多元的）polyadic

· 普效性 universality

· 規則依循的 rule-following

· 可廢止的 defeasible

· 規則支配進路 rule-governed approach

· 實質論 substantialism

· 工具論 instrumentalism

· 目的決定進路 goal-determined approach

· 目的導向進路 goal-oriented approach

· 套式 schema

· 一位的；一元的 monadic

· 實效的 effective

· 觀點 perspective

參考書目

1. Achinstein, P. (1968), *Concepts of Science: A Philosophical Analysis*, Baltimore, MD: Johns Hopkins University Press.

2. Alston, W. (1986), "Internalism and Externalism in Epistemology," *Epistemic Justification*, Ithaca, NY: Cornell University Press: 185–226.

3. Annis, D. (1978), "A Contextual Theory of Epistemic Justification," *American Philosophical Quarterly*, 15: 213–219.

4. Aristotle, *Posterior Analytics*, in J. Barnes (ed.), *Complete Works of Aristotle*, 2 vols., Princeton, NJ: Princeton University Press.

5. Armstrong, D. M. (1973), *Belief, Truth and Knowledge*, Cambridge: Cambridge University Press.

6. Austin, J. L. (1950), "Truth," *Proceedings of the Aristotelian Soceity*, Supp. vol. 24: 111–128.

7. Axtell, G. (1997), "Recent Work on Virtue Epistemology," *American Philosophical Quarterly*, 34 (1): 1–26.

8. Ayer, A. J. (1936), *Language, Truth and Logic*, London: Gollancz; 2nd edition, 1946.

9. Ayer, A. J. (1956), *The Problem of Knowledge*, London: Macmillan.

10. Bacon, F. (1620/1994), *Novum Organum*, trans. by P. Urbach and J. Gibson, Chicago, IL: Open Court.

11. Blanshard, R. B. (1941), *The Nature of Thoughts*, 2 vols., NY: Macmillan.

12. BonJour, L. (1985a), *The Structure of Empirical Knowledge*, Cambridge, MA: Harvard University Press.

13. BonJour, L. (1985b), "A Priori Justification," in BonJour (1985a), Appendix A: 191–211.

14. BonJour, L. (1995), "The Dialectic of Foundationalism and Coherentism," in John Greco and Ernest Sosa (eds.), *Blackwell Guide to Epistemology*, Oxford: Blackwell.

15. BonJour, L. (1998), *In Defense of Pure Reason*, Cambridge: Cambridge University Press.

16. Bosanquet, B. (1920), *Implication and Linear Inference*, London: Macmillan.

17. Bradley, F. H. (1914), *Essays on Truth and Reality*, Oxford: Clarendon Press.

18. Bromberger, S. (1963), "A Theory about the Theory of Theory and about the Theory of Theories," in B. Baumrin (ed.), *Philosophy of Science: The Delaware Seminar*, New York: Interscience, vol. II: 79–106.

19. Brown, H. I. (1990), *Rationality*, London: Routledge.

20. Burge, T. (1977), "Belief *De Re*," *Journal of Philosophy*, 74: 317–338.

21. Carey, S. (1991), "Knowledge Acquisition: Enrichment or Conceptual Change?" in S. Carey and

R. Gelman (eds.), *The Epigenesis of Mind*, Hillsdale, NJ: Lawrence Erlbaum.

22. Carnap, R. (1928), *The Logical Structure of the World*, trans. by R. George, Berkeley, CA: University of California Press, 1969.

23. Carnap, R. (1936–1937), "Testability and Meaning," *Philosophy of Science*, 3: 420–466; 4: 1–40.

24. Carnap, R. (1950), "Empiricism, Semantics, and Ontology," in his (1956) *Meaning and Necessity*, Chicago, IL: University of Chicago Press.

25. Carnap, R. (1956), "Methodological Character of Theoretical Concepts," in H. Feigl and M. Scriven (eds.), *Minnesota Studies in the Philosophy of Science*, Minneapolis, MN: University of Minnesota Press, vol. 1: 33–76.

26. Carnap, R. (1963), "Replies and Systematic Expositions," in P. Schilpp (ed.), *The Philosophy of Rudolf Carnap*, La Salle, IL: Open Court: 859–1013.

27. Cartwright, N. (1983), *How the Laws of Physics Lie*, Oxford: Clarendon Press.

28. Casullo, A. (1977), "Kripke on the *A Priori* and the Necessary," in Moser (ed.) (1987): 161–169.

29. Cherry, C. (1957), *On Human Communication*, Cambridge, MA: MIT Press.

30. Chisholm, R. M. (1957), *Perceiving: A Philosophical Study*, Ithaca, NY: Cornell University Press.

31. Chisholm, R. M. (1989), *Theory of Knowledge*, 3rd edition, Englewood Cliffs, NJ: Prentice-Hall.

32. Chisholm, R. M. (1990), "The Status of Epistemic Principles," *Noûs* 24(2): 209–215.

33. Churchland, P. and Hooker, C. (eds.) (1985), *Images of Science: Essays on Realism and Empiricism*, Chicago, IL: University of Chicago Press.

34. Cleife, D. H. (1976), "Authority," in D. I. Lloyd (ed.), *Philosophy and the Teacher*, London: Routledge and Kegan Paul.

35. Coffa, A. (1991), *The Semantic Tradition from Kant to Carnap,* ed. by L. Wessels, Cambridge: Cambridge University Press.

36. Cohen, S. (1988), "How to be a Fallibilist," *Philosophical Perspectives*, 2: 91–123.

37. Cohen, S. (1999), "Contextualism, Skepticism, and the Structure of Reasons," *Philosophical Perspective* 13: 57–89.

38. Conee, E. (1995), "Normative Epsitemology," *Routledge Encyclopedia of Philosophy*, London: Routledge.

39. Conee, E. and Feldman, R. (1998), "The Generality Problem for Reliabilism," *Philosophical Studies*, 89: 1–29.

40. Cornman, J. (1975), *Perception, Common Sense and Science*, New Haven, CT: Yale University Press.

41. Crane, T. (ed.) (1994), *The Contents of Experience: Essays on Perception*, Cambridge: Cambridge University Press.

42. Crane, T. (ed.) (1996), *Dispositions: A Debate*, London: Routledge.

43. Cummins, R. (1996), *Representation, Target, and Attitudes*, Cambridge, MA: The MIT Press.

44. DaCosta, N. C. and French, S. (1990), "The Model-Theoretic Approach in the Philosophy of Science," *Philosophy of Science*, 57 (2): 248–265.

45. Dancy, J. (ed.) (1988), *Perceptual Knowledge*, Oxford: Oxford University Press.

46. DeRose, K. (1992), "Contextualism and Knowledge Attributions," *Philosophy and Phenomenological Research*, 52: 913–929.

47. DeRose, K. (1995), "Solving the Skeptical Problem," *Philosophical Reviews*, 104: 1–52.

48. Descartes, R. (1637), *Discourse on the Method*, in J. Cottingham, R. Stoothoff, D. Murdoch and A. Kenny (eds. and trans.), *The Philosophical Writings of Descartes*, vol. 1, Cambridge: Cambridge University Press, 1984–1991. （譯為《沈思錄》）

49. Devitt, M. (1998), "Naturalism and the A Priori," *Philosophical Studies*, 92: 45–65.

50. Dretske, F. I. (1969), *Seeing and Knowing*, London: Routledge and Kegan Paul, Chicago, IL: University of Chicago Press.

51. Dretske, F. I. (1980), *Knowledge and the Flow of Information*, Cambridge, MA: MIT Press.

52. Dretske, F. I. (1995), "Perceptual Knowledge," in J. Dancy and E. Sosa (eds.), *A Companion to Epistemology*, Oxford: Blackwell.

53. Dummett, M. (1976), "What is a Theory of Meaning? II," in Evans and McDowell (eds.), *Truth and Meaning*, Oxford: Oxford University Press.

54. Edgington, D. (1995), "On Conditionals," *Mind*, 104: 235–329.

55. Evans, *et al.* (1993), "Reasoning, Decision Making and Rationality," *Cognition*, vol. 49 (1–2): 165–187.

56. Feldman, R. (1985), "Reliability and Justification?" *Monist*, 68 (2): 159–174

57. Fodor, J. A. (1983), *The Modularity of Mind*, Cambridge, MA: The MIT Press.

58. Fodor, J. A. (1990), *A Theory of Content and Other Essays*, Cambridge, MA: The MIT Press.

59. Fodor, J. A. (1998), *Concepts*, Oxford: Oxford University Press.

60. Foley, R. (1987), *The Theory of Epistemic Rationality*, Cambridge, MA: Harvard University Press.

61. Foley, R. (1988), "Some Conception of Rationality," in McMullin (ed.), *Construction and Constraint: The Shaping of Scientific Rationality*.

62. Foley, R. (1993a), *Working without a Net*, Oxford: Oxford University Press.

63. Foley, R. (1993b), "Rationality and Perspective", in *Analysis*, 53 (2): 65–68.

64. Frege, G. (1884/1980), *The Foundations of Arithmetic*, trans. by Austin, J. L., Oxford: Blackwell. (譯為《算術基礎》)

65. Gettier, E. (1963), "Is Justified True Belief Knowledge?" *Analysis*, 23 (6): 121–123.

66. Gibson, J. J. (1966), *The Senses Considered as Perceptual Systems*, London: Allen and Unwin.

67. Giere, R. (1979), *Understanding Scientific Reasoning*, New York: Holt, Rinehart and Winston.

68. Giere, R. (1988), *Explaining Science: A Cognitive Approach*, Chicago, IL: University of Chicago Press.

69. Goldman, A. I. (1967), "A Causal Theory of Knowing," in his (1992): 69–83.

70. Goldman, A. I. (1976), "Perceptual Knowledge and Discrimination," *Journal of Philosophy*, 73 (20): 771–791.

71. Goldman, A. I. (1979), "What is Justified Belief?" in his (1992a): 105–126.

72. Goldman, A. I. (1986), *Epistemology and Cognition*, Cambridge, MA: Harvard University Press.

73. Goldman, A. I. (1988), "Strong and Weak Justification," in his (1992a): 127–141.

74. Goldman, A. I. (1992a), *Laisions: Philosophy Meets the Cognitive and Social Sciences*, Cambridge, MA: The MIT Press.

75. Goldman, A. I. (1992b), "Epistemic Folkways and Scientific Epistemology," in his (1992a): 155–175.

76. Goldman, A. I. (1999), *Knowledge in a Social World*, Oxford: Oxford University Press.

77. Goodman, N. (1954), *Fact, Fiction, and Forecast*, Cambridge, MA: Harvard University.

78. Gopnik, A. (1988), "Conceptual and Semanttic Development as Theory Change," *Mind and Language*, 3: 197–216.

79. Greco, J. (1993), "Virtues and Vices of Virtue Epistemology," in E. Sosa and J. Kim (eds.) (2000), *Epistemology*, Oxford: Blackwell: 468–475.

80. Greco, J. (1994), "Virtue Epistemology and the Relevant Sense of 'Relevant Possibility'," *The Southern Journal of Philosophy*, vol. XXXII: 61–77.

81. Grice, H. P. (1961), "The Causal Theory of Perception," *Proceedings of the Aristotelian Society Supplementary*, vol. 35: 121–168.

82. Hanson, N. R. (1958), *Patterns of Discovery*, Cambridge: Cambridge University Press.

83. Hardin, C. L. (1988), *Color for Philosophers*, Indianapolis, IN: Hackett.

84. Harman, G. H. (1965), "The Inference to the Best Explanation," *Philosophical Review*, 74 (1): 88–95.

85. Harman, G. H. (1968), "Enumerative Induction as Inference to the Best Explanation," *Journal of Philosophy*, 65 (18): 529–533.

86. Harman, G. H. (1989), "The Intrinsic Quality of Experience," in J. Tomberlin (ed.),

Philosophical Perspectives 4: Action Theory and Philosophy of Mind, Atascadero, CA: Ridgeview: 31–52.

87. Harman, G. H. (1995), "Rationality", in E. E. Smith and D. N. Osherson (eds.), *An Invitation to Cognitive Science*, 2nd editon, vol. 3: 175–212.

88. Hawthorne, J. (2004), *Knowledge and Lotteries*, Oxford: Oxford University Press.

89. Hempel, C. G. (1945), "Studies in the Logic of Confirmation," in his (1965): 3–51.

90. Hempel, C. G. (1952), *Fundamentals of Concept Formation in Empirical Science*, Chicago, IL: University of Chicago Press.

91. Hempel, C. G. (1965), *Aspects of Scientific Explanation and Other Essays in Philosophy of Science*, New York: Free Press.

92. Hilbert, D. (1987), *Color and Color Perception*, Stanford, CA: CSLI.

93. Huemer, M. (2001), *Skepticism and the Veil of Perception*, Lanham, MD: Rowman and Littlefield.

94. Hume, D. (1777/1975), *Enquiry Concerning Human Understanding*, 3rd edition by L. A. Selby-Bigge, Oxford: Clarendon.

95. Hurley, P. J. (1994), *A Concise Introduction to Logic*, 5th edition, Wadsworth.

96. Jackson, F. (1977), *Perception: A Representative Theory*, Cambridge: Cambridge University Press.

97. James, W. (1909), *The Meaning of Truth*, NY: Longman.

98. Jardine, N. (1984), *Birth of History and Philosophy of Science: Kepler's Defence of Tycho against Ursus? With Essays on Its Provenance and Significance*, Cambridge: Cambridge University Press.

99. Johnson, M. (1992), "How to Speak of Colors," *Philosophical Studies*, 68: 221–263.

100. Johnson-Laird, P. N. and Watson, P. C. (1970), "A Theoretical Analysis of Insight into a Reasoning Task," *Cognitive Psychology* 1 (2): 134–148.

101. Kahneman, D., Slovic, D., and Tversky, A. (1982), *Judgment Under Uncertainty*, Cambridge: Cambridge University Press.

102. Kant, I. (1783/1950), *Prolegomena to Any Future Metaphysics*, trans. by L. W. Beck, Indianapolis, IN: Bobbs-Merrill. （譯為《未來形上學導論》）

103. Kant, I. (1787/1998), *Critique of Pure Reason*, trans. by P. Guyer and A. W. Wood, Cambridge: Cambridge University Press. （譯為《純粹理性批判》）

104. Kim, J. (1984), "Concepts of Supervenience," *Philosophy and Phenomenological Research*, 45: 153–176.

105. Kitcher, P. (1980), "Apriority and Necessity," in Moser (ed.) (1987): 190–207.

106. Kitcher, P. (1983), *The Nature of Mathematical Knowledge*, Oxford: Oxford University Press.

107. Kitcher, P. (1993), *The Advancement of Science: Science without Legend, Objectivity without Illusions*, New York: Oxford University Press.

108. Kripke, S. (1980), *Naming and Necessity*, Cambridge, MA: Harvard University Press.

109. Kuhn, T. S. (1962/1970), *The Structure of Scientific Revolutions*, rev. edition, Chicago, IL: University of Chicago Press.

110. Kyburg, H. (1961), *Conjunctivitist Probability and the Logic of Rational Belief*, Middletown, CT: Wesleyan University Press.

111. Lakatos, I. & Musgrave, A. (eds.) (1970), *Criticism and the Growth of Knowledge*, Cambridge: Cambridge University Press.

112. Lambert, K. and Brittan, G. G., Jr (1987), *An Introduction to the Philosophy of Science*, 3rd edition, Atascadero, CA: Ridgeview.

113. Lehrer, K. (2000), *Theory of Knowledge*, 2nd edition, Westview.

114. Leplin, J. (ed.) (1984), *Scientific Realism*, Berkeley, CA: University of California Press.

115. Lewis, D. (1980), "Veridical Hallucination and Prosthetic Vision," *Australasian Journal of Philosophy*, 58: 239–249.

116. Lewis, D. (1996), "Elusive Knowledge," *The Australasian Journal of Philosophy*, 74: 549–567.

117. Locke, J. (1690/1975), *An Essay Concerning Human Understanding*, Oxford: Oxford University Press.

118. Losee, J. (1993), *Historical Introduction to the Philosophy of Science*, 3rd edition, Oxford: Oxford University Press.

119. Makinson, D.C. (1965), "The Paradox of the Preface," *Analysis*, 25: 205–207

120. Marr, D. (1982), *Vision*, New York: W. H. Freeman.

121. McDowell, J. (1994), *Mind and World*, Cambridge, MA: Harvard University Press.

122. McLaughlin, B. P. (1984), "Perception, Causation, and Supervenience," *Midwest Studies in Philosophy*, 9: 569–591.

123. Mill, J. S. (1853/1991), *A System of Logic*, in J. M. Robson (ed.), *Collected Works of John Stuart Mill*, London: Routledge and Toronto, Ont.: University of Toronto Press.

124. Moore, G. E. (1959), "A Defense of Common Sense," in his *Philosophical Papers*, London: Allen and Unwin.

125. Moretti, L. (2003), "Why the Converse Consequence Condition cannot be Accepted," *Analysis*, 63 (4): 297–300.

126. Moser, P. K. (ed.) (1987), *A Priori Knowledge*, Oxford: Oxford University Press.

127. Moser, P. K. Mulder, D. H. and Trout, J. D. (1998), *The Theory of Knowledge: A Thematic*

Introduction, Oxford: Oxford University Press.

128. Moser, P. K. (1989), *Knowledge and Evidence*, Cambridge: Cambridge University Press.

129. Murphy, G. and Medin, D. (1985), "The Role of Theories in Conceptual Coherence," *Psychological Review*, 92: 289–316.

130. Nicod, J. (1923/1970), *Geometry and Induction*, Berkeley, CA: University of California Press.

131. Nozick, R. (1980), *Philosophical Explanations*, Oxford: Oxford University Press.

132. Nozick, R. (1993), *The Nature of Rationality*, Princeton, NJ: Princeton University Press.

133. Peacocke, C. (1992), "Scenarios, Concepts, and Perception," in T. Crane (ed.), *The Contents of Experience: Essays on Perception*, Cambridge: Cambridge University Press, 1994, 105–135.

134. Peacocke, C. A. B. (1983), *Sense and Content*, Oxford: Clarendon Press.

135. Peacocke, C. A. B. (1992), *A Study of Concepts*, Cambridge, MA: MIT Press.

136. Perkins, M. (1983), *Sensing the World*, Indianapolis, IN: Hackett.

137. Plato, *Meno*, in J. M. Cooper (ed.), *Complete Works*, Indianapolis, IN: Hackett, 1997.（譯為《米諾》）

138. Plato, *Phaedo*, in J. M. Cooper (ed.), *Complete Works*, Indianapolis, IN: Hackett, 1997.（譯為《費多》）

139. Plato, *Republic*, trans. by G. M. Grube, revised by C. Reeve, Indianapolis, IN: Hackett.

140. Plato, *Theatetus*, in J. M. Cooper (ed.), *Complete Works*, Indianapolis, IN: Hackett, 1997. （譯為《提亞提特斯》）

141. Price, H. H. (1954), *Perception*, London: Methuen.

142. Putnam, H. (1962a), "What Theories are not," in E. Nagel, P. Suppes and A. Tarski (eds.), *Logic, Methodology, and Philosophy of Science*, Stanford, CA: Stanford University Press, 240–251.

143. Putnam, H. (1962b), "The Analytic and the Synthetic," in Putnam (1975), *Mind, Language, and Reality: Philosophical Papers*, Cambridge: Cambridge University Press, vol. 2: 33–69.

144. Putnam, H. (1978), "There is at least one *A Priori* Truth," in Putnam (1983), *Realism and Reason: Philosophical Papers*, Cambridge: Cambridge University Press, vol. 3: 98–114.

145. Putnam, H. (1979), "Analyticity and Apriority: Beyond Wittgenstein and Quine," in Moser (ed.) (1987): 85–111.

146. Putnam, H. (1981), *Reason, Truth, and History*, Cambridge: Cambridge University Press.

147. Quine, W. V. O. (1951), "Two Dogmas of Empiricism," in his (1953) *From a Logical Point of View*, Cambridge, MA: Harvard University Press: 20–46.

148. Quine, W. V. O. (1969), "Epistemology Naturalized," in his *Ontological Relativity and Other Essays*, New York: Columbia University Press: 69–90.

149. Quine, W. V. O. (1974), *The Roots of Reference*, La Salle, IL: Open Court.

150. Russell, B. (1910–1911), "Knowledge by Acquaintance and Knowledge by Description," in his *Mysticism and Logic*, London: George, Allen and Unwin.

151. Russell, B. (1912), *The Problems of Philosophy*, Oxford: Oxford University Press.

152. Russell, B. (1921), *Analysis of Mind*, London: Routledge.

153. Salmon, M. H. *et al.* (1992), *Introduction to the Philosophy of Science*, Englewood Cliffs, N. J.: Prentice Hall.

154. Sayre, K. (1965), *Recognition: A Study in the Philosophy of Artificial Intelligence*, South Bend, IN: University of Notre Dame Press.

155. Searle, J. (1983), *Intentionality*, Cambridge: Cambridge University Press.

156. Sellars, W. (1968), *Science and Metaphysics*, London: Routledge and Kegan Paul.

157. Sextus Empiricus (1994), *Outlines of Pyrrhonism*, trans. by J. Annas and J. Barnes, Cambridge: Cambridge University Press.

158. Skyrms, B. (1986), *Choice and Chance: An Introduction to Inductive Logic*, 3rd edition, Wedworth Publishing.

159. Sosa, E. (1980), "The Raft and the Pyramid," in his (1991a): 165–191.

160. Sosa, E. (1985), "Knowledge and Intellectual Virtue," *The Monist*, 68: 226–263.

161. Sosa, E. (1988), "Methodology and Apt Belief," in his (1991a): 245–256.

162. Sosa, E. (1991a), *Knowledge in Perspective*, Cambridge: Cambridge University Press.

163. Sosa, E. (1991b), "Reliabilism and Intellectual Virtue," in Sosa (1991a), *Knowledge in Perspective*, Cambridge: Cambridge University Press.

164. Sosa, E. (1991c), "Intellectual Virtue in Perspective," in his (1991a): 270–293.

165. Sosa, E. (1993), "Proper Functionalism and Virtue Epistemology," *Noûs*, 27: 51–65.

166. Sosa, E. (1994a), "Perspectives in Virtue Epistemology: A Response to Dancy and BonJour," *Philosophical Studies*, 78: 221–235.

167. Sosa, E. (1994b), "Virtue Perspectivism: A Response to Foley and Fumerton," in Villanueva, E. (ed.), *Truth and Rationality*, Atascadero, CA: Ridgeview, 29–50.

168. Sosa, E. (1999), "Are Humans Rational?" in Korta, *et al.* (eds.), 1–8.

169. Stalnaker, R. (1968), "A Theory of Conditionals," in Jackson, F. (ed.) (1991), *Conditionals*, Oxford: Oxford University Press: 28–45.

170. Stich, S. and Warfield, T. A. (eds.) (1994), *Mental Representation*, Oxford: Blackwell.

171. Suppe, F. (1977), *The Structure of Scientific Theories*, 2nd edition, Urbana, IL: University of Illinois Press.

172. Suppe, F. (1989), *The Semantic Conception of Theories and Scientific Realism*, Urbana, IL: University of Illinois Press.

173. Suppes, P. (1967), "What is a Scientific Theory," in S. Morgenbesser (ed.), *Philosophy of Science Today*, New York: Basic Books: 55–67.

174. Suppes, P. (1968), "The Desirability of Formalization in Science," *Journal of Philosophy*, 65: 651–654.

175. Swartz, R. (ed.) (1965), *Perceiving, Sensing and Knowing*, Berkeley, CA: California University Press.

176. Swinburne, R. G. (1975), "Analyticity, Necessity, and Apriority," in Moser (ed.) (1987): 170–189.

177. Swinburne, R. G. (1984), "Analytic/Synthetic," *American Philosophical Quarterly*, 21 (1): 31–42.

178. Thagard, P. (2005), *Mind: Introduction to Cognitive Science*, 2nd edition, Cambridge, MA: The MIT Press.

179. Thompson, P. (1989), *The Structure of Biological Theories*, New York: State University of New York Press.

180. van Fraassen, B. C. (1980), *The Scientific Image*, New York: Oxford University Press.

181. van Fraassen, B. C. (1989), *Laws and Symmetry*, Oxford: Oxford University Press.

182. van Gelder, T. (1990), "Compositionality: A Connectionist Variation on a Classical Theme," *Cognitive Science*, 14: 355–384.

183. Vogel, J. M. (1990), "Cartesian Skepticism and Inference to the Best Explanation?" *Journal of Philosophy*, 87 (11): 658–666.

184. Ward, L. M. (2001), *Dynamical Cognitive Science*, Cambridge, MA: The MIT Press.

185. Whewell, W. (1840), *The Philosophy of the Inductive Sciences Founded upon their History*, 2 vols., London: J. W. Parker.

186. Whitehead, A. N. and Russell, B. (1910–1913), *Principia Mathematica*, Cambridge: Cambridge University Press.

187. Wilkerson, T. E. (1995), *Natural Kinds*, Avebury.

188. Williams, M. (1991), *Unnatural Doubts: Epistemological Realism and the Basis of Skepticism*, Oxford: Blackwell.

189. Yolton, J. (1984), *Perceptual Acquaintance from Descartes to Reid*, Minneapolis, MN: Minnesota University Press.

190. Zagzebski, L. T. (1996), *Virtues of the Mind*, Cambridge: Cambridge University Press.

191. 王文方 (2008)，《形上學》，臺北：三民書局。

192. 彭孟堯 (2006)，〈「識知理性」的後設知識論架構：工具性、零觀點與貝氏定理的運用〉，《臺灣哲學研究》，5：193–242。

193. Martin Hollis 著，胡映群譯 (2007)，《社會科學哲學》，臺北：學富出版社。

索　引

12

形上學要義　　　彭孟堯　著

本書介紹在英美哲學思潮下發展的形上學，解說形上學最根本的四大概念：等同、存在、性質、本質。在介紹的過程中同時也探討了「個物」以及「自然類」等概念。另外，基於形上學必定要探討這個世界的結構，尤其是這個世界的因果結構，本書特別對於因果關係進行一些說明。

心與認知哲學　　　彭孟堯　著

幾千年來人們根本不知要如何研究心與認知，只是將之歸因到神祕不可知的靈魂。隨著腦科學的進步，一般人很簡單地將心與認知歸因到大腦的作用。然而，大腦和靈魂是兩回事，本書介紹心與認知哲學最近這幾十年來的研究成果，以提供有心於此領域的讀者一個完整詳實的介紹。

哲學概論　　　　冀劍制　著

本書為哲學入門教科書，不同於傳統以訓練哲學專業為目標，而是著重在引發學生興趣與思考。書中廣泛介紹各種哲學議題，以十八篇小單元，每篇一個主題，不偏重於任何特定主題的方式來規劃。目標是要讓學生在學習的過程中，發現哲學思考的樂趣與應用價值，讓生命更有意義。

倫理學釋論　　　　陳特　著

本書介紹了一些很基本的倫理學說，在其中，讀者可以看到道德對於個人和社會的各種意義與價值，亦即人之所以要道德的各種理由。希望讀者能透過這些學說，思索、反省道德對於人生所可能具有的意義與價值，以及在道德的領域中，我們的生命可能會產生什麼樣的變化，進而找到新的人生方向與意義。

西洋哲學史話
（上／下）

鄔昆如　著

本書以編年史的形式，將西洋哲學歷史分為希臘哲學、中世哲學、近代哲學和現代哲學四個部分，清楚地解說每一時期的沿革發展，並選擇數名或數個具代表性的哲學家或思想流派來介紹。以深入淺出的文筆，帶您一起找到進入西洋哲學的門徑，一窺哲學世界的萬千風貌及深厚底蘊。

國家圖書館出版品預行編目資料

知識論／彭孟堯著.－－二版一刷.－－臺北市:三民,
2020
　　面;　　公分.－－（哲學）

　　ISBN 978-957-14-6836-5　（平裝）
　　1. 知識論

161　　　　　　　　　　　　　　109007636

᠀᠁᠀ 哲學

知識論

作　　者	彭孟堯
發 行 人	劉振強
出 版 者	三民書局股份有限公司
地　　址	臺北市復興北路 386 號 (復北門市)
	臺北市重慶南路一段 61 號 (重南門市)
電　　話	(02)25006600
網　　址	三民網路書店 https://www.sanmin.com.tw
出版日期	初版一刷 2009 年 6 月
	二版一刷 2020 年 7 月
書籍編號	S141160
I S B N	978-957-14-6836-5

᠀᠀᠀ 三民書局